中村 裕
東京パラリンピックをつくった男

Yutaka Nakamura

岡 邦行 Kuniyuki Oka

ゆいぽおと

中村裕　東京パラリンピックをつくった男

岡　邦行

その国の弱者がどう扱われているかによって、その国の文化水準を測ることができる

——斎藤百合

中村裕　東京パラリンピックをつくった男　もくじ

章扉写真について

序　章　ストーク・マンデビル病院入口 右側に見えるのがルートヴィヒ・グットマンの銅像
第一章　ルートヴィッヒ・グットマン（左）と中村裕（ストーク・マンデビル病院にて）
第二章　第 11 回国際ストーク・マンデビル競技大会に参加
第三章　東京パラリンピック出場選手を激励される皇太子殿下ご夫妻
第四章　作家・水上勉の次女・直子ちゃんのリハビリに携わる中村裕と畑田和男　後方が水上勉と妻の叡子
第五章　「太陽の家」入所者の結婚式　秋山ちえ子と中村裕が媒酌人
第六章　オムロン、ソニー、ホンダと共同出資会社設立
第七章　国際障碍者年（1981 年）に始めた大分国際車いすマラソン
終　章　中村裕

第一章〜第六章、終章　太陽の家提供

序章　「聖地」ストーク・マンデビル病院

「障がい者スポーツ競技大会」の魁《さきがけ》

パラリンピックの「聖地」と呼ばれるストーク・マンデビル病院――。

連日の〝危険な暑さ〟に見舞われただけでなく、西日本豪雨災害で二百八十人を超える犠牲者を出した二〇一八（平成三十）年の七月上旬。私は、イギリスのバッキンガムシャーの郡庁所在地《カウンティタウン》である人口五万六千余人のエイルズベリーにいた。ロンドン郊外のヒースロー国際空港からタクシーに乗れば小一時間で着くエイルズベリー。高温多湿の日本とは違い、気温三十度を超えても湿度が五十パーセント以下のためだろう、厚手のトレーナー姿でも過ごせる穏やかな日が続いていた。

一九八四（昭和五十九）年七月、五十七歳の若さで泉下の人となった「日本パラリンピックの父」、「東京パラリンピックをつくった男」とも称される医師の中村裕《ゆたか》。その人生を辿る取材を開始したのは、一年前の夏であった。すでに多くの関係者から話を聞いていた私は、エイルズベリーのストーク・マンデビル病院を最後の取材先とした。

まずは、中村裕はどのような人物で、パラリンピックを頂点とする「障がい者スポーツ」にどのような功績を遺したのか、その辺りをざっと書いてみたい。

大英帝国時代の一八三〇年代に公共病院として創設され、百八十年以上の歴史を誇るストーク・マンデビル病院。主にコレラなど感染症の治療を専門とする病院として知られていたが、第二次世界大戦中の一九四四（昭和十九）年二月だった。ドイツから亡命したユダヤ人医師のルートヴィヒ・グットマンを所長に迎え、国立脊髄《せきずい》損傷センターを新たに設置した。連合軍のノルマンディー上陸作戦によって大勢の戦傷者が出ることが予想されたからだ。これ以降、ストーク・マンデビル病院は、総合病院としてはもちろんのこと、七つの病棟を持つ脊髄損傷患者の治療にも軸足を置くことになる。

終戦後のルートヴィヒ・グットマンは、戦傷者の脊髄損傷患者を前に「失ったものを数えるな。残されたものを最大限に生かせ！」と叱咤激励。「六か月間の治療・訓練で脊髄損傷患者の八十五パーセントは何らかの形で社会復帰をさせる」と言い、リハビリテーション（身体的機能回復訓練）の一環として「効果の少ない手術よりもスポーツを！」と唱えた。彼が提唱するこの〝三つのポリシー〟は、後に多くの整形外科医を中心とした医療関係者に深い感銘を与え、強力な指針となった。

そして、一九四八（昭和二十三）年だ。終戦後初めての第十四回オリンピック・ロンドン大会の開会式と同じ日、七月二十八日に「ストーク・マンデビル競技大会」は開催された。競技はアーチェリーのみで参加者は十六名（女性二名）にすぎなかったが、それが契機となって毎年七月に開催され、競技種目も徐々に増え、五年目の一九五二年には国外（オランダ）の車いす使用の脊髄損傷者も参加できる国際大会に発展した。それが現在のパラリンピックの前身となり、グットマンは後に「パラリンピックの父」と呼ばれるようになった。

そのストーク・マンデビル病院に国立別府病院（現・国立病院機構別府医療センター）の整形外科科長、中村裕が出向いたのは一九六〇（昭和三十五）年の五月初旬だった。厚生省（現・厚生労働省）の海外研修制度で欧米のリハビリテーション施設を視察するため、まずはアメリカに行った。当時の日本医学界では、治療・予防に続く「第三の医学」と呼ばれるようになったリハビリテーションは、ようやく注目され始めたばかりで、先進国のアメリカのリハビリテーション設備を視察した中村にとっては、まさに眼からウロコの体験であった。すでにアメリカでは理学療法士（ＰＴ＝Physical Therapist）、作業療法士（ＯＴ＝Occupational Therapist）といった職域も確立され（日本で理学療法士・作業療法士法が公布されたのは五年後の一九六五年六月）、治療専用のスイミングプールを持つリハビリテーションセンターもあった。

次の訪問国、イギリスに渡った中村裕は、ストーク・マンデビル病院の脊髄損傷センター所長であるルートヴィヒ・グットマンの治療方法にさらに衝撃を受けた。

単に医師と看護師だけで回診する日本とは違い、理学療法士、作業療法士、ソーシャルワーカー、加えて養護学校の担当教師や講習生たちまでもメンバーに入れ、チームを組んで回診していた。中村裕は、手術のテクニックは日本のほうが上だと思ったが、患者のリハビリテーションへの意欲を高める手段として、スポーツを取り入れていることに目を見張った。

病院に隣接するグラウンドでは、理学療法士に付き添われた車いすに乗った患者が汗を流しながら走行。体育館ではバスケットボールや卓球などに興じていた。それを見舞いに来た親族や知人だけでなく、ボランティアで来院した地元住民も温かい眼で見守っていた。

スポーツをする患者を眺めながら、中村裕を傍らにグットマンは静かな口調で言った。

――ドクター・ナカムラ、ここでは「六か月間の治療と訓練で脊髄損傷患者の八十五㌫は何らかの形で社会復帰させる」んだ。我われは常に患者に寄り添い、一体となってリハビリテーションに励む。それが医師に与えられた使命ではないか……。

頷く中村にグットマンは、衒《てら》うことなく続けて力説した。

――彼らは「失ったものを数えることなく、残されたものを最大限に生かす」ことに必死だ。医療として重要なのは、「効果の少ない手術よりもスポーツ」なんだよ……。

仲間の整形外科医からの伝聞でグットマンが提唱する三つのポリシーのことは知ってはいたが、直接本人の口から聞いた中村裕は、脳裏に深く焼きつけた。

初め中村は、なぜ病院敷地内にプールのみならず、グラウンドと体育館があるのか不思議だった。だが、グットマンの言葉を聞き、理解した。これが手術だけに頼らない先進国のリハビリテーションなのだ。

ストーク・マンデビル病院に滞在中の中村裕は、若き日の医学生や研修医時代の初心を蘇らせたかのような日々を送る。誰もが厭がる夜勤を自ら申し出るだけでなく、回診の際はノートとペンを手にグットマンに密着してメモを取った。三つのポリシーを実践するための具体的な治療法をこの眼で確かめたかったのだ。

さらに患者のカルテを見たい一心で中村は、何度も頭を下げ、泣きついた。その熱意がグットマンに通じたのだろう、門外不出の約二千人に及ぶ患者のカルテとレントゲン写真を見ることが許され、徹夜でノートに書き写した。

国の取り組み方も、まさに「身障者ファースト」だった。当時の日本における脊髄損傷患者の多くは生きる屍《しかばね》のように扱われ、病院や施設などに隔離される、いわば〝座敷牢での生活〟を強いられていた。社会復帰している身障者は、ほんの一握りだった。

ところが、イギリスでは、社会福祉政策の理念である「ゆりかごから墓場まで」を実践していたのだ。保健省や労働省、教育省が一体となって職業訓練センターや保護工場などを運営するだけでなく、たとえば従業員二十名以上の企業には、そのうち三㌫を超える身障者の雇用を義務付けていた。エレベーター係や駐車場係など単純業務には身障者の雇用を義務付け、しかもこれらは三㌫にはカウントされない。違反すれば容赦ない罰金や禁固刑を課す……。

そして、帰国の際に三十三歳の中村裕は、グットマンに宣言した。

――ストーク・マンデビル病院で学んだ博士の三つのポリシーを日本でも実践します。

それに対し、患者やスタッフから〝Poppa（お父さん）〟と呼ばれる六十一歳のグットマンは、苦笑いを浮かべて言った。

――初めて君に会ったときも言ったが、これまで日本から何人ものドクターが視察にやって来た。彼らは君と同じように言って帰国したが、未だ誰も実行していない。君にはできるというのかね。

このグットマンの言葉は、決意したら後戻りをよしとしない中村裕の闘争心に、逆に火を点けたといってよい。

帰国するや中村裕は早速行動に移した。勤務する国立別府病院でのそれまでの回診は看護師長と看護師を伴ってのものだったが、部下の医師や若い看護師のほか、職員までも回診のメンバーに加えた。「何で私が?」といぶかる義肢装具部の職員には、リハビリテーションの任務に就く欧米の理学療法士について説明し、こう続けた。

——日本でも近い将来、理学療法士を育成する養成機関ができるはずだ。そのとき君たちは理学療法士をめざすことになる。そのためにも回診に加わり、看護師の下働きをして仕事を覚えることだ。リハビリテーションに関する本もどんどん読んでほしい。

もちろん、グットマンの三つのポリシーを念頭に、中村裕は障がい者にスポーツを推奨するためにに大分県内を奔走。県庁の厚生部をはじめ、昔からの地の利を生かした温泉療法に限らず、すでに脊髄損傷患者参加の運動会を実施していた国立別府保養所（現・国立別府重度障害者センター）も訪ねた。さらに身障者団体、各自治体の教育委員会、体育協会、小・中学校の保健体育教員、体育指導者たちにも会った。障がい者のリハビリテーションに、いかにスポーツが有効であるかを熱心に説いて回ったのだ。

その努力が実った——。

イギリスから帰国十か月後の一九六一年六月、賛同者の協力を得た中村裕は自ら理事及び副会長に就任し、大分県身体障害者体育協会（現・大分県障がい者体育協会）を設立。その四か月後には大分市で「第一回大分県身体障害者体育大会」を開催することに決めた。開催が決まると地元のテレビ局をはじめとするメディアだけでなく、世間からも「身障者を見せ物にするのか！」「全盲の者までもてあそぶのか！」といった批判の声も聞こえてきたが、中村は意に介さなかった。大会は成功し、毎年開催することになった。

こうして中村裕は、日本における「障がい者スポーツ競技大会」の魁《さきがけ》をつくったのだ。そのことが中央の厚生省をはじめ、日本赤十字社や全国各地の身障者団体、さらにはキー局のテレビ局や全国紙のメディアをも触発した。三年後の東京パラリンピック（第二回パラリンピック＝第十三回国際ストーク・マンデビル競技大会）開催の多大な推進力となった。

そして、迎えた一九六四（昭和三十九）年十一月、東京オリンピック終了後に東京パラリンピックは開催された。中村裕は日本選手団団長に就任。二十二か国三百七十八名の選手が参加し、東京・代々木の織田フィールドをメイン会場に熱戦が繰り広げられた。このとき大会名誉総裁に皇太子（上皇）が奉載し、連日のように競技会場に皇族が姿を見せたことに、日本選手団はもちろんのこと、来日した国際ストーク・マンデビル競技委員会会長のルートヴィヒ・グットマンをはじめ、外国選手団までもが感激した。延べ十万人を超える観客が会場にやってきた。ちなみに皇太子と美智子妃両殿下（上皇ご夫妻）は、東京パラリンピックを契機に「障がい者スポーツ」に全面的な支援を惜しまず、ほかの皇族もそれに倣《なら》った。そのため後に中村裕は、「天皇・皇后を応援団にした男」とも言われるようになる。

しかし、記念すべき東京パラリンピックでの日本選手団の成績は最悪だった。開催国の日本は男女合わせて五十三名の選手が参加したが、九競技百四十四種目で獲得した金メダルは卓球男子ダブルスの一個のみで、二十二か国中十三位。その敗因は明白だった。体力ある欧米の選手が使用する車いすは、競技用に製作されたもので重量は十三㌔ほどで軽く、サイズも選手の体形に合わせたもの。対して日本選手が使用する日本製車いすは、重量は二十三㌔と重く、日常生活で使用しているものであった。

それを予期していたのだろう、開催前に選手団団長の中村裕は厚生省に募金からの補助金を願い出て、地元の別府市から出場する車いすバスケットボールチームのために、アメリカから軽量の車いす十台を購入した。経験豊かな欧米のチームには勝てないまでも、国際大会初参加のフィリピンには勝てると思ったからだ。ところが、操作に不慣れな選手にとっては逆効果で、名誉総裁の皇太子と妃殿下、皇后陛下（香淳皇后）がご臨席の前で大敗を喫した。スコアは7対57。中村は地団駄踏んで悔しがった。結局、日本は一勝もできなかった。

それればかりではない。中村裕に限らず、日本選手をもっと驚かせたことがあった。それは多くの海外から来日した選手は、競技を終えると車いすのまま近くの渋谷や銀座に出向き、買い物をしていたからだ。また、選手村では徐行するバスの後ろのバンパーにつかまって走行する選手もいたし、食堂に通じるバリアフリーのスロープを車いすの前輪を上げ、後輪だけで滑り降りる選手もいた。

施設や病院に隔離されるような生活を強いられていた、多くの日本選手との決定的な違い。それは彼らのほとんどは母国に帰れば家庭を持ち、職業に就いていたことだ。自分で自動車を運転するオーナードライバーでもあった。こんな実話もある。イギリスから健常者の夫とともに来日した女性選手は、選手村で同部屋でないことを知ると、選手村運営本部に出向いて抗議した。

——私たちは夫婦なのに部屋が別々なのは不愉快です。

その結果、同室での宿泊を認められた。

とにかく、外国人選手は身障者といえども明るく、スポーツを楽しみ、躊躇《ためら》うことなく自分の意見を主張していた。

それら外国選手の言動を知るにつけ、日本の選手は羨望の眼差しを向けた。一方、身障者の福祉行政を司る厚生省の役人や身障者団体関係者たちは、その遅れをあらためて認識せざるをえなかった。そして、じゃんけんに負けても地団駄踏んで悔しがる中村裕にとっては、さらなる飛躍をめざす大いなる契機となった。

「天皇・皇后を応援団にした男」

さらに、その後の中村裕の人生を辿ってみたい。

日本が本格的な経済成長期を迎えた時期に「世界は一つ東京オリンピック」のスローガンを掲げて開催された東京オリンピックは、敗戦から十九年目の日本の復興を世界にアピールした。

一方、「失ったものを数えるな。残されたものを最大限に生かせ！」のスローガンを掲げた東京パラリンピックは、身障者を中心とした福祉行政の遅れを世間に知らせたわけだが、少なくとも日本における障がい者スポーツの夜明け、元年となったことは間違いない。

その機を中村裕は見逃さなかった――。

東京パラリンピックから一年後、昭和四十年代に入った一九六五年十月。中村裕は、新たな思い切った行動に出る。国立別府病院の国家公務員医師の立場でありながら、身障者のための授産施設である社会福祉法人「太陽の家」を創設したのだ。命名者は身障者の娘を持つ、有名作家の水上勉だった。

《世に心身障害者（児）はあっても、仕事に障害者はありえない。太陽の家で働く者は被護者ではなく労働者であり、後援者は投資家である――》

以上のモットーを掲げ、メディアにアピール。国や県からの補助金では足りず、多額の借金もし、別府市で病院を営む父母の援助を受け、さらに賛同する企業や一般人から寄付金を募った。

こうして身障者の社会進出をめざし、国立別府病院に隣接する国有地を購入して太陽の家を創設。全国各地から入所希望者を募り、面接に合格した身障者を次つぎと入所させた。翌年二月には社会福祉法人として認可され、一周年を迎えた十月には大分県で開催された第二十一回国民体育大会にご臨席した帰途に、昭和天皇・皇后両陛下が太陽の家を視察。続いて二週間後には同じ大分県で開催された第二回全国身体障害者スポーツ大会（現・全国障害者スポーツ大会）にご臨席した皇太子・美智子妃両殿下（上皇ご夫妻）も、太陽の家にお見えになった。そのたびに全国紙やテレビなどのマスメディアは大きく取り上げ、太陽の家は全国に知れ渡った。中村裕を「天皇・皇后を応援団にした男」と表現する関係者もいて、ある意味で太陽の家の宣伝に「皇族を利用した男」ともいえた。

ただし、表向きには順調に見えたにせよ、創設当初の太陽の家の台所事情は火の車だった。時計・ラジオの修理や洋裁、手芸、編物の受注のほか、竹細工、電気コタツのやぐら、パイプイスなどを製作する地味な、いつ潰れてもおかしくない自転車操業の授産施設にすぎず、借金取りもたびたび姿を見せ「警察に訴えるぞ！」などと叫んだ。

入所者の給料も日当にすれば二百円にも満たない。就業後、体育館で車いすバスケットボールや卓球で汗を流し、若者の間で人気だったグループサウンズを真似て、エレキギターを弾き、ドラムを叩いてバンド演奏などで憂さを晴らす入所者たち。隠れて酒を呑む者もいた。しかし、充実感を覚えることはなく、絶望感に苛まれて去る者も少なくなかった。

いかに理事長の中村裕が「ここは辛抱だ！」「自立して納税者になるんだ！」「日本一、いや世界一の太陽の家をめざすんだ！」などと大声を張り上げても、裏方として働く職員の不信感も入所者同様に募るばかりだった。実際、中村に対して「殺したかった……」と、述懐する当時の職員もいたし、無償で全面的に協力したものの、金銭トラブルに巻き込まれ、裏切られる格好で理事を辞任した大学教授もいた。

また、入所者の私生活に関しての苦労も絶えなかった。たとえば、入所者のなかには同じ境遇の身障者同士、あるいは健常者と恋愛関係になることもあった。そんなときの中村裕は「そんな身分か！」「まだ早い、抑えろ！」などと怒鳴りつつも、身障者のセクシャル問題に関する文献を欧米から取り寄せ、職員の理学療法士やケースワーカーとともに指南。中村と評論家の秋山ちえ子が媒酌人となって結婚式を挙げ、幸せな家庭を築いた者も複数いた。

だが、一方では親族や周りに反対され、たとえ結婚しても実家への出入りを禁止された者もいた。もちろん、泣く泣く別れた者もいた。なかには悩みに悩んだ末だろう、自殺未遂を起こす者もいた……。

しかし、中村裕はどんな困難や苦労にも滅入ることなく、東奔西走の毎日を送った。

一年、二年、三年と歳月が流れ、十年を迎える頃には状況が好転する。世界的に有名な大企業、ソニーの創業者・井深大《まさる》を太陽の家の会長に迎え、知的障がい者の彼の娘を太陽の家で預かった。それが一つの大きな要因となった。オムロン創業者の立石一真やホンダを率いる本田宗一郎をはじめ、名だたる大企業と次つぎと業務提携し、「太陽の家」の名称が付いた共同出資の株式会社を設立。文字通り陽の当たる太陽の家になり、身障者でも納税者になれることを世間に知らしめた。

そして、この頃から中村裕は「身障者のためなら何でもやってやる！」の大義名分を前面に出し、その信念をいっそう強くし、一医師というよりも事業家としての手腕を発揮するようになる。たとえ医師といえども、自分が思ったこと、信じたことを最後までやり遂げなければ満足できない、稀有な人間だった。

そのような中村裕の人生において特筆すべきことは、日本よりも身障者に対する福祉政策が遅れている、開発途上のアジアやオセアニアの各国にも目を向けたことだ。国際ストーク・マンデビル競技大会などの身障者を対象にした、スポーツの国際大会に出場できない国々の施設を訪問。リハビリテーションの一環としてスポーツを奨励した。

「太陽の家」を創設してから十年、軌道に乗ってきた一九七五（昭和五十）年六月だった。中村裕は、関係省庁の厚生省、大蔵省（現・財務省）、運輸省（現・国土交通省）、外務省、法務省の役人たち、加えて大物政治家や航空会社の社長までも口説き落とし、地元の大分県で「第一回フェスピック（極東・南太平洋身体障害者競技大会）」を開催した。大企業の社長たちをはじめ、有名作家や評論家、芸能人の協力を得て寄付金を募り、その募金をチャーターした飛行機の運航費に充て、アジアやオセアニアの車いす使用の脊髄損傷者以外の身障者も招待した。そのために、地方の小さな大分空港を臨時の国際空港にし、税関や検疫所を設けることにも奔走した。

この大会には日本を含めた十八か国の選手九百七十三人が参加し、このときも皇太子・美智子妃両殿下（上皇ご夫妻）がご臨席。二万五千人の観衆が見守るなか、第一回フェスピックは開催された。中村裕の恩師、七十六歳のルートヴィヒ・グットマンも招待されて来日した。選手宣誓をしたのは太陽の家で働く脊髄損傷者で、日本で最初の車いす議員だった。彼は中村に半ば強引に別府市市会議員に立候補することを命じられ、二か月前に当選したばかりだった。

フェスピックは大成功を収め、二〇〇六（平成十八）年までアジアとオセアニアの都市で九回開催され、二〇一〇年の中国・広州《こうしゅう》大会からは「アジアパラリンピック競技大会」となり、健常者のアジア大会と同じ国で開催されるようになった。中村裕の功績である。

中村裕は止まることを知らなかった。常に弱者である身障者と向き合い、彼ら彼女らの社会進出のため、まさにブルドーザーのごとく前へ前へと突き進んだ。

一九八一（昭和五十六）年の「国際障害者年（International Year of Disabled Persons）」のときも寸暇を惜しまず奔走した。現在も続いている「大分国際車いすマラソン大会」は、この年にスタートしているが、ここでも中村の独特な押しの強さが功を奏したといってよい。

毎年テレビで全国放映され、伝統ある地元開催の「別府大分毎日マラソン大会」に車いす部門を新たに設ける――。これが当初の大分県身体障害者体育協会会長でもあった中村裕の思惑だった。

ところが、運営する大分県陸上競技協会に話を持ち込むものの「マラソンは二本の脚で走るのがルール。車いすではマラソンとはいえない」という理由で断られた。そのためカチンときた中村は「じゃあ、独自に日本初の国際車いすマラソン大会を開催すれば文句はないだろう」と頭を切り替え、すぐさま大分中村病院に隣接する県庁に出向き、就任二年目の顔見知りの知事・平松守彦に直談判。最初は「車いすマラソン大会を開催するのは無理だろう」と平松は渋ったが、車いすマラソン大会を開催する意義を一方的に語って説得し、トップダウンで県庁職員に指示命令を出すことを強く要望。大会を運営する部署である、傷害福祉課を新たに設置させて、開催にこぎつけた。身障者への熱き思いが知事の平松と県庁職員を突き動かしたのだ。

当然のごとく、このときも周りから「身障者には過酷だ」「過剰な運動で逆に障がいが重くなるではないか」といった反対意見が相次いだ。しかし、中村裕は少しも怯《ひる》まず、旧知の整形外科医や太陽の家の理学療法士たちと「マラソン医学研究会」を発足させた。大会前に出場選手のメディカルチェックをする一方、経験豊かな外国人招待選手を招集。回転速度や角度を調整できる、ベルトで動くトレッドミルに車いすのまま乗せ、心拍数や酸素代謝などを測定。さらに十一月一日の大会当日は車いすに測定器である、メモリーボックスを取り付けて選手のストレステストを実施した。

その結果、長時間車いすを走行させても「褥瘡《じょくそう》の心配もなく、排尿機能にも異常ナシ」などの医学的データを得て、二年後の第三回大会からはハーフマラソンだけでなく、国際ストーク・マンデビル競技連盟公認のフルマラソン部門を設けた。唯一、二〇一七(平成二十九)年の第三十七回大会は台風で中止になったものの、今では毎年テレビで生中継され、世界中の身障者が知る国際車いすマラソン大会となっている。

また、中村裕は同じ国際障害者年に国際リハビリテーション協会（ＲＩ）に働きかけ、「国際アビリンピック（国際身体障害者技能競技大会）」を東京と千葉で開催した。このときも総務委員長を務めた中村はアジアや欧米各国を訪問し、参加を呼びかけている。アビリンピックとはability（能力、技量）とオリンピックを合わせた造語で、世界六十一か国の働く身障者が参加した。ただし、参加を呼びかけた欧州では「働く身障者の技術にランクを付け、差別するのはおかしい」といった批判の声もあり、拒否した国もあったことも否めない。

そして、中村裕の最期の仕事は、亡くなる三か月前の四月だった。

愛知県蒲郡市に「愛知太陽の家」を開所し、共同出資会社の「デンソー太陽株式会社」を設立。それを記念して国際障害者リハビリテーション協会の協力を得て、愛知県身体障害者福祉団体連合会の主催で、当地の蒲郡市で「国際障害者レジャー・レクリエーション・スポーツ大会（略称・レスポ。ＲＥＳＰＯ）」を開催した。このときは常陸宮ご夫妻が開会式にご臨席し、二十五か国約千七百人が参加。闘病中にもかかわらず、中村裕は実行委員長として現地に出向いて総指揮を執っている。

中村裕は、泉下の人になるまで走り続けた、闘う医師だった。


中村裕は還暦を迎えることなく、一九八四（昭和五十九）年七月二十三日に死去。五十七年の生涯に幕を閉じた。

その五日後の二十八日午後一時からの葬儀は、別府市の中央葬儀社中央会館で行われた。葬儀委員長はソニーの名誉会長で、太陽の家会長の井深大が務め、祭壇には東宮御所から届けられた皇太子妃殿下（上皇后）のお手摘みの生花が並べられ、昭和天皇からは「正五位　勲三等瑞宝章」が授与された。皇太子・美智子妃両殿下（上皇ご夫妻）からのお言葉をはじめ、常陸宮殿下、総理大臣など政財界、官界、医学界のほか、海外を含めて三千四百十二通の弔電が寄せられ、参列者は三千人を数えた。大分県内の生花店から白い菊の花が消えたという。それだけ盛大な葬儀で、誰もがその死を悼んだ……。

「日本パラリンピックの父」、「東京パラリンピックをつくった男」とも称される医師、中村裕の人生を駆け足で辿ってきた。さらに各章で詳述したい。

人並み外れた押しの強さと行動力

再びイギリスのエイルズベリー――。

私の渡英を心待ちにし、ストーク・マンデビル病院での取材協力を惜しまなかったのが、エイルズベリー在住の新藤信子だった。日本における理学療法士（ＰＴ）登録第一号の認定証を持ち、看護師でもある彼女は、医師の中村裕と同じく、一九六〇年代から日本のリハビリテーション促進にその身を捧げた一人である。

中村裕よりも五歳年下の新藤信子は、一九三二（昭和七）年に宮城県栗原郡一迫《いちはさま》町（現・栗原市）で生まれた。看護師だった姉の影響で高校卒業後に石巻赤十字高等看護学院に入学し、看護師免許を取得。石巻赤十字病院や東北労災病院、さらに関東労災病院に勤務しながら、主に「脊髄損傷患者の浣腸方法」を研究して日本看護学会で発表し、整形外科医たちに高く評価された。中村裕がアメリカ、続いてイギリスのストーク・マンデビル病院の脊髄損傷センターを初めて視察・研修したのは一九六〇年。後に中村と新藤はともに身障者患者の治療に深く関わるわけだが、新藤が国際看護師協会（ＩＣＮ）の交換留学生として、リハビリテーション研修のためにアメリカに渡ったのも、奇しくも同じ一九六〇年だった。

アメリカから帰国した彼女は、神奈川県立身体障害者更生指導所に勤務。一九六三(昭和三十八)年、都下の清瀬市に日本初の理学療法士と作業療法士（ＯＴ）を養成する国立療養所東京病院附属リハビリテーション学院が開校すると、スタッフに選出された。講師は世界保健機関（ＷＨＯ）や世界理学療法連盟（ＷＣＰＴ）、駐日米軍病院などから派遣され、彼女は外国人女性ＰＴ科長の通訳をしつつ、看護師としても教壇に立った。一方、若い学生とともに受講し、三年後に行われた国家試験に合格（一般の受験者数含めて千二百十七名で合格者百八十三名。ちなみに現在、理学療法士有資格者は十三万人を超えている）。優秀な成績だったためだろう、彼女は先に述べたように日本人ＰＴ登録第一号の認定証を掌中にし、厚生省の派遣で一九六六（昭和四十一）年七月から一年四か月にわたりストーク・マンデビル病院に留学して実習を重ねた。帰国後は神奈川県小田原市の国立箱根病院（現・国立病院機構箱根病院）に勤務。毎年のように自費で渡欧しては研究に励み、六九年にはイギリスの理学療法士の免許も取得している。

そして、三十八歳のときだった。厚生省をはじめ、勤務する国立箱根病院の「身障者ファースト」を無視した〝お役所仕事〟に失望し、家族とともにイギリスに移住。一九七〇年から八一年までの十二年間にわたってストーク・マンデビル病院に勤務している。探究心旺盛な彼女は、長年の研究課題だった「中枢神経性の痙攣《けいれん》の緩和と治療法」を国際パラプレジア医学会で発表。それは「シンドー・テクニック」と命名された。退職後も複数の病院でＰＴ部長を務め、招待講演や実習指導するなど多忙な日々を送った。

また、イギリスに移住しても彼女は、常に欧米の理学療法に関する最新技術や情報などを日本の医学専門誌に寄稿して発信。一九六〇年に中村裕に欧米のリハビリテーション視察を勧めた九州大学医学部整形外科医局員時代の恩師、日本の「整形外科界の法王」と呼ばれた天児民和《あまこたみかず》も、ＰＴとしての彼女の技術を高く評価し、毎年の師走にはクリスマスカードを贈りあう関係だった。

もちろん、彼女は一九六六年にストーク・マンデビル病院に留学した当時から脊髄損傷センター所長のルートヴィヒ・グットマンの信頼を得て、晩年まで親交を深めていた。

その八十歳で逝ったグットマン没後四年目、「第三十三回国際ストーク・マンデビル競技会」開催中の一九八四（昭和五十九）年七月二十三日だった。先に述べたように中村裕は鬼籍に入るが、新藤信子こそが一九六〇年以来、毎年のように渡英していた中村裕について語れる「唯一の生き証人」といってよい。中村の同志でもあったＰＴの彼女は、何よりも強い味方だったのだ。

二〇一八年の七月上旬――。

イギリス・ロンドン郊外のヒースロー国際空港から新藤信子が手配してくれたタクシーに乗り、私がエイルズベリーのホテル「ホリディイン・エイルズベリー」に着いたのは午後三時前だった。すでに渡英前から何回となく電話で話していたためだろうか、ロビーで待っていた間もなく八十六歳になる彼女は私と握手を交わすなり、堰《せき》を切るように話し始めた。

「……中村先生との思い出はいっぱいあるのね。一九八四年に亡くなって今年で三十四年でしょ。あの年の七月にも中村先生はエイルズベリーに来て、国際ストーク・マンデビル競技大会に出席する予定だった。でも、闘病中のために来られなくて、開催中に日本で亡くなったのね。あのときは出場していた選手とスタッフ全員が二分間の黙祷を捧げ、ジョン・グラント氏（当時の国際ストーク・マンデビル競技連盟会長）が追悼の言葉を述べたんじゃないかしら。

亡くなる前の年にも奥さまの廣子さんとイギリスに来て、ドクター・グットマンのお墓参りをしているわね。もちろん、エイルズベリーにも来て、そのときはここの土地を買いたいと言ってた。今はこうしてホテルになってるけど、当時は草がぼうぼうと生い茂る原っぱだったから、中村先生には先見の明があったのね。そのほかにもストーク・マンデビル病院の近くに気に入った土地もあったけどね。『エイルズベリーに〝太陽の家〟を建て、ストーク・マンデビル病院の脊損患者全員を雇うんだ』と言ってた。それが亡くなる前の中村先生の夢だったんじゃないかしら。彼は常に何かに取り組んでいないと満足しない性分だったしね」

新藤信子は、ゆっくりとした口調で遠い記憶を蘇らせた。私は黙って聞き入った。彼女は「中村先生」、中村裕は「新藤さん」と呼び合っていたという。

「彼はせっかちで、エイルズベリーに来るときは、いつも私にお気に入りの小さなホテルに予約を入れてくれと頼むのね。それで滞在中は、とにかく朝が早い。五時には起きて、誰もいないと後で私に文句を言うの。『新藤さん、朝の五時なのに人間を見かけないし、牛乳屋も姿を見せない。これは英国においては大問題だ。首相のサッチャーに直訴しなきゃいかん』なんてね。廣子さんも『私は鶏《にわとり》と結婚したのよ。朝からギャーギャーとうるさいの』って。

それに強引な人で、ロンドンのテムズ川に行ったとき、強風にかかわらずボートに乗ると言ってきかない。泳げない私は死ぬのが厭だから拒否したけど、『一緒に乗れ』と命令する。そういうときの廣子さんは何も言わないのね。我慢強いというか……。ああいった奥さまが傍にいたから、中村先生は自由に身障者の社会復帰のために活動できたんじゃないかしら。

でもね、こんな話も廣子さんから聞いたことがある。中村先生が、一九六〇年に初めてストーク・マンデビル病院で研修を受けて、別府に帰ったときね。大分空港に迎えに行った帰り、中村先生が奥さまに車の中で言ったの。『失礼ですが、あなたはどちらさまですか?』って。そのときの廣子さんは、長男の太郎君を身ごもっていて『あのときばかりは離婚して実家に帰ろうと思った』と言ってたわね」

頷きながら聞いていた私だったが、このときばかりは笑ってしまった。彼女は続けた。

「それにこんな話も聞いたわね。亡くなる前の年にイギリスに来たとき中村先生は、飛行機を予約するときに言ったの、廣子さんにね。『ぼくは仕事だから一等の席（ファーストクラス）にする。君は旅行だから二等の席（エコノミークラス）でいいだろう』って。そのとき廣子さんは『私はいいけど、周りの人たちは私のことを女中か召使いと勘違いしますよ』と言ったら、中村先生は『そうかなあ』って。中村先生はとにかく自分本位。だから、周りの人たちは大変だったと思うわ」

前述したように新藤信子は、一九六六年にストーク・マンデビル病院に一年四か月間にわたって留学している。再びゆっくりとした口調で、私が持参した中村裕の写真を手に当時を振り返った。

「……私が初めてストーク・マンデビル病院に来たとき、もう誰もが尋ねてくるのね。『ドクター・ナカムラは元気か？』『ジャパニーズのナカムラはいつ来るんだ？』『ナカムラはぼくの親友だ』なんて。ＰＴやＯＴ、レントゲン技師だけでなく、清掃係のおじさんや皿洗いのおばさんまでも……。それで理由を聞いてみたら、この写真と同じで中村先生はいつも笑顔で誰とでも気軽に話していたというの。だから、中村先生は人気があった。イギリスには階級制度があり、ストーク・マンデビル病院のドクターは、けっこう患者に対しても威張ってた。その点、ドクター・グットマンは、人間を差別することはなかったわね。

ところが、私は驚いたの。初めて別府市の太陽の家と大分市の中村病院に行ったとき、中村先生は怖い顔をしてスタッフを怒ってた。眼を吊り上げて文句を言ってる。もうそれまで私が知ってた中村先生とは大違い。別人だったわね……」

彼女は私を前に次つぎと中村裕との思い出を話した。

一九八一年の国際障害者年に開催された「第一回国際アビリンピック大会（国際身体障害者技能競技大会）」の際、彼女は中村に要請されてイギリス選手団を結成。団長として来日している。

そして、日本の皇室との関係も語った。

「今の天皇・皇后両陛下（上皇ご夫妻）は、心の底から弱い立場の身障者を支援しているでしょ。ドクター・グットマンと中村先生とは六四年の東京パラリンピック以来のお付き合いがあるしね。七五年の天皇・皇后両陛下がご臨席した大分フェスピックのとき、ドクター・グットマンは大分に行ってるし……。その翌年の六月だったわね。天皇・皇后両陛下が国際親善のためにイギリスを訪問した際、ストーク・マンデビル病院にいらっしゃった。そのときもドクター・グットマンにお会いしている。私にも美智子様がお声をかけてくださり、六歳と四歳の私の息子と一緒にストーク・マンデビル病院のグラウンドを歩き、遊んだりしてくれたの。そのときは周りの人から『ミセス・シンドーは、プリンセスに子どものお守りをさせた』なんて言われたけどね。それで家族と帰国した際、宮城（皇居）に行ったら息子たちが『ミチコに会いたいよ。また一緒に遊ぼうと言ったんだ』なんてせがむの。私、困っちゃった。それだけ美智子様は、気さくなお人なのよね」

彼女は苦笑しつつそう言って、視線を宙に浮かして続けた。

「そう、ドクター・グットマンが亡くなったのは、一九八〇年の三月十八日の早朝、四時三十分だったかしら……。そのときはストーク・マンデビル病院で長い間、ドクター・グットマンの秘書をしていたジョアン・スクルトン女史から私に訃報の連絡があり、すぐに大分の中村病院に電話を入れた。日本とイギリスの時差は八時間のため、日本は午後で中村先生は手術中だったため、私は事務の人に強く言ったの。『ドクター・グットマンが亡くなりました。中村先生にすぐに伝えてください』って。そしたらその日のうちに、今の天皇陛下からストーク・マンデビル病院の敷地内にあるスタジアムの事務所に真っ先に弔電が届けられ、もう関係者は驚いた。後で中村先生に聞いたら、『直接、東宮御所に電話をかけたら皇太子・美智子妃両殿下が悲しんでいらっしゃった』と言っていましたね」

静かなロビーのソファーに座って語る、彼女の話は尽きない。私は頷きながら聞いた。

エイルズベリーを訪ねたときの中村裕は、よく中心街にあるマーケットスクェアに出向き、バッキンガムシャー出身の十七世紀の政治家で、革命家でもあったジョン・ハムデンの銅像の前に立ったという。

「中村先生は、黙って銅像を見上げて、呟くの。『こんなところにいていいのかなあ……』『整形外科の医者は手術室にいなければならんのになあ……』『早く帰らなければいかんなあ……』なんてね。私は聞いてない振りをしてたけど……。私、思うのね、中村先生のような人並み外れた押しの強い人、行動力のある人がいなければ、日本の身障者に対する福祉政策は進まなかったって。

そういえば、中村先生に聞かれたことがある。『どうして日本のPT第一号の新藤さんがイギリスにいるんだ?』ってね。だから、言ったの。身障者のことを真剣に考えなきゃならない厚生省や、私が働いていた国立箱根病院の事務長たちの融通の利かないお役所仕事に苛立った。それでストーク・マンデビル病院に来たことを、詳しく話したら『新藤さんも俺と同じで頑固だなあ』って。中村先生、笑ってた。茶目っ気がある中村先生の笑顔、素敵ね……」

中村先生のような人並み外れた押しの強い、行動力のある人がいなければ、日本の身障者に対する福祉政策は進まなかった——。

新藤信子が口にしたこの言葉を、私はあらためて心に刻んだ。

時計の針は午後五時を回った。彼女は一拍置いて言った。

「そうね、明日はストーク・マンデビル病院を取材した後、マーケットスクェアに行きましょう。その後は私の家で食事ね。こないだロンドンに行ったとき、スーパーマーケットで福島産のお米〝天のつぶ〟を買ったのよ。原発事故のせいかもしれないけど、日本のお米はしばらく買えなかった。でもね、去年から売られるようになったの」

原発禍の街、福島県南相馬市出身の私を前に、新藤信子はそう言って微笑んだ。ルートヴィヒ・グットマンの秘書を長年務めたジョアン・スクルトンのサイン入り著書『Stoke Mandeville Road to the Paralympic』、それにエイルズベリーの市街地図をバッグから取り出し、私に手渡してくれた。

そして、翌朝の九時、再び私たちはホテルで待ち合わせてストーク・マンデビル病院に出向いた。すでに彼女は病院側と交渉し、取材の許可を取ってくれていた。

医師・中村裕は、世間の物差しでは測れない稀有な人間である。

その性格は、関係者のほとんどが証言するように「自分本位」であり、「強引」で「せっかち」だった。こんな逸話がある。自宅に居ても家族や近所迷惑を考えず、いつでもすぐに外出できるようにと一日中、夜も愛車のエンジンを切らずに付けっぱなしにすることもあったという。「外出するぞ」のひと言で、すぐさま車に乗り込み、妻の廣子に化粧の時間さえ与えなかった。

とにかく、自分が決めたら周りが反対しても聞く耳を持たず、押し切った。終始、自分勝手だった。いざとなれば自分の考えに賛同する政治家、企業人、作家、評論家、芸能人など、あらゆる人脈を総動員。ときには皇室までも動かし、信念を貫く。〝日本一〟〝世界一〟を口癖とする煙たがれる野心家でもあったが、ときおり垣間見せる「茶目っ気」が救いになったかもしれないし、社会的に信用される医師の肩書が奏功したとも思われる。

類まれな行動力――。これこそが中村裕の真骨頂であろう。努力してもなかなか報われない、弱者である身障者に光を与え続け、彼ら彼女らの人生の羅針盤となったのだ。それは同時に政府が打ち出す福祉施策に対し、身障者を持つ懐疑的な親族たちへの熱きエールでもあった。

「日本パラリンピックの父」、「東京パラリンピックをつくった男」とも称される医師の中村裕。彼の足跡は、きっと読者にも強い感銘を与えるに違いない――。

第一章　三つのポリシー

天児民和と内藤三郎に師事

日本一の湯どころとして知られる、風光明媚な大分県別府市――。戦禍に遭わなかったという幸運にも恵まれ、観光客や湯治に来た人たちで賑わう一方、昔から公立の病院や保養施設があり、豊富な温泉水や温泉熱などを利用した温熱療法（和温療法）を行っていた。一九三一（昭和六）年には九州大学温泉治療学研究所（現・九州大学生体防御医学研究所）が開設されている。

旧陸軍と旧海軍の両病院は国立別府病院となったが、敗戦後も変わらず、国立別府保養所（現・国立別府重度障害者センター）をはじめ、原子爆弾被爆者別府温泉療養研究所、農協共済別府リハビリテーションセンター、自衛隊別府病院といった医療施設が次つぎと設立された。その結果、戦傷者や被爆者、炭鉱などでの産業事故で負傷した身障者を街中でも見かけることが多く、接することが日常的だった。そのためであろうか、現在も別府市は身障者に理解を示す町である。

こんな温泉町の開業医の次男として生まれ育った中村裕《ゆたか》が、整形外科医をめざしたのは自然の成り行きだったかもしれない。

近代オリンピックの第一回アテネ大会が開催された年、一八九六（明治二十九）年に佐賀県小城郡三日月村（現・小城市）で生まれた父・中村亀市は、熊本医学専門学校（現・熊本大学医学部）に入学。卒業後は八幡市（現・北九州市）の八幡製鐵所病院（現・新日鐵八幡記念病院）外科に勤務しつつ、現在の九州大学病院で皮膚泌尿科を学んだ。一方、大分県西国東《にしくにさき》郡臼野村（現・豊後高田市）出身の母・

八重は、一九〇一（明治三十四）年に生まれた。生家は土地持ちの村民をまとめる庄屋だけに、かなり経済的に恵まれた環境で苦労なく育った、いわゆる良家のお嬢さまだった。

二人が結婚したのは亀市が数えで二十五歳、八重が二十歳のときで、次男の中村裕は一九二七（昭和二）年三月三十一日に生を受けた。その翌年に亀市は、別府市に居を構えて中村病院を開業して独立。外科と皮膚泌尿科のほか、温泉熱利用の電気浴設備を整えていたため外来患者も多く、常に入院患者で満床だった。

中村裕は、姉の博美と兄の信博、弟の泰也、それに妹の千恵子の五人兄弟だったが、二歳年上の兄の信博は十歳の頃まで母の実家に預けられていたため、幼児期の裕は長男のような存在だったといわれる。「何よりも健康が第一」と考える父の命令で、毎朝、家の周りを裕が先頭となって走り、それを終えると正座し、父が口の中に肝油をスプーンで一さじずつ入れてくれる。家長である父は、たとえば妻の実家からスイカが届いても、家族には一切食べさせることなく、貴重品だった石鹸なども隠し、自分だけが使っていた。裕たちは、家庭における父権とはそういうものだと思っていたという。

昭和初期から十年代。裕福な開業医の家庭で育った中村裕であったが、少年時代はひと言でいえば「手のつけられないやんちゃ坊主」。とにかく、気性が激しく、無鉄砲なうえに無神経で無頓着な面もあり、よくいえば冒険心旺盛だった。

それらに関する逸話は枚挙にいとまがない。中村裕が亡くなった四年後の一九八八（昭和六十三）年、作家の水上勉が音頭を取って刊行された『中村裕伝』（中村裕伝刊行委員会、非売品）には逸話が満載されている。

小学校時代だ。ときは戦時中だったため、遊びといえば「兵隊ごっこ」。機械いじりが好きだった裕は、子ども心に戦闘機に乗ったつもりで空を飛んでみたいと考えた。そこでこうもり傘に紐などを付けて改良。パラシュートに見立て、病院の屋根に上って跳び下りた。当然のごとく、膝をしたたかに打って骨折し、入院することになった。

無頓着のためだろう。たびたび妹のパンツを間違えてはいてしまい、体育の時間に友だちに大笑いされたこともある。だが、裕はまったく気にせず、担任教師に見つかりしこたま怒られた。いたずらをして廊下に立たされるのは毎度のことで、卒業の際の評価は「裕君は、良い方で大物になるか、悪い方で大物になるかの、どちらかである」だった。

大分中学校（現・大分県立大分上野丘高校）時代の裕には信じられないこんな実話もある。父の亀市は仕事を終えると足繁く花街に通っていた。贔屓《ひいき》にしていた芸者がいたからだ。そのため母の八重が嘆くのを見て、裕はその芸者に敵愾《てきがい》心のような感情を抱いたのだろう。もともと母に逆らい、手こずらせていながらも、母思いだったと思われる。ある夜、件《くだん》の芸者が住む家を探し当てた。ここまではわかるとしても、空き巣のごとく忍び込み、ズボンを脱ぎ、パンツをおろし、なんとしゃがんで玄関に脱糞をしたのだ。さらに表札を外し、家に持ち帰った。もちろん、本人は褒められると思っての行動だったろうが、母は呆れ顔で言った。

「そんなことしたら、かえってお母さんは世間の嘲笑《わら》い者になります。表札はすぐに元に戻してきなさい」

このときばかりは素直に母の言葉に従ったというが……。

大分中学三年のときだ。裕は肋膜炎《ろくまく》を患い、長期の入院生活を余儀なくされた。そのとき友人が「精がつき元気になるんじゃ」と言って、山で捕ったマムシを持ってきた。それを枕元に吊るし、少しずつナイフで削いで食べていた。もちろん、このときも母は呆れ果て「やめなさい！」と怒鳴ったが、残さず食べてしまった。

また、戦時中の裕の夢は海軍に入ることであり、お国のために戦う軍国少年を自負していた。事実、戦況が危うくなり、本土決戦が叫ばれていた敗戦の年となる一九四五（昭和二十）年を迎えると、血気盛んな仲間を集めて竹やりを作り、別府湾を臨める高崎山に立て籠もったこともある。本気で米軍の本土上陸を阻止しようと考えたのだ。

以上の逸話は、その後の中村裕の人生を彷彿させるが、ともあれ、少年の頃から思いついたら周りの心配など一切考えず、すぐさま行動に移す人間であったようだ。

一九四五（昭和二十）年春、大分中学を卒業した中村裕は、福岡県小倉市（現・北九州市）の小倉医学専門学校に入学。その年の八月十五日に敗戦を迎え、翌年春には学校制度の改革で福岡市の九州大学附属医学専門部に編入し、一九五一（昭和二十六）年三月に卒業した。その後は一年間だけ東京の聖路加病院でインターン生活を送っているが、意を新たに翌年四月に九州に戻り、九州大学医学部整形外科医局入り。本格的に整形外科医をめざすことになる。

整形外科の起源は十八世紀の半ばに遡る。一七四一年に初めてフランスの医学会で医師のニコラ・

アンドリが「Orthopédie《オルトペディ》」を提唱して定義され、日本に伝えられたのは百六十五年後の一九〇六（明治三十九）年だったという。東京大学医学部整形外科学教室の初代教授・田代義徳によって「整形外科学」と翻訳されたことが日本における整形外科の始まりといわれる。だが、二十年後の一九二六（昭和元）年に日本整形外科学会が百十八名の会員で発足したものの、会員数は伸び悩み、単に外科の一領域にすぎなかった。それが次第に脚光を浴びることになったのは、皮肉なことに近代化とともに産業事故が多発する一方、太平洋戦争が勃発。急激に負傷者が増え、整形外科の外傷学の発展に拍車をかけたからだ。

　中村裕は、子どもの頃から、旧陸軍病院や旧海軍病院に出入りする傷痍軍人など、街中でも身障者を目にしてきたことが整形外科医をめざした動機と思われる。ただし、中村が鬼籍に入る年、一九八四（昭和五十九）年一月発行の「リクルートキャリアガイダンス」（リクルート、二・三月合併号）の連載ページ「現代の冒険家」のインタビューで回想している。要約したい。

≪……やはり、整形外科医になったのは、子どもの頃から私は機械いじりや実験的なことが好きだったからです。オヤジの病院にある医療機械を持ち出しては壊していた。整形外科医の手術というのは機械をいちばん多く使い、ネジや金づちを用いて骨をつないだりしますからね。九州大学を卒業する前の年に特待生になって、授業料が免除になったが、そのことをオヤジには言わず、授業料をもらってアメリカ軍の払い下げのジープを買ったんです。それを修理して九大に通った。当時、九大で自家用車を持っている学生は私一人でした。

ところが、ある日でしたね。運転中にハンドルが抜けちゃって、事故を起こして気絶して血まみれになった。そのために教授にずいぶん怒られましたけど、私が機械好きで自動車好きなのは九大で有名でした。そして、整形外科医としていまだに思うんですが、ジープの車輪の機構と人間の関節の機構とは非常によく似ている。前輪なんか人間の肩の関節とそっくりですよ。あれは人間を見てつくったんじゃないかと思うほどですね》

そう振り返る、九大医学部整形外科医局員時代の中村裕にとって幸運だったのは、恩師となる天児民和《あまこたみかず》の指導を受けたことだ。

一九〇五（明治三十八）年、兵庫県神戸市生まれの天児は、九州帝国大学医学部を卒業後、整形外科学研修のために欧米を視察。ドイツのライプッチヒ大学整形外科学教室に留学しているときは、第十一回オリンピック・ベルリン大会（一九三六年＝昭和十一年）が開催され、大日本体育協会（現・日本スポーツ協会、二〇一八年＝平成三十年四月に日本体育協会を改称）からの依頼で、嘱託医として日本選手団を診ている。戦時中の天児は、軍医として大阪や東京の陸軍病院に勤務し、両脚切断や麻痺した傷痍軍人患者を多く治療。損傷した機能を回復させるのは当然として、患者の社会復帰のため、工場に連れて行って旋盤工などの仕事を勧めていたという。

そして、敗戦の年に新潟医療大学の教授になり、新潟大学医学部附属病院長を務め、一九五〇（昭和二十五）年に母校である九州大学医学部教授に就任した。中村裕が医局員になった当時の天児は、すでに日本の整形外科学会をリードする第一人者で「整形外科界の法王」と称されていた。

天児民和は、医局員である中村裕の日頃の言動から「彼はスケールの大きな仕事でないと満足できない人間だ」と、性格を読み取り〝出張〟という制度で小倉市(現・北九州市)の九州労災病院に派遣した。そのことも中村裕にとっては幸運を呼んだ。一九四七(昭和二十二)年に敗戦後の民主的改革の一環として労働者災害補償保険法が施行し、その二年後に厚生省(現・厚生労働省)は、東京と九州に労災病院を設置した。その日本最初の労災病院の一つである九州労災病院で、中村は天児の紹介で初代院長の内藤三郎に出会ったからだ。

戦時中の内藤三郎は、八幡製鐵所病院で院長を務め、労働災害による患者を診察。損傷機能回復訓練の重要性を痛感し、敗戦後はカナダ・トロントにある労災病院のリハビリテーションセンターを視察し、帰国後は九州労災病院に新たなリハビリ用機器を取り入れるなど、整備していた。また、一九五七(昭和三十二)年だった。後に中村裕の人生を変える、イギリスのストーク・マンデビル病院脊髄損傷センター所長のルートヴィヒ・グットマンの論文や報告書にいち早く着目。訳して関係者に配り、脊髄損傷に対する日本医学会の認識の甘さを指摘、警告していた。

天児民和と内藤三郎――。当時の日本の整形外科学会を代表する二人の医師の指導で、中村裕は整形外科医への道を突き進んだ。

九大医学部整形外科医局に入局して半年後の一九五二(昭和二十七)年十月、中村裕は医師免許を取得。五年後には論文「手指運動の筋電図学的研究」で医学博士の学位を授与され、助手として九大医学部整形外科リハビリテーション係を命じられた。その翌年の一九五八(昭和三十三)年二月に故郷・別府市の国立別府病院に整形外科科長として赴任。一年後の三月、京都女子大学在学中の、ひと回り年下の小林廣子と見合いで結婚した。

そして、翌年の一九六〇（昭和三十五）年一月に恩師の天児民和との共著、日本初のリハビリテーションのテキストとなる『リハビリテーション―医学的更生指導と理学的療法』（南江堂）を出版。その一か月後には天児の推薦により、厚生省の海外研修制度で欧米のリハビリテーション視察のために渡航。イギリスのストーク・マンデビル病院脊髄損傷センター所長のルートヴィヒ・グットマンの治療法に衝撃を受ける、運命的な出会いをしたのだ。

ルートヴィヒ・グットマンの教え

ストーク・マンデビル病院の脊髄損傷センター所長に就任するまでの、ルートヴィヒ・グットマンの略歴を記したい。

一八九九（明治三十二）年七月、ドイツで生まれたユダヤ人医師のグットマンは、一九一〇年代に勃発した第一次世界大戦中は外科救急病院でボランティアとして働き、そこで初めて下半身麻痺の患者に接している。その後に医師免許を取得し、対麻痺患者の治療法などを学びつつ病院に勤務。一方、大学医学部で教授のアシスタントとして真面目に働いた。

しかし、好事魔多し。一九三〇年代に入るとアドルフ・ヒトラー率いるナチスによるユダヤ人排斥運動が強まり、一九三九（昭和十四）年三月だったという。第二次世界大戦が勃発する半年前に三十九歳のグットマンは、妻と二人の子どもを連れてドイツから逃れてイギリスに亡命し、科学保護団体の援助を受け、オックスフォード大学のバリオルカレッジに赴任。主に神経損傷の調査の任務に就いた。

そして、亡命してから五年目の一九四四年だった。イギリス首相のウィンストン・チャーチルは、連合軍のナチス・ドイツ侵攻のためのノルマンディー上陸作戦によって、大勢の戦傷者が出ることを予想。戦傷者の初療から早期社会復帰のためにそれぞれの専門的医療にリハビリテーションの計画を立て、ストーク・マンデビル病院の敷地内に国立脊髄損傷センターを設置。グットマンはイギリス政府の推薦で、その所長に就任した。それが後にグットマンが「パラリンピックの父」と称される契機となったのだ。


一九六〇（昭和三十五）年五月四日――。

この日、渡英した中村裕は、初めてエイルズベリーのストーク・マンデビル病院を訪ねた。出迎えた脊髄損傷センター所長のグットマンは、中村を前にいきなり言ってきた。

「君は日本人か。これまで何人もの日本人が私の治療法を学びたいと言ってここに来た。帰る際は日本で実行したいと言ったが、一人としてその言葉を守っていない。戦争で大勢の戦傷者をだした日本の医療制度はどうなっているのかね……」

父・亀市と同年代のグットマンの言葉に、中村はたじろぐばかりで反論できなかった。その通りだったからだ。

敗戦から十年以上経っても当時の日本では、戦傷者は当然として、病気や事故で脊髄などの機能を失った下半身麻痺の身障者は、再起不能者と見られていた。病院や施設に収容されても、脊髄損傷患者は、狭い部屋に押し込められて会話も少なく、寝たきりのために鬱状態となり、褥瘡《じょくそう》で体力を消耗。肉体は骨と皮となって痩せ細り、内臓も日々悪化して食欲を失い、死を待つばかり……。それが当時の障がい者に対する福祉行政であり、日本の医療制度の現実だった。

すでに中村裕は、グットマンが提唱する〝三つのポリシー〟について伝聞で知ってはいた。だが、具体的にどのような治療法が施されているのかは謎だったため、それを知りたくて視察・研修先にストーク・マンデビル病院を選んだのだ。

とにかく、中村裕はグットマンに密着することにした。

当時のストーク・マンデビル病院の脊髄損傷センターには、外来病棟を入れて七つの病棟があり、それぞれの病棟には左右にベッドが十二床ずつ二十四のベッドが並んでいた。新たに入院した患者は、病棟の入口近くのベッドを与えられた。奥に行くほど古い患者のベッドが並び、いちばん奥のベッドに行きつくと、もうすぐ退院できるというシステムである。

まず、中村裕が驚いたのは、グットマンの回診であった。単に医師と看護師だけで回診する日本とは違い、理学療法士（PT）、作業療法士（OT）、ケースワーカー、加えて養護学校の担当教師や講習生、ときには労働省から派遣された退院後の身障者をサポートする就職斡旋専門員までをもメンバーに入れ、チームを組んで回診していたからだ。たとえば、メンバーは新たな患者が入院し、苦痛を訴えると、すでに入院している患者全員に聞こえるように叱咤激励する。

「苦しいのはあなただけではない。ここにいる患者はあなたと同じ症状を克服してきた人たちだ。

弱音を吐いていては治らないではないか。みんなで頑張ろう」

医師や看護師に限らず、回診に参加するメンバーには威厳があった。常に患者の容態を把握し、肉体的や精神的などについてそれぞれの専門的立場から報告。もちろん、患者側の意見にも耳を傾け、退院についての見通しを議論していた。

それればかりではない。当時の日本の医療では、とくに脊髄損傷患者には希望を持てない予後を知らせるのはタブーだといわれていた。だが、ストーク・マンデビル病院は違った。それとなく患者に予後を知らせたほうがリハビリテーションの期間が短縮される。さらに寝たきりの患者が車いすで移動できるようになれば、もっと頻繁にほかの患者と交流することができる。つまり、患者に自身の容態を理解・把握させれば、早く退院できるという考えだった。病棟とはいえ、そこは患者たちに希望と勇気を与える場でもあった。休日ともなれば親族や知人だけでなく、地元住民がボランティアとして病棟を訪ねては患者の世話をしていた。

中村裕は実感した。これが聞きしに勝るストーク・マンデビル病院の治療法なのだ、と――。

当時のルートヴィヒ・グットマン率いるストーク・マンデビル病院脊髄損傷センターは、患者の誰もが治療を受けたい病院であるばかりか、医療関係者にとっても当病院で働くことがステータスだった。たとえば、常に三十人ほどの理学療法士が在籍していたが、ほぼ同数の理学療法士が採用を待ち焦がれてウエイティングをしていた。ウィルソン・チャーチルが首相時代、片麻痺になったことはほとんど知られていないが、首相官邸で隠密裏に治療に当たったのが当病院の初代女性ＰＴ部長だったという実話もある。ちなみにＰＴ部長の彼女が退職後に脊髄癌で入院した際、担当Ｐ

Tに指名されたのが序章で紹介した、日本人理学療法士第一号の新藤信子だった。一九七〇年から八一年まで十二年間勤務していた新藤によれば、在籍する約三十人の理学療法士のうち七人が脊髄損傷患者と結婚していたという。脊髄損傷患者にとって、理学療法士は人生における最高の伴侶だったのだ。

ともあれ、さらに中村裕を驚かせたのは、リハビリテーションの一環としてスポーツを取り入れていることだった。

そのことに関して、生前に中村は前掲書「リクルートキャリアガイダンス」で述懐している。

《ストーク・マンデビル病院では手足の麻痺した患者でも、少しでも動けるようになったら、そのまま卓球場に連れて行ってラケットを握らす。そうすることでバランスの訓練をするんです。あるいはフラフラしている人をプールに投げ込み、理学療法士がマンツーマンで指導する。実にダイナミックなんですね。温泉につかるような受動的な方法ではなく、自分の筋肉を使って自らはい上がっていく、というような能動的な治療をする。そして、心電図などを使いながら、それを科学的に裏づけているわけです。そこで私も帰国したら、こういうやり方を日本でもやろうと考えた》

ストーク・マンデビル病院に滞在中の中村裕は、とにかく四六時中ノートとペンを手にグットマンに密着した。誰もが厭がる夜勤を自ら進んで申し出たのも、患者に異変が起これぱたとえ真夜中でもすぐさまグットマンが駆けつけて診察していたからだ。

それに探究心旺盛な中村は、どうしても患者のカルテはもちろんのこと、レントゲン写真も自分の眼で見てみたいと考えた。とくに退院した患者は、六週間後に来院して検査を受ける決まりになっていて、その検査結果は是が非でも知りたかった。

当然、病院の命というべきカルテとレントゲン写真は、個人情報ゆえに門外不出。外部の者に見せないことは百も承知だったが、中村はグットマンを前に何度も頭を下げ、泣きついた。その熱意が通じたのかもしれない。創設した一九四四（昭和十九）年から六〇（昭和三十五）年五月までの十六年にわたる、約二千人に及ぶ患者のカルテとレントゲン写真を見ることを、グットマンは躊躇《ちゅうちょ》することなく許可した。中村は、徹夜でノートに書き写し、写真も撮った。

ただし、グットマンの秘書のジョアン・スクルトン女史をはじめとする事務職員たちは、中村の態度に呆れ返った。毎晩のように小部屋に入ってカルテとレントゲン写真を見るのはいいが、区分けして大事に戸棚に保管しているものをぐちゃぐちゃにしてしまうからだ。そのためグットマンに強く訴えた。

「ドクター・ナカムラのやることは無茶苦茶です。どうにかしてください！」

ところが、グットマンは「落ち着きなさい」とばかりに手で制し、真顔で言った。

「ドクター・ナカムラは、徹夜で頑張っている。彼は今後の日本の医療に役立つ仕事をしているのだ。大目に見てあげなさい……」

すでに序章に記述したが、イギリスでは、社会福祉政策の理念である「ゆりかごから墓場まで」

を実践していた。保健省や労働省、教育省が一体となって職業訓練センターや保護工場などを運営するだけでなく、たとえば従業員二十名以上の企業には、そのうち三パーセントを超える身障者の雇用を義務付けていた。エレベーター係や駐車場係など単純業務には身障者の雇用を義務付け、しかもこれらは三パーセントにカウントされなかった。さらに違反すれば容赦ない罰金や禁錮刑を課す。そのうえ、身障者が自宅で生活する場合は、退院前に玄関やトイレ、浴室などを車いすに合わせて改造し、車いすや収尿器なども支給。働く者にはオート三輪車、戦傷者には小型自動車を、身障者自身で運転できるように改造して給付する。あらゆる自治体に身障者専門の就職斡旋事務所があり、就職労務管理や職業訓練の世話をしていた。至れり尽くせりの社会福祉政策を実践していたのだ。

中村裕は、ストーク・マンデビル病院で多くを学んだ。

グラウンドの片隅でアーチェリーに興じる患者を眺め、グットマンは静かな口調で言った。

「ドクター・ナカムラ、ここでは六か月間の治療と訓練で脊髄損傷患者の八十五パーセントは何らかの形で社会復帰する。常に我われは患者に寄り添い、一体となってリハビリテーションに励む。それが医師に与えられた使命ではないか。彼らは失ったものを数えることなく、残されたものを最大限に生かすことに必死なんだ。医療として重要なのは、手術よりもスポーツなんだよ」

――六か月間の治療と訓練で脊髄損傷患者の八十五パーセントは何らかの形で社会復帰させる。

――失ったものを数えるな、残されたものを最大限に生かせ。

――効果の少ない手術よりもスポーツを奨励する。

今後の日本の整形外科医がめざすべき医療がここにあった。身障者の機能回復はもちろんのこと、社会復帰さえも促す真のリハビリテーションだと確信した。ルートヴィヒ・グットマンが提唱する〝三つのポリシー〟は、まさに革命的な言葉であり、医師・中村裕の人生を百八十度変えることになる。

ストーク・マンデビル病院滞在中に中村裕は、一九四八（昭和二十三）年からは毎年七月にストーク・マンデビル競技大会が開かれ、五年目には外国人選手も出場する第一回国際ストーク・マンデビル競技大会が開催されていることも知った。帰国後の九月には、初めて毎年開催していたストーク・マンデビル病院を離れ、第十七回オリンピック・ローマ大会閉会後、同じローマで第九回国際ストーク・マンデビル競技大会（第一回パラリンピック）は開催された。

第一回大分県身体障害者体育大会

一九六〇（昭和三十五）年夏、半年に及ぶ欧米の視察から帰国した中村裕の行動は素早かった。

「河野、お前は今日から理学療法士の真似事をするんだ。それに前にも言ったが、看護師の下働きをして医療について徹底的に勉強しろ。これから回診するが、お前も参加するんじゃ！」

帰国した翌日だ。勤務する国立別府病院の倉庫内に設けられた義肢装具部のドアを開けるなり、中村裕は怒鳴るように言った。傍らには九州大学医学部整形外科医局から赴任したばかりの若い医師の畑田和男がいる。

呆気にとられた義肢装具部職員、河野昭五は聞き返した。

「先生、私のことですか？　理学療法士？　それって何ですか？　回診に参加しろと言っても、私は単なる職員の身分ですけど……」

戸惑い顔を見せる河野を前に、とりあえず中村は視察してきた欧米の理学療法士について説明したものの、とにかく回診に参加することを強要するのだった。

一九三〇（昭和五）年生まれ。中村より三歳年下の河野は、高校三年のときに鉄道事故で両脚切断。当時は義足もなく、切断した脚が腐らないように保険が利かない貴重なペニシリンを打ち、包帯を巻きつけて松葉杖で歩いていたという。

そして、卒業後の河野は両親の世話になることを嫌い、自活したい一心で、ヒヨコから育てた鶏《にわとり》五十羽を飼って卵を売っていた。だが、一人前の社会人として生きたいと考え、小倉市（現・北九州市）の国立福岡身体障害者特別職業訓練所入り。義肢をつくる技術を習得し、二十八歳のとき の一九五九（昭和三十四）年春、義肢装具士として国立別府病院の義肢装具部職員に採用された。

それ以来、河野昭五は中村裕と苦楽をともにしている。出会った国立別府病院時代から鬼籍に入るまで、中村裕の半生を語れる「最後の生き証人の一人」と言ってよい。当時を振り返った。

「先生はストーク・マンデビル病院のようなチームを編成しての回診をしたかった。まあ、先生の命令には絶対服従ですからね。私も回診に参加しました。忙しい先生でしたから、回診は朝の七時頃に始めたり、夜の九時過ぎにやったりね。こないだの台風で中止になった大分国際車いすマラソン大会の日に亡くなった若い畑田（和男、二〇一七年＝平成二十九年十月二十九日没・享年八十二）先生をはじめ、私を含め看護師たちも大変だった。

当時の国立別府病院の整形外科のベッド数は八十床ほどで、私の場合は象の足のような義足を付けて回診に参加するんですが、突然先生は『河野、この患者さんの筋肉の状態はどうなってる？』

なんて聞いてくる。黙っていると怒られるため『入院当時よりも張りがあります……』なんて言うと、後で『まだまだ勉強が足りんな。お前は筋電図の機械係をやれ！』なんて、いきなり言ってくる。そう言われても操作方法もわからないし、先生は教えてくれないばかりか『操作できるまで部屋をでるな！』なんて怒鳴る。仕方ないので説明書を探して、自分で何とか動かすほかないんです。

とにかく、先生を満足させるために昼休みなどの空き時間は図書館に行って、医療関係の本を借り、もう必死に勉強しましたね。『河野は近い将来、理学療法士になるんだ！』と命令されたため、英語の辞書を引きながら欧米の文献も読みました。私らのような身障者のために働く先生を慕っていたから、素直に従ったんでしょうね」

別府市の「太陽の家」の会議室――。

壁に掛けてある白衣姿で微笑む中村裕の写真にときおり視線を投げ、河野は続けて語った。

「まあ、早い話が、私らは先生の奴隷のような存在でした。アクの強い先生は、同じ国立別府病院で働いている医師や看護師でも、自分に従わない人とか、性に合わない人は無視して相手にしなかったですからね。その点、若い医師の畑田先生なんかは〝忠犬ハチ公〟というか、先生の分身のように働いた。『やるぞ！』と言えば、何をやるのかわからなくても付いて行かなければならない。『あれを持ってこい！』と言われて、その〝あれ〟がわからなくても行動に移さなければ怒られる。もう無茶苦茶でしたけどね。

先生は私と同じで下戸でね、お酒は飲めなかった。でも、招かれると酒席でも参加していた。『河野さんとこの中村先生は、酒を飲まんのに裸踊りをしてたぞ』なんていう話も聞きましたからね。

先生は饅頭《まんじゅう》などの甘い物が大好きでよく食べていた。亡くなる前に入院先を見舞いに行くと、枕元に菊の御紋が入ったお菓子があって『河野、これは偉いお人からいただいたもんだぞ。皇太子殿下からだ。一緒に食べんか。長生きできるぞ』と言ってくれた。そのときの顔は今も思いだしますね。あの写真と同じ笑顔です……」

そう語る河野は、独学で理学療法士の免許を取得。国立別府病院の第一号の理学療法士となり、太陽の家の創立の際は中村裕の手足となって働くことになる。

一九四三（昭和十八）年生まれ。伊方博義は、社会福祉法人「太陽の家」創設の一九六五（昭和四十）年に職員になり、定年退職まで約四十年間にわたり身障者とともに歩んだ。

「目が見えない人でも走れる。身障者でもスポーツができるんだ……」

高校を卒業した年の一九六一（昭和三十六）年十月二十二日だった。今でもあの光景は、しっかりと伊方の脳裏に焼きついている。大分市営陸上競技場を主会場に、大分県内の施設や病院で生活する身障者——聴覚障がい者、視覚障がい者、両下肢障がい者、両上肢障がい者、一下肢障がい者、一上肢障がい者、脊髄損傷者たちが出場した「第一回大分県身体障害者体育大会」が開催されたときだ。

徒競走、バスケットボール投、砲丸投、立幅跳、走幅跳、相撲、弓術、やり投、卓球などの競技種目が行われた。だが、それらについては全く記憶がないという。伊方が目を見張ったのは、視覚障がい者がタイムを競う徒競走だった。フィールドの真ん中辺りに杭が打たれ、緩く結ばれた長さ十《メートル》ほどのロープがあり、付き添う係員の導きで白ズボンに白シャツ姿の選手が、ロープの端を片手で握っている。そして、スタートラインに立ち、笛が鳴るとためらわずにダッシュ。杭を中心にロープを張り、円を描くように一周した。その光景が忘れられないのだ。

　約六十年前を、伊方は振り返り語った。

「私が見たのは、全盲の人たちが出場していた六十《メートル》走でした。確かに杭を中心に半径十《メートル》ほどのロープを掴んで一周すれば、六十《メートル》ほど走れますからね。目の不自由な人は真っ直ぐ走れなくとも、ロープを掴めば走れる。とにかく、私にとって視覚障がい者の人たちが競った六十《メートル》走は衝撃的で『目が見えない人でも走れるんだ……』『これが障がい者のスポーツか……』と驚いた。あの光景は六十年近く経つ今も忘れない。グラウンドでは役員の中村先生が、先頭に立って指示をだしていたしね。

　もちろん、国立別府病院の中村先生のことは知っていた。当時の先生は、社会福祉法人の別府整肢園の仕事もしていたし、私は身障者の幼友だちが入園していたため、よく高校時代に慰問で訪ねていたしね。当時の先生の印象は、身長は百七十四《センチ》と高くてがっちりした方で、ちょっと猫背だったかな。ひと言で怖い感じの医者だった。太陽の家の職員になってからの先生は、私たち職員に口癖のように大分弁で『口にださなきゃできんのじゃあ。口にだしたらやらなきゃならん。それがエネルギーになるんじゃ』なんて言っていた。先生は、思ったらすぐに口にして行動する人間でしたから……」

　太陽の家の職員になった当初、伊方は何度となく辞めようと思った。中村裕の自分勝手で、その強引さに嫌気がさしたからだ。しかし、辞めることなく留まってしまった。

「正直いって、先生の顔を見るたびに『殺したい……』と思った。でも、結果として退職することさえできなかった。先生の憎めない振る舞い、身障者に対する情熱がすごかったからでしょうね」

その「殺したい」理由は第五章に書き込むとして、伊方はそう言って苦笑いを浮かべた。

効果の少ない手術よりもスポーツを奨励する。

帰国後の中村裕は、早速ルートヴィヒ・グットマンの教えに従い、チームを組んで回診をした。同時に身障者の機能回復のため、さらには社会復帰のためにスポーツを取り入れた。空き病室を卓球場にし、敷地内の空き地でバスケットボール投げ、洋弓であるアーチェリーをやらせた。

しかし、当時の日本の病院や施設すべてがそうであったように、勤務する国立別府病院の医師や職員たちは反対した。昔から身障者の治療には温熱療法が重んじられ、そのために公立の病院や療養所は温泉地に設置されていた。一部の施設では運動療法も取り入れてはいたが、温熱療法のほかにマッサージや電気療法が主流だったからだ。

「先生、それは無茶ですよ。スポーツなんかさせたらさらに悪くなるだけです」

「あなたは医者なのに、身障者にサーカスの真似事をさせる気ですか」

このような批判を浴びても中村裕は、意に介さなかった。このことについても前掲書「リクルートキャリアガイダンス」で回想している。

《私が勤務していた国立別府病院は、もともと温泉病院ですからね。リハビリテーションの一環としてスポーツを取り入れたいと言ったら、当然のように院長に怒られた。もう大論争になった。そこで私は、お湯を温泉と同じ温度にして、本当の温泉水と比較する実験をしてね、反駁《はんばく》した。その結果、お湯も温泉もまったく結果が同じだったため、院長を始めとする医師たちは、グーの音もでなかった》

このことに関しては、何事に対しても強引な中村裕一流の詭弁といってよいだろう。実は当時の中村は、患者に温泉治療を積極的に勧め、後に「身障者に効く別府温泉」という一文を医学専門誌に発表しているからだ。早い話が、誰が何といおうと患者のリハビリテーションにスポーツを取り入れたかった。

もちろん、中村裕は単に患者にスポーツを勧めたのではない。整形外科患者の身長、体重、胸囲、肺活量、血圧、脈拍の計測は当然として、レントゲン撮影、血液検査、尿検査、心電図などの臨床検査も実施。念には念を入れ、身体的に異常のない患者にスポーツを奨励していた。このことについて中村は、東京での第二回パラリンピックが開催された一九六四（昭和三十九）年に出版した『身体障害者スポーツ』（南江堂）で記述している。

《欧米を始めとした先進国には、多くのスポーツ専門医がいて、適時講習会を開き、その方面の診断能力の向上に努めている。しかし、我が国の現状は、残念ながら未だ十分ではなく、運動器官を取り扱う整形外科医がスポーツ指導医として適当と考えるが、耳鼻科・眼科・神経科など各科の協力が必要である。
健常者も同じことが言えるが、身障者がスポーツを行う場合には、強い倦怠《けんたい》感・疲労感・疼痛《とうつう》、そのほかの訴えは、危険信号であるので自覚症状をよく問診すべきである。とくに拘縮《こうしゅく》や強直《きょうちょく》などがあり、関節の運動制限、不良肢位のある場合は、負荷のかかり方が生理的でないので早期に脊椎や股関節を始め、膝・足関節などの主として脊柱や下肢の諸関節に変形性関節症を惹起することが考えられるので、その前駆症状には十分注意を払わなくてはならない……》

そして、当時三十四歳の中村裕は大分県内を奔走。県庁の厚生部をはじめ、身障者団体、各自治体の教育委員会、体育協会などにも出向いた。さらに小・中学校の体育教師や指導者にも会い、身障者のリハビリテーションにいかにスポーツが有効であるかを熱心に説いて回った。

その結果、身障者の行政を管轄する県庁の厚生部長の平田準《あつし》をはじめ、多くの賛同者を得たことで中村裕は、日本初の身障者のためのスポーツ組織団体である「大分県身体障害者体育協会」を設立することを決心。イギリスから帰国十か月後の一九六一年六月、自ら理事及び副会長に就任し、大分県身体障害者体育協会（現・大分県身体障がい者体育協会）を設立したのだ。

そして、その四か月後には、先に述べたように伊方博義が目を見張ったという視覚障がい者の六十㍍走などの競技種目を競う、県内の身障者が出場する「第一回大分県身体障害者体育大会」（現・大分県障がい者スポーツ大会）を開催することに決めた。このときも予想通り、「身障者を見せ物にするのか！」「全盲の者までもてあそぶのか！」といった批判の声も聞こえてきた。当時を河野昭五が振り返った。

「先生は大分市のＮＨＫの支局に出向き、ニュースでも何でもいいから放送してほしいし、できれば後援もしてくれと頼んだ。でもＮＨＫ側は『そんなもん放送したら苦情がくるし、第一に暗すぎる』と言って断った。先生は『ＮＨＫの連中は身障者を理解しとらん。頭が固いんじゃ』と言って怒っていましたね」

もちろん、ここでも中村裕は世間の声を全く気にせず、用意周到に事を進めた。三か月後に大会を控えた七月二十六日、本番に備えた予行演習といってもよい競技会を開いた。

昔からの温熱療法に限らず、すでに脊髄損傷患者参加の運動会を実施していた別府市の国立別府保養所（現・国立別府重度障害者センター）の全面的な協力を得て、小規模ながら身障者が出場する親善卓球大会を開いたのだ。中村裕が勤務する国立別府病院と園長を務める整肢園、それに国立別府保養所の三施設から身障者各十人ずつ、計三十人が出場する団体戦だけの卓球大会だったが、競技前と競技後に参加者全員の心拍数や酸素代謝などを計測。その結果、体調に異常は見られなかった。三か月後の大会開催に向けて、これで中村裕は自信を持ったといってよい。ただし、試合の成績は、国立別府保養所が圧倒的な強さを発揮し、勤務する国立別府病院も整肢園も歯が立たなかった。このときも負けず嫌いな中村は、地団駄踏んで悔しがったという。

こうして前述したように十月二十二日。大分県内の車いす使用の脊髄損傷者だけでなく、各地の療養所や保養所、病院、視覚・聴覚障がい者学校などの施設で生活する身障者すべてが参加できる、第一回大分県身体障害者体育大会は開催された。もちろん、怪我人も病人もだすことなく無事に閉会。大会は成功裏に終わった。唯一、残念だったのは、バスケットボールを競技種目に加えることができなかったことだ。当時の日本製車いすは、単なる〝患者運搬車〟。使用者の安全面を考慮したもので、競技用ではなかった。そのために不慮の事故を起こす可能性もあって見送られた（第三回大会から実施）。

ともあれ、大分県知事の木下郁《かおる》を大会会長とし、厚生部部長の平田準の全面的な協力を得て、仕掛人である中村裕は大会副会長に就任。周囲の心配をよそに滞ることなく運営されて大会は成功した。

こうして大分県身体障害者体育大会は、毎年開催されることになり、日本における障がい者スポーツ大会の魁《さきがけ》となったのだ。

一九八五（昭和六十）年三月に日本身体障害者スポーツ協会（現・日本身体障がい者スポーツ協会）が刊行した『創立20年史』には、次のように記述されている。

《……それまで、レクリエーションとしての身障者運動会はあったが、昭和三十六年十月二十二日に大分県で、身体障害者体育大会が行われた。これは体育官出身の県厚生部長平田準氏と海外の身障者スポーツを視察してきた国立別府病院の中村裕氏の努力によって開かれたもので、我が国初めての試みであり、全国の注目を浴びて、パラリンピック開催の促進に多大の役割を果たした》

第一回大分県身体障害者体育大会から三年後の一九六四（昭和三十九）年。第十八回オリンピック・

東京大会閉会後、同じ東京で第二回パラリンピック（第十三回国際ストーク・マンデビル競技大会）は開催される。しかし、それまで中村裕を見る世間の目は、あくまでも「物好きな人もいるもんだ」だった。

ところが、実は中村裕が第一回大分県身体障害者体育大会開催のため奔走していた時期だった。身障者の福祉行政を司る厚生省をはじめ、戦傷者・身障者団体やマスメディアの厚生文化事業団、日本赤十字社などの関係者たちが集まっていた。

それだけではない。なんと当時の皇太子・美智子妃両殿下（上皇ご夫妻）も障がい者スポーツに着目。東京パラリンピック招致に向け、話し合いが行われていたのだ。

第二章　パラリンピック招致へ

国際身体障害者スポーツ大会準備委員会

海外における障がい者スポーツの歴史は古く、紀元前三百年前後のヒポクラテス時代から医療目的で行われていたという記録がある。しかし、身障者のための医療スポーツとして科学的に礎を築いたのは、十四世紀のルネサンス時代に入ってからで、治療した医療関係者が、多くの著書や論文を発表している。この時代のドイツでは、すでに医療体操師といった職域があり、患者の機能回復と社会復帰のためにスポーツを取り入れていた。

そして、十九世紀に入ると、身障者のための競技会や団体が発足する。イギリスでは、国王ご臨席のもとに木製の義肢を付けた身障者が競い合う競技会が行われ、ドイツでは聴覚障がい者のスポーツ団体が結成された。さらに二十世紀。すでにフランス革命の頃から精神病患者のための作業療法士がいたというフランスでは、第八回オリンピック・パリ大会が開催された一九二四（大正十三）年に、聴覚障がい者の国際競技大会を開催。その四年後には、ドイツ・ベルリンで最初の視覚障がい者スポーツ団体が発足し、その翌年の一九二九（昭和四）年には、国際リハビリテーション協会（ＲＩ）主催の「第一回リハビリテーション世界会議」がスイス・ジュネーブで開催されている。

欧州のなかでもとくにドイツとイギリスは、早くから政府公認の身障者のための医療スポーツに着手していた。

ドイツの場合は、身障者スポーツを治療手段であることを政府が認め、医師の監督下に行うといった法律を制定。そのため熱心に推進する指導者が多くいたと伝えられる。また、イギリスではフィランスロピー（philanthropy　慈善活動）の精神からだろう、一九二二年だった。政府公認の任意団体が、身障者でも運転できるように一般車を改造して提供。年に一回ストーク・マンデビル病院の敷地内で身障者が出場できる自動車レースを開催する、身障者自動車クラブ（Disabled Drivers Motor Club）を設立している。また、身障者でも会員になれるゴルフクラブ（British Society of One - Armed Golfers）も設立された。ゴルフに関しては、アメリカにおいても腕や脚の切断手術を受けた人のゴルフ協会(National Golf Amputee Association of America for Both Arm and Leg Amputees)が結成されている。

以上のような経緯を経て、二十世紀の半ばの一九四五年に大勢の戦傷者を出した第二次世界大戦は終戦を迎えた。この時点でイギリス、ドイツ、フランス、スウェーデン、デンマーク、アメリカ、イスラエルなど十五か国には、ＰＴ（理学療法士）やＯＴ（作業療法士）の職能療法士を養成する大学や専門学校が設立されていた。

そして、すでに述べたようにユダヤ人医師のルートヴィヒ・グットマンが所長を務める、ストーク・マンデビル病院脊髄損傷センターが中心となり、欧米に身障者の機能回復と社会復帰をめざした「障がい者スポーツ」は発展し、現在に至っている。

こんな実話がある。終戦後に開催されたオリンピックで、身障者がメダリストになったのだ。

その人の名は、女性馬術選手として国際大会で活躍したデンマーク人のリス・ハルテル。一九二一（大正十）年生まれの彼女が、第二次世界大戦中の一九四四（昭和十九）年、二十三歳のときだ。第二子懐妊中、突然のように酷いポリオ（急性灰随炎・小児麻痺）にかかり、両下肢に永続的な麻痺を残した。

しかし、彼女は障がいというハードルを乗り越えた。その訓練は単に機械や器具だけに頼るものではなかった。医師や理学療法士の指導のもと、少女時代から好きだった乗馬をリハビリテーションのプログラムに取り入れたのだ。馬のあらゆる動きに対応しなければならない乗馬は、全身の筋肉を使わなければならない。

それが奏功した。彼女は、機能を回復させるとともに本格的に馬術を始め、三十一歳のときに幸運を呼び寄せた。馬術競技が軍人以外の男子と女子の参加も認めた初めての大会、第十五回オリンピック・ヘルシンキ大会（一九五二年＝昭和二十七年）にデンマーク代表選手として出場。馬に乗るにも降りるにも介助が必要な状態だったが、見事銀メダルを獲得した。彼女は同競技初の女性メダリストとなるばかりか、さらに四年後のメルボルン大会にも出場し、二大会連続で銀メダルを獲得したのだ。ちなみにオリンピックで唯一、男女が一緒に競技を競うのが馬術である。

それでは日本における障がい者スポーツの歴史はどうか――。

その歴史は、二十世紀を迎える前に整形外科が確立された欧州各国と比べるとあまりにも浅く、一九四五（昭和二十）年八月十五日の敗戦を契機に始まったといってよい。

とはいっても、そのほとんどは、療養所、保養所、病院などの施設でレクリエーション的なものとして行われていたにすぎず、障がい者スポーツの域にはほど遠いものであった。一九五三（昭和二十八）年に日本リハビリテーション協会が設立されたものの、ＰＴやＯＴを養成する大学も専門学校もなかった。日本初の職能療法士を養成する国立療養所東京病院附属リハビリテーション学院が開校されたのは、敗戦から十八年後の六三（昭和三十八）年五月である。

もちろん、座敷牢のような部屋での生活を余儀なくされていた身障者の誰もが、「自由に外にでたい！」「遠くに行きたい！」と痛切に感じていた。同時に「健常者のようにスポーツをやりたい！」という思いが強かったのも事実だ。

たとえば、敗戦から七年後の一九五二（昭和二十七）年。重度の戦傷者を入所対象に開所された、国立別府保養所（現・国立別府重度障がい者センター）は、十年後の六二年に創立十周年記念誌「文芸」（国立別府保養所更生援護会）を発行している。そのなかの一文、指導係長の水口冨士雄が寄稿した「スポーツ活動の概要」が、当時の身障者の心情を表している。抜粋したい。


《スポーツと言えば、健常者のみが行うものと考えがちであったが、当所では昭和二十九年より車いす競技を中心とした運動会と、輪投げ、ボール投げ、盲人卓球などの室内競技会を毎年一回定例的に実施してきた。昭和三十三年には試みに卓球場を設けたところ、一部入所者の間で利用され、これを契機にスポーツ競技に対する関心がとくに強まった。そこで昭和三十四年には弓道と卓球を中心としたスポーツ部を誕生させた。これに伴い年一回の室内競技会の種目に車いす卓球を取り入れ、回を増すごとに発展の一途にある。車いすバスケットボールをやりたいという入所者もいるのだが、現在使用の車いすは競技に適さないため、将来はこれを実現させたいと考えている。

最近は新たにバスケットボール投げ、入所者の考案による車いす野球なども加わり、前にも増して多数の人たちが活動に参加するようになり、各自の障害能力に応じた適切な活動が活発に行われ

るようになった。可能な人については当所のみの活動にとどまらず、外部の競技会にも出場し、相当の成果をあげている……》

ともあれ、第一章で書いたように一九六一（昭和三十六）年十月二十二日だった。中村裕が仕掛人となって開催された、第一回大分県身体障害者体育大会の成功により、日本における障がい者スポーツは徐々にではあるが日の目を見ることになる。

国際ストーク・マンデビル競技大会は一九六〇年に初めてイギリスを離れ、イタリア・ローマで第一回パラリンピック（第九回国際ストーク・マンデビル競技大会）として開催された。

そして、その四年後に東京で中村裕が選手団団長を務める、第二回パラリンピック（第十三回国際ストーク・マンデビル競技大会）は開催されるわけだが、その道のりを明らかにしたい。前掲書の『中村裕伝』と『パラリンピック　東京大会報告書』（国際身体障害者スポーツ大会運営委員会、一九六五）、『20年史』（日本障がい者スポーツ協会、一九八五）などから、まずは箇条書きで時系列に辿る――。（註・この項で記す「パラリンピック」は、「国際ストーク・マンデビル競技大会」のこと。初めて「パラリンピック」の名称が使用されたのは、一九六四年の東京パラリンピックのときだが、その四年前にイタリア・ローマで行われた第九回国際ストーク・マンデビル競技大会が「第一回パラリンピック」といわれている。ただし、正式に「パラリンピック」の名称が認定されたのは、「パラリンピックの父」と称されたルートヴィヒ・グットマン没後の一九八九（平成元）年で、その年に国際パラリンピック委員会（ＩＰＣ）が設立されたからだ。また、ＩＰＣが設立される以前のパラリンピックの〝パラ〟は、〝脊髄損傷〟パラプレジア＝paraplegiaだった。だが、現在は〝並行〟を意味するパラレル＝parallelからきている。ちなみに「パラリンピックの父」と称されるグットマンは、自身が提唱して開催した国際ストーク・マンデビル競技大会の名称にこだわり、パラリンピックという名称を拒否していた）

・一九六〇年九月、イタリア国立労働災害保険協会（ＩＮＡＩＬ）の全面的協力を得て、ローマで開催された第一回パラリンピックを現地で観た、唯一の日本人がいた。共同通信ローマ支局長の妻、労働問題研究家の渡辺華子だった。感動した彼女は夫の後押しで観戦記を書き、共同通信が各紙に配信した。それが日本のメディアが報じた、障がい者の国際スポーツ大会に関する最初の記事だといわれている。

・その渡辺華子の記事が契機となった。五か月後、年が明けた一九六一年二月。太平洋戦争で片脚を失くした元海軍大佐、世界歴戦者連盟（Ｗ・Ｖ・Ｆ）理事の沖野亦男《またお》は、フランスのパリ本部から身障者スポーツに関する資料を取り寄せた。戦傷者をはじめとする身障者にスポーツを推進するためで、国立身体障害者更生指導所長の整形外科医である稗田正虎とともに冊子「身体障害者スポーツ」を刊行。全国の戦傷者・身障者団体などの関係者に配布した。

・同年四月十三日。沖野と稗田は、「肢体不自由児の父」と称される整形外科医の高木憲次を会長とする「身体障害者更生指導研究会」を開いた。招かれた渡辺華子は、ローマで第一回パラリンピックを観戦したときの感動、さらに障がい者スポーツの意義を切々と語り、主催者の沖野は「日本における身障者スポーツの高揚について」と題して講演。三年後に東京オリンピックが開催される際、両者ともパラリンピックも同時に開催すべきだと訴えた。

だが、出席していた厚生省社会局長の太宰博邦（この年の十一月に事務次官に就任）は、「身障者にとって明るいニュースだが、パラリンピックの受け入れ態勢となると相当問題だ……」などと発言。沖野たちは落胆したものの、今後も研究会を続けることにした。
・同年五月。沖野は本部のあるパリで開催されたW・V・F総会に出席した。その際、国際ストーク・マンデビル競技委員会会長のルートヴィヒ・グットマンと会談。パラリンピック招致などについて意見を交換し、帰国後の六月十三日に開いた身体障害者更生指導研究会で報告。出席したメンバーの同意を得て、パラリンピック招致に向けて準備委員会を発足した。
しかし、数回にわたって会合を開くものの、「現段階でのパラリンピック招致は飛躍しすぎる。先ずは国内の障がい者スポーツを奨励すべきだ」という意見が大半を占め、暗礁に乗り上げてしまった。
・同年八月十日。沖野や稗田たちは「どうしてもパラリンピック招致を諦めることはできない」との強い思いで、全国二十四の戦傷者・身障者団体に呼び掛けて「身体障害者スポーツ振興会」を結成した。
ところが、派閥や人脈のしがらみがネックとなったのだろう。会議を開くたびに役員の人選、経費の出所の問題ばかりに時間を費やし、実質的な活動に入ることができない状態が続いた……。

以上のように東京パラリンピック招致に向けての動きはあったものの、その道のりは厳しいものだった。だが、第一章に記述したように、この年の十月二十二日に地方の大分県で開催された「第一回大分県身体障害者体育大会」が成功。それが引き金となり、メディアが「障がい者スポーツ」に注目し、一気に状況は変わる。続けたい。

・ときは容赦なく流れ、翌一九六二(昭和三十七)年三月。朝日新聞厚生文化事業団事務局長の寺田宗義のもとに、ライオンズクラブ国際協会の飯室進から「パラリンピックを招致するのかどうか、やるのなら全面的に援助したい」といった内容の電話が入った。

・それから約一か月後の四月二十五日、大安の日だった。東京・有楽町の朝日新聞本社企画部長室で寺田をはじめ、W・V・F理事の沖野亦男、国立身体障害者更生指導所長の稗田正虎と氏家馨たちは、戦傷者・身障者団体の幹部たちと会談。パラリンピック招致に当たり、次の二条件を決めた。

①パラリンピックを招致することを打ち出し、態勢を作り上げることが急務。

②パラリンピック招致の条件として、車いす使用の脊髄損傷者に限らず、肢体不自由者、視覚障がい者、聴覚障がい者の人たちも参加させること。

・翌二十六日に寺田は、東京・千代田区霞が関の厚生省に出向き、事務次官の太宰博邦と社会局長の大山正に前日の二条件を提示。それに対し、厚生省側は「肢体不自由者、視覚障がい者、聴覚障がい者の人たちも含めて参加できるパラリンピックなら全面的に賛同する」と快く了承した。

つまり、すべての身障者の福祉行政を司る厚生省としては、単に車いす使用の脊髄損傷者だけが出場できる競技大会であれば予算も組めないし、協力できないということを暗に示したのだ。

ともあれ、厚生省の賛同を得た寺田は、自ら国際身体障害者スポーツ大会開催準備世話人となり、同じマスメディアのＮＨＫ厚生文化事業団事務局長の堀場平八郎と石島治志に連絡。早速二つの事業団の連名で、関係団体に準備打ち合せ会を開くための案内状を発送した。

・五月初旬。その日の朝、別府から夜行列車で上京した国立別府病院の医師・中村裕は、アポなしで朝日新聞厚生文化事業団を訪ね、いきなり事務局長の寺田宗義を前にまくし立てた。

「二年後の東京オリンピックの後、同じ東京でパラリンピックを開催すべきだ。イギリスの主催代表者のグットマン博士は、かねてから我が国に呼びかけているが、厚生省をはじめ関係方面はなかなか腰を上げない。実現できなければ、福祉国家ニッポンの看板は国際的にみて偽りになる。是非、朝日新聞が中心になって各方面に呼びかけてほしい！」

寺田は「この男は本当に医者なのか？」と思いつつも、その熱情に感激し、「広く官民の同志を結集し、その実現を期そう」と応じた。両者は固い握手を交わした。その日の夜、中村は夜行列車で別府に帰った。

・そして、五月十日の木曜日。朝日新聞本社の談話室で「国際身体障害者スポーツ大会準備委員会」が開かれた。

出席したのは、厚生省社会局更生課をはじめ、朝日新聞厚生文化事業団、ＮＨＫ厚生文化事業団、身体障害者更生指導研究会、国際肢体不自由者福祉協会、全国社会福祉協議会、全国鉄道傷痍者団体連合会、鉄道弘済会、日本赤十字社、国立ろうあ者更生指導所、東京都民生局更生課などの幹部たち。加えて、前年十月二十二日に開催された「第一回大分県身体障害者体育大会」を成功に導いた、国立別府病院医師の中村裕と大分県厚生部長の平田準の二人。それにローマでの第一回パラリンピック唯一の観戦者、労働問題研究家の渡辺華子も出席し、全員一致で正式に「国際身体障害者スポーツ大会準備委員会」を結成することを決定。出席者全員が委員に就任することになった。

その席上だった。パラリンピックを主催・運営する国際ストーク・マンデビル競技委員会会長のルートヴィヒ・グットマンと信頼関係にある中村裕は、こう力説した。

「何がなんでも東京パラリンピックを開催すべきだ。今の日本は早急に身障者の社会進出のためにもスポーツを奨励しなければならない。その時期にきている！」

それに対して出席者二十一人全員が「パラリンピック招致に異議ナシ！」と団結を強めた。

・九日後の五月十九日。国際身体障害者スポーツ大会準備委員会は、元厚生省事務次官で、この年の春まで日本赤十字社副社長を務めていた、社会福祉事業振興会会長の葛西嘉資《よしすけ》を委員長に指名した。このときも中村裕は、出席した委員たちを前に提言した。

「この七月に行われる第十一回国際ストーク・マンデビル競技大会に日本は選手を派遣すべきだ。それがパラリンピック招致の決め手になる」

その提言に委員長の葛西は、すぐさま「その通りだ！」と挙手。準備委員会は今後の主な活動を次の二点に絞った。

①ライオンズクラブに強くプッシュして資金調達のメドをつける。
②今年の七月にイギリスで開催される第十一回国際ストーク・マンデビル競技大会に日本から
選手団を派遣する。
・五月三十日、愛媛県松山市で開催されたライオンズクラブ国際協会バナー会議に寺田宗義と堀場平八郎が出向き、財政援助を懇請した。
・六月二十二日、日本整形外科学会に対して協力を要請する。

以上のように紆余曲折を経ながらも、パラリンピック招致に向けて本格的に動きだした。


一方、同時期に別な動きもあった――。

予期せぬことに当時の皇太子・美智子妃両殿下（上皇ご夫妻）が障がい者スポーツに興味を示したのだ。

このことに関しては、宮内庁元侍従長の渡邊允《まこと》が寄稿した《若き日の両陛下と東京パラリンピック》（文藝春秋、二〇一三年二月号）などを参考にしたい。

キーパーソンは、前出の労働問題研究家の渡辺華子だった。国際労働機構（ＩＬＯ）の東京事務所に勤務したこともある彼女は、ローマでの第一回パラリンピック終了後に帰国。美智子妃殿下の母校・聖心女子大学で福祉問題について特別講義をした。もちろん、観戦したパラリンピックについても語り、それが発端となって東宮御所に招かれた彼女は、美智子妃殿下を前に障がい者スポーツについてさらに詳しく説明した。妃殿下は熱心にノートにメモを取りながら聞かれたという。

このことが大きな契機となった。他の皇族とともに上皇ご夫妻は、東京パラリンピックを全面的に支援し、その後も弱者である障がい者のスポーツに深く関わられることになる。

一九五九（昭和三十四）年四月十日の、ご成婚とともに日本赤十字社名誉副総裁に就任した美智子妃殿下は、とくにパラリンピック招致に関しての思いが強かった。当時の日本オリンピック委員会（JOC）委員長で、国際オリンピック委員会（IOC）委員でもある、旧皇族の竹田恒徳と早速東宮御所で面談。オリンピックは文部省管轄であり、一方の障がい者スポーツのパラリンピックは厚生省管轄であることを承知のうえ「竹田様のお耳にだけはお入れしておきたい」「やはりスポーツ大会であれば体育の関係者に関わっていただかなければ競技はできませんから」などと言われ、渡辺華子から聞いたパラリンピックについて話をなさった。

さらに美智子妃殿下は、赤十字の人道法や青少年赤十字（JRC）の活動について語ってくれた、日本赤十字社青少年課長の橋本祐子《さちこ》にもパラリンピックついて詳細に語った。このとき二人は東京でのパラリンピック開催の際、来日する選手団の通訳を担う、学生を中心としたボランティア団体「パラリンピック語学奉仕団」を結成することを思い立った。終章で書き込みたいが、後に橋本祐子は、「美智子妃殿下のプライベートなご相談相手」と噂される。一方、中村裕は「天皇・皇后（上皇ご夫妻）を応援団にした男」と呼ばれるようになるが、その大きな役割を橋本は果たすことになる。中村の類まれな行動力に魅了されたのだ。

そして、橋本の行動も速かった。当時の上司だった日本赤十字社副社長の葛西嘉資にパラリンピック、障がい者スポーツに対する両殿下の熱き思いを伝えた。そのときに語学奉仕団の結成を要請したと思われる。その後、葛西は社会福祉事業振興会会長となり、先に述べたように国際身体障害者スポーツ大会準備委員会委員長に就任。中村裕とともにパラリンピック招致に尽力する。

こうして皇太子・美智子妃両殿下は、パラリンピック招致に尽力すべき関係省庁につなげたことに安堵。以後はパラリンピック招致に関し、各団体の関係者の手にゆだねることにした。

第十一回国際ストーク・マンデビル競技大会

一九六二（昭和三十七）年の七月二十五日からイギリスで開催された、第十一回国際ストーク・マンデビル競技大会――。

この国際大会に日本は初めて選手団を派遣することになり、選手団が編成された。

葛西嘉資を委員長とする国際身体障害者スポーツ大会準備委員会は、前年十月に開催された第一回大分県身体障害者体育大会を成功に導いた実績を高く評価。主催した大分県庁の厚生部長・平田準を選手団団長に抜てきし、中村裕を副団長に指名した。代表選手には、国立別府保養所の二十七歳の吉田勝也と、国立別府病院の三十七歳の伊藤工《たくみ》の二人が選出された。卓球と水泳に出場する元漁船員だった吉田は、船から海に落ちて下半身麻痺。卓球に出場する元オート三輪車運転手の伊藤は、仕事中に土砂崩れに遭って脊髄を損傷した。車いすでの生活を余儀なくされる二人のサポート役として、朝日新聞厚生文化事業団に在籍する看護師の菊谷ウタ子が同行することになった。

日本代表選手団は、以上の五人。イギリスに向けて羽田空港から飛び立つ日は、七月十六日の夜に決まった。しかし、選手団が編成され、日程が決まっても問題があった。それは渡航費などの資金繰りだった。東京帝大法学部卒の厚生省元事務次官、役人一筋の人生を歩んできた委員長の葛西嘉資は、金策などしたことがなかったのだろう。後に次のような本音を明かしている。

《とにかく、派遣しようじゃないか、大会を見るだけでもいいから派遣しよう、と言ったのです。普通の役人は、まず予算を立てて、それからということになるが、そのときは選手派遣ということが先でした。私も中村君と似ていて、とにかく「英国に行く」ということを優先させた。しかし、情けない話ですが、金が無かった。どこも貸してくれないので困りました》

そこで金策のために奔走したのが、やはり中村裕だった。

まず中村は、大分市の大分銀行本店に出向いた。朝日新聞とＮＨＫの両厚生文化事業団が日本選手団を後援することになっていたため、これを保証人として金が借りられるように話をつけた。誰もが知る天下のブランド〝朝日新聞〟と〝ＮＨＫ〟が後援することを力説して口説いたわけだが、それだけではない。暗に自分自身も社会的地位の高い国立別府病院に勤務する医師で、父親も別府市の開業医であることも同時にアピールしたのだ。それも功を奏した。

さらに、いつものように夜行列車で上京した中村は、これはと思う福祉関係の団体や企業を回って頭を下げた。だが、なかなか上手くいかず、飛び込みでＢＯＡＣ（英国海外航空、現在のブリティッシュ・エアウェイズ）日本支社を訪ねたところ、運よく一人分だけだったが無料の航空券を手にすることができた。それでも資金は足りなかったため、最後は慣れ親しんだ愛車のルノーを売却した。調達した資金は約百七十万円。ちなみに庶民の羨望の的であったテレビ（14チィン型、モノクローム）の値段が約五万七千円の時代だった。

そして、羽田空港からイギリスに向かって出発する、七月十六日の昼下がり――。

東京・永田町の首相官邸一階ロビーで壮行会が開かれた。閣議を終えた首相の池田勇人を筆頭に官房長官の大平正芳、厚生大臣の灘尾弘吉、労働大臣の福永健司たちが顔を見せ、二百人近い都内在住の身障者が激励に駆けつけた。胸に赤い日の丸のエンブレムが付いた紺のブレザー姿の選手団を前に、首相の池田はエールを送った。

その壮行会が行われる前だった。朝日新聞厚生文化事業団事務局長の寺田宗義に首相の池田は、上機嫌で次のように言った。

「身障者のオリンピックがあるというのは初耳だが、全くもって素晴らしいことだ。国際親善と身障者諸君の社会復帰に役立つという企画には、政府も協力を惜しまない。身障者のオリンピックが一億円足らずの金で開けるというのなら、君たちの手で民間の資金が集まらないときには、いつでも言ってくれ。全額国費で賄ってもよいと考えている……」

三十歳のとき〝落葉状天疱瘡（指定難病35）〟を患い五年にも及ぶ闘病生活を強いられたこともある、大蔵省（現・財務省）官僚出身の首相・池田は、身障者の心情を理解していたのだろう。パラリンピック招致と開催について全面的に国家的事業として支援することを約束した。寺田は「これで東京パラリンピック開催は決まったようなもんだ」と思ったという。

もちろん、首相官邸で壮行会が行われたこともあり、NHKをはじめとするメディアは「身障者国際スポーツ大会に日本初参加！」「車いすの二選手イギリスに行く！」などと大きく報じた。

ところが、この大事な壮行会の席に副団長の中村裕の姿はなかった。一足先に日本を飛び立ち、その頃はドイツ（当時は西ドイツ）のケルンにいたからだ。


ドイツ体育大学ケルン（Deutsche Sporthochschule Köln）――。

通称・ケルン体育大学は、第二次世界大戦終了後の一九四七年に創設された、ドイツ唯一の体育大として知られている。初代学長は一九三六（昭和十一）年開催の第十一回オリンピック・ベルリン大会で事務総長を務め、「スポーツの哲人」と崇められたカール・ディームで、近代オリンピックの提唱者であるピエール・ド・クーベルタンの後継者といわれていた。敗戦後のドイツにおけるスポーツ復興の立役者でもあった。

戦前から親日家として知られていたカール・ディームは、一九五五（昭和三十）年十一月に二十六年ぶり、二度目の来日を果たした。招聘したのは、六四年の第十八回オリンピック・東京大会の際に選手強化対策本部長兼日本選手団団長を務め、後に「東京オリンピックをつくった男」と称される大島鎌吉《けんきち》で、ディームは三週間滞在。その間に「ドイツ体育の現状」「生涯教育に占める体育の位置」などをテーマに全国各地で講演会を開き、第二次世界大戦で日本同様に多くの戦傷者をだしているため、「ドイツにおける障がい者スポーツ」についても言及していた。

首相官邸で壮行会が行われていた頃、ケルン体育大学を訪ねた中村裕は、「身障者スポーツ講座」

を開いていた教授のハンス・ローレンツェンと会っていたのだ。

中村裕とハンス・ローレンツェン。二人の結びつきの経緯は、残念ながら今回の取材では明らかにすることはできなかった。だが、第一章で述べたように、九州大学医学部時代の恩師の天児民和が戦時中にドイツのライプッチヒ大学整形外科学教室に留学し、第十一回オリンピック・ベルリン大会の際は、大日本体育協会（現・日本スポーツ協会）からの依頼で、嘱託医として日本選手団を診ている。そのときにディームの存在を脳裏に留め、中村裕にケルン体育大学について語り、訪ねることを助言したとも考えられる……。

ともあれ、教授のハンス・ローレンツェンに会った中村裕は、ドイツを筆頭とした欧州各国における障がい者スポーツの現状を聞きだしたことはたしかだ。

すでに記述したように障がい者スポーツ大会は、ルートヴィヒ・グットマンが提唱して開催されている国際ストーク・マンデビル競技大会があり、十年の歴史を誇っている。だが、この大会は車いす使用の脊髄損傷者が対象で、視覚障がい者、聴覚障がい者、四肢切断者たちは参加できなかった。グットマンが「ストーク・マンデビル競技大会は、あくまでも脊髄損傷者（パラプレジア＝paraplegia）のための大会である」と主張。ほかの身障者の参加を拒否していたからだ。

そのためこの年の四月、ドイツ、フランス、オーストリア、イギリス、スイス、フィンランドの六か国の障がい者スポーツ協会などの代表者が集まり、ドイツ・ボン郊外のヘネフで国際身体障害者スポーツ会議を開催。脊髄損傷者を除くすべての身障者を対象に、国際ストーク・マンデビル競技大会とは別な国際大会を開催することを決定した。フランス・パリのW・V・F（世界歴戦者連盟）

本部内に事務局を構え、「国際身体障害者スポーツ連盟」を発足。会長にアメリカ人のノーマン・アクトンを選出し、ゲルト・ブリンクマンが事務局長に就任。オーストリア身体傷害者スポーツ協会設立十五周年を祝い、翌年の一九六三年七月にオーストリア・リンツで「第一回国際身体傷害者スポーツ大会」を開催することにした。

その新たに発足された国際身体障害者スポーツ連盟設立の発起人の一人が、ケルン体育大教授のハンス・ローレンツェンだった。西ドイツ身体障害者スポーツ運営委員会議長でもある彼は、欧州各国における最近の障がい者スポーツ事情を語った後、中村裕に強い視線を向けながら言った。

「私たちの連盟は、あらゆる身障者が参加できるスポーツ大会を開催しなければならない。日本人のあなたは、グットマン博士に信頼されている弟子と聞いている。是非、協力してほしい」

もちろん、この言葉に中村は迷うことなく大きく頷いた。

障がい者スポーツに関しては遅れを取っている日本とは違い、ドイツとイギリスを筆頭とした先進国の欧州各国は、少なくとも二十世紀初期から福祉の一環として障がい者スポーツに取り組んできている。それを今後の日本が倣《なら》うには、国際大会を一本化するのは願ってもないことだった。

それにもう一つ。東京パラリンピック開催の際は、あらゆる身障者が参加できる大会にすることが厚生省をはじめとする、中村たち日本側の条件だったからだ。

ローレンツェンと別れた中村は、ケルンからフランス・パリに移動。国際身体障害者スポーツ連盟事務局を訪ね、事務局長でもあり、西ドイツ身体障害者スポーツ運営委員会書記のゲルト・ブリンクマンと面談した。たがいに障がい者スポーツへの思いを語り、意見を交換したのだが、この席でブリンクマンはローレンツェンと同じように中村に「あらゆる身障者が参加できる国際大会を開催すべきだ」と強い口調で言い、親交のあるグットマンに進言してほしいと要請した。中村は頷いた。

パリを後にした中村裕は、さらにリヨンに出向いた。九州大学整形外科学医局員時代の三年後輩、フランス政府給費生としてリヨン大学に留学中の小林晶《あきら》を訪ねた。

「ちょっとパリに用事があったんじゃや」

そう言う中村を前にした小林は、「先輩は、少しも変わらんなあ」と思った。付き合い始めた医局員時代から唯我独尊という一面もあったが、思いついたら誰が何と言おうがすぐに行動に移す。それが先輩・中村裕の最大の魅力だったからだ。それに二人とも医局員時代から「日本整形外科界の法王」と呼ばれていた天児民和を師と仰いでいた。よく天児は医局員に言っていた。

「外科は、単に悪いところを取ってしまうだけだ。それに対して整形外科は、ものを創っていく。身体を修復していく医学だ」

その恩師の教えに忠実に従い、中村裕はリハビリテーションに着目し、身障者にスポーツを奨励している。

小林は中村に尋ねた。

「ところで、先輩はこれからどこに行くんですか?」

中村は、即座に応えた。

「イギリスのストーク・マンデビル病院で行われる、障がい者のスポーツ大会に行く。日本の選手も参加することになっとる。小林もこんか。グットマン博士は、ときおりドイツ語で話す。お前はドイツ語も得意だろ。通訳をしてくれんか」

それに対し、小林も迷わず言った。

「わかりました。私もグットマン博士にお会いしたいです」

それが発端となり、二年後の東京パラリンピック開催のときだ。日本選手団団長・中村裕の依頼で、恩師の天児民和は九州大医学部整形外科医の弟子たちを率いて医療救護班を編成した。そのメンバーに小林晶も選出される。


一九六二（昭和三十七）年七月十六日夜、日本選手団は第十一回国際ストーク・マンデビル競技大会に参加するために羽田空港から飛び立った。副団長の中村裕は、フランスからドイツ経由で渡英し、後を追うように小林晶もリヨンからイギリスに向かった。

ようこそ、ニッポン選手団！――。

地球の端の極東から参加した日本選手団五名は、欧米各国（十九か国）の選手（三百十七名）や役員たちから大歓迎された。

国際ストーク・マンデビル競技委員会会長のルートヴィヒ・グットマンは、中村裕の手を強く握り締めて言った。

「ドクター・ナカムラ、君は実行力のある数少ない日本人だ。君の仕事は始まったばかりだ。今後も粘り強く、さらに頑張ってほしい」

「わかりました。私は走りだしたら、止まることを知らない人間です」

そう応じた中村を見つつ、グットマンは頬をゆるめた。

日本が初参加した第十一回国際ストーク・マンデビル競技大会での成績は、各国の選手と比べるとよくなかった。かろうじて吉田勝也選手が水泳で三着となったが、卓球では吉田選手も伊藤工選手も緒戦敗退に終わった。何事においても負けず嫌いの中村裕は、このときも地団駄を踏んで悔しがったが、表向きには笑みを浮かべていた。初めての国際大会参加だからしょうがないとも思った。

大会期間中の中村は時間が許す限り、二年前にストーク・マンデビル病院を視察・研修したときと同じようにグットマンに密着した。回診のたびに通訳として後輩の小林晶も同行した。

「小林、博士は何と言ったんだ。詳しく説明してくれ」

グットマンがドイツ語で話すたびに、そう言ってせがむ中村に小林は丁寧に通訳した。また、小林にとっては信じられないことだったが、グットマンは躊躇せずに患者のカルテやレントゲン写真の閲覧を中村に許可した。小林は、中村に尋ねた。

「先輩、私も見ていいですか?」

ノートに書き写しながら中村は言った。

「もちろんだ。写真に撮ってもいいんじゃ」

小林は痛感した。先輩の英語力はそれほどでもないし、ドイツ語に関しては全く駄目だ。しかし、人との接し方が上手いし、何といっても積極的だ。この物おじしない姿勢がグットマン博士に気に入られたんだ。医師に国境はない――と。

大会期間中に中村は、四月に発足した国際身体障害者スポーツ連盟事務局長のゲルト・ブリンクマンとハンス・ローレンツェンの二人が熱望する「身障者国際スポーツ大会を一本化すべきだ」の要請を約束通り、グットマンに伝えた。

しかし、このときのグットマンは「奴らに貸す耳はない」とばかりに、不機嫌な表情を浮かべた。長年、グットマンの秘書兼事務局長を務めるジョアン・スクルトンにも同じように言ったが、しかめ面を見せるだけだった。中村は両者が対立関係にあると痛感した。

八月五日、日本選手団はイギリスから帰国した。首相の池田をはじめ、厚生大臣に就任したばかりの大分県の大分市を大票田とする大分二区選出の西村英一、労働大臣の大橋武夫たちも立ち会い、記者会見が行われた。このときも首相の池田は言った。

「二年後に東京でパラリンピックが開催できるよう、政府もできるだけ援助を惜しまない」

当然、この記者会見には中村裕も出席していて、後に田中（角栄）派の重鎮となる、同じ大分県二区選出の代議士・西村英一に挨拶した。それが契機になった。後に中村は、西村や同じ田中派の自民党幹事長や運輸大臣などを歴任する橋本登美三郎たちと交流。彼らの政治力をフル活用し、一医師とは思えない行動力を発揮することになる。

その後、日本選手団は三笠宮殿下に帰国を報告。四日後の八月九日には東宮御所に招かれ、皇太子・美智子妃両殿下（上皇ご夫妻）に報告した。その際、皇太子は日本選手団を前に笑顔で語られた。

「二年後の東京大会は、ぜひ開催していただきたいものです」

その傍らで美智子妃殿下も同じように笑顔を見せていた。

そして、両殿下は二人の選手との卓球を希望し、実際に対戦した。引率した葛西嘉資によると「吉田・伊藤両選手は、なかなか強くて、皇太子さまは勝たれましたけど、妃殿下は苦戦されました」とのことであった。もちろん、その場に中村裕もいて、初めて両殿下と対面したのだ。以来、毎年のように会うことになる。

その後、国際身体障害者スポーツ大会準備委員会は、各都道府県の身障者団体や施設などに国際ストーク・マンデビル競技大会の規則集を頒布した。また、①競技種目の選定　②競技用具の規格制定　③車いすの規格制定　④国内団体への周知徹底などの補助事業の費用を百四十六万四千円とし、特別競輪益金配分申請書を日本自転車振興会（現・ＪＫＡ）に提出した。

一九六二（昭和三十七）年当時、日本には九十五万人を超える身障者がいた。そのため二年前に「身体障害者雇用促進法」が制定され、中央官庁と地方公共団体には一・四パーセントと一・五パーセント、公庫と公団には一・二パーセントと一・五パーセント、百人以上の民間事業所には一・三パーセントの身障者雇用率を厳守することを通牒していた。

しかし、中央省庁や地方公共団体などの身障者雇用の不正問題が明らかになった現在同様、名ばかりの法律であることは明らかだった。十五歳以上の就職者は三十八万人ほど。そのうち約十八万人の月収は一万円以下の低所得者で、未就職者のうち約三十二万人は技術を身に付けていても、身障者ということで働き場所を見つけることは困難な状況にあった。

当時の日本には、身障者更生施設（精神障がい者などは除く）は全国で四十六か所あったといわれる。だが、十八歳を迎えて退所しても就職率は低く、運よく就職できても人並みの生活ができる収入は得られなかった。それが当時の国民の福祉を司る厚生省、加えて文部省や労働省の身障者を軽視した脆弱な施策の現実だった。日当にすれば三百円に満たない生活保護法に頼るほかなかったのだ。

ただし、初めて日本が国際ストーク・マンデビル競技大会に参加したことにより、厚生省が少しずつではあったが動きだしたのは事実である。リハビリテーションの一環として、ようやく本格的にスポーツを取り入れることを検討するようになった。

東京パラリンピック開催決定

一九六三（昭和三十八）年の新年を迎えた――。

敗戦から十八年目のこの年は、池田内閣が長期経済政策である、所得倍増計画を策定してから四年目。東京オリンピック開催を一年後に控え、三波春夫の「東京五輪音頭」の景気のよいメロディが巷に流れ、梓みちよの「こんにちは赤ちゃん」が大ヒットした。東京オリンピック開催に向け、東京・大阪間を突っ走る東海道新幹線や首都高速道路の工事も着々と進んでいた。

しかし、一方では繁華街に出向けば、軍帽に赤十字の付いた白衣姿の傷痍軍人がギターやアコーディオンを弾き、ハーモニカを吹いてひざまずき、路行く人々に物乞いする光景も見られた。敗戦から十八年を経ても、まだまだ日本は「復興しました」と胸を張ることはできなかった。落盤などで多くの身障者をだした基幹産業だった炭鉱の閉山が相次ぎ、代わって経済最優先ゆえに〝第三の火〟といわれた原子力発電所が推進されていたのだ。

昭和四十年代半ばまでは、そのような豊さと貧しさが混在していた時代であった。

前年の夏、第十一回国際ストーク・マンデビル競技大会に初参加してから七か月後の二月十二日。それまでの国際身体障害者スポーツ大会準備委員会は、「財団法人・国際身体障害者スポーツ大会運営委員会」となった。横すべりで委員長の葛西嘉資が会長に選出され、中村裕は企画委員に就任した。

だが、財団法人になったものの、資金確保は容易ではなかった。会長の葛西を筆頭に、役職員が一丸となって経団連や財界の有力者を訪ね、頭を下げて協力を求めても徒労に終わった。とくに大企業は、一年後の東京オリンピックのため多額の割当を受け、四苦八苦している現状を逆に訴えてくる始末だった。

「障がい者の国際スポーツ大会？　何なんだ、それは？」

そう言われるのがオチだった。早い話が、世間はオリンピック開催に期待を寄せていたものの、まだまだパラリンピック開催については浸透していなかったのだ。

そのため広報活動の一環として、あらゆるメディアに取材依頼の内容を記述した招待状を送り、五月十四日だった。東京・新宿区体育館で財団法人・国際身体障害者スポーツ大会運営委員会の発会式を開催した。午後二時から四時までの二時間、約七百名の参会者を集め、海上自衛隊音楽隊の演奏で発会式は幕を開けた。葛西会長が挨拶し、三笠宮殿下のメッセージが読み上げられ、西村英一厚生大臣と東龍太郎都知事が祝辞を述べた。

そのように進められた式典のハイライトは、壇上での身障者本人による模範競技だった。先ずは国立箱根療養所の車いす使用の入所者が、洋弓であるアーチェリーを手に試技を披露。続いて国立身体障害者更生指導所と国立ろうあ者更生指導所の入所者たちが、卓球のラケットを握って打ち合った。参会者もメディア関係者も初めて目にする光景だったかもしれない。障がい者スポーツに目を見張った。一か月前に新宿・厚生年金会館で開催された「WHO（世界保健機関）健康の祭典」で観客二千人を前に披露した、国立箱根療養所入所者のアーチェリーの試技は、とくに参会者に興味を抱かせた。日本古来の弓道の精神と所作を取り入れたものだったからだ。

身障者による模範競技が終わると、三年前にイタリア・ローマで開催された第一回パラリンピックの記録映画が上映され、最後は会長の葛西が再び登壇。参会者と取材するメディアを前に宣言した。

「一年後の東京オリンピック開催終了後の十一月、東京パラリンピック開催を約束します。大いに期待していただきたい」

発会式が開催された同じ五月の一日には、WHOとWCPT（世界理学療法連盟）、WFOT（世界作業療法士連盟）などと連携し、全面的な協力を得て、都下の清瀬市に日本初の職能療法士を養成する国立療養所東京病院附属リハビリテーション学院が開校された。

パラリンピック招致に向け、滞ることなく事は進んだ――。

そして、六月を迎えようとしている頃だ。フランス・パリのW・V・F本部内に事務局を構えている、国際身体障害者スポーツ連盟会長のノーマン・アクトンから、会長の葛西嘉資宛に招請状が届いた。当然、理事会は即決。オーストリア・リンツで七月十六日から二十日までの五日間にわたって開催される「第一回国際身体障害者スポーツ大会」に参加し、終了後にイギリスに移動。七月二十四日から二十七日まで開催される「第十二回国際ストーク・マンデビル競技大会」にも参加することになった。

六月の半ば、次の五名が日本代表選手に決まった。
・有富洋平太（東京都・高校生・十七歳、左下肢切断）
・大槻　寛（東京都・高校生・十六歳、両下肢麻痺）
・浅野　正次（埼玉県・会社員・四十六歳、右上肢切断）
・高崎　謙一（大分県・施設職員・三十六歳、左上肢切断）
・岩井　良平（神奈川県・会社社長・五十二歳、視覚障がい）

会長の葛西が団長となり、六人の役員と一人の通訳が選ばれて日本選手団は結成された。当然のごとく、中村裕も選手団役員に名を連ね、七月九日に東京に集合。記者会見が行われた。だが、このときも記者会見場に中村の姿はなかった。

六月初旬。中村裕に対し、厚生省から「国際大会出席・並びに各国における脊髄損傷患者のリハビリテーション研究のための海外視察・研修」のために出された文書には、次のように記されていた。

《昭和三十八年六月十九日から八月十日まで、イタリア・スイス・オーストリア・ドイツ・デンマーク・スウェーデン・フランス・連合王国（イギリス）・アメリカに出張を命じる。

厚生大臣　西村英一》

厚生大臣・西村英一の任命により、欧米の社会福祉事業視察のため、すでに一日早い六月十八日に羽田空港から日本航空機４０３便で欧州に飛び立っていたからだ。

七月九日の記者会見後の日本選手団は、首相、厚生大臣、労働大臣を表敬訪問。その後は、連日のようにテレビ・ラジオに出演し、新聞や雑誌の取材にも応じ、障がい者スポーツをアピールした。そして、十三日の夜に日本選手団一行は、官民多数の見送りを受けて羽田空港から欧州に向かって飛び立った。

七月十六日から二十日までのオーストリア・リンツでの大会は、十四か国・二百四十名の選手が参加。盛大のうちに終了し、海外の報道にも日本の参加が取り上げられ、国際親善とパラリンピック招致に大きな成果をあげた。

さらに七月二十四日から開催された、イギリスでの第十二回国際ストーク・マンデビル競技大会でも、日本選手団は前年以上に多大な歓迎を受けた。ルートヴィヒ・グットマンは、中村裕を前に言った。

「ドクター・ナカムラ、君は私の多くの弟子のなかでも最も優秀な弟子だ。感謝している……」

約一週間、日本選手団はストーク・マンデビル病院内の医師専用の宿直室に泊まり込んで滞在。選手たち（前述した五名の選手に加えて、堤憲蔵＝大分県、安藤徳次＝神奈川県の二選手が参加）は、競技に参加するだけでなく、他国の選手たちと交流を温めた。

一方、大会二日目の二十五日。会長の葛西をはじめとする役員は、グットマンが会長を務める国際ストーク・マンデビル競技委員会の理事会に出席。二十二か国の参加国のなかから、日本が七理事国の一つに選出され、同時に一年後の第十三回国際ストーク・マンデビル競技大会（第二回パラリンピック）は東京で開催されることが正式に決定。五月にグットマン宛にパラリンピック承諾文書を郵送し、「招致成功はほぼ間違いナシ」と信じていたものの、葛西たちは握りこぶしをあげて喜んだ。

さらに、一年後に開催する東京での第十三回国際ストーク・マンデビル競技大会（第二回パラリンピック）について理事たちと討議。次の主な事項が決まった。

・会期＝一九六四年十一月八日から十二日まで（第十三回国際ストーク・マンデビル競技大会＝第一部）。日本国内競技会（第二部）＝十一月十三日から十四日。

・各国選手団帰国出発＝十一月十五日。

・宿泊＝選手と付き添いは同じ宿舎とし、選手は一階、付き添いは二階とする。トイレは十分な数を設置し、かつ車いすで入れること。浴槽入浴より、シャワーが望ましい。ベッドは適切なものとする。食堂は一階とする。

・競技場＝競技場、体育館、水泳プールの位置（宿舎との遠近関係）と大きさを一か月以内に報告する。

・競技規則及び参加申し込み様式＝国際ストーク・マンデビル競技委員会が既存の取り決め方に基づき、処理する。招集すべき国名は日本の委員会へ通知する。

・審判員＝審判員の手配については、現在と同様に国際ストーク・マンデビル競技委員会の技術顧問に任せる。
・開会式及び閉会式＝開会式十一月八日、閉会式十一月十二日。いずれも車いすの行進及び登壇（発言）者の順序は、ローマ大会に準じる。
・その他＝授賞式は毎日行い、主要トロフィー授与だけは最終日に行う。メダルは日本側が造る。国際ストーク・マンデビル競技委員会は、日本側にメダルや賞状類の見本を示し、所要数を知らせるものとする。競技に参加しない競技者が観戦できるように、日本側は選手の外出について毎日、手配するものとする。

以上の主な事項が決められた理事会は、スムーズに進んだ。だが唯一、日本側の意見をグットマン側が頑として受け付けなかった案件があった。

それは前年に続いて国際身体障害者スポーツ連盟会長のノーマン・アクトンたちの「国際大会を一本化すべきだ」という要請を、会長の葛西が提言。東京で開催する第二回パラリンピックは、あらゆる身障者が参加できる大会にしたいと主張した。しかし、一年前と同様にグットマンは当然として、理事会に出席していた秘書兼事務局長のジョアン・スクルトンも強い拒否反応を見せた。傍らにいたグットマンの片腕といわれる、技術顧問のチャリー・アトキンソンも首肯することはなかったのだ。

そのため日本側は、二部構成にし、第一部を本来の国際ストーク・マンデビル競技大会にし、第二部を脊髄損傷者以外の日本人選手が参加できる国内大会にしたのだった。

このことに関し、会長の葛西嘉資は語っている。

《なぜ第一部と第二部に分けたかというと、本来のパラリンピックである車いすを使う身障者の大会は、すでに国際大会十二回の経験を持ち、そのルールややり方もきちんとしているのに、第二部のほうは経験も浅く、ルールもばらばらで正式に決まっておらず、国際大会をやれるほどには熟していない。そこでやむを得ず、第一部と第二部に分けて、第二部のほうを日本人選手だけで競技する国内大会にしたわけです》

前年の四月、すべての身障者の福祉行政を司る厚生省は、運営委員会側に「肢体不自由者・視覚障がい者、聴覚障がい者の人たちも含めて参加できるパラリンピックなら全面的に賛同する」として招致することを示唆。単に車いす使用の脊髄損傷者だけが出場できる競技大会であれば予算も組めないと、そう暗に示していた。そのため葛西たち日本側は、苦肉の策として第二部を設け、脊損以外の身障者が参加できる国内大会を開催することにしたのだ。

そして、葛西は次のように回想する。

《すべては中村裕君がいたからできた。ストーク・マンデビルに行ったら泊まるところがない。そのときも中村君が病院側と交渉し、医師の宿舎に泊まれた。一週間も滞在していると毎回の洋食に飽きる。それで「米の飯が食いたいなあ」と言ったら、中村君が「じゃあ、スキヤキでもしましょうか」と言って、どこで買ってきたかわからないが、米と肉などの食材を調達してきてスキヤキを作ってくれた。食べながら、東京で開催することになったパラリンピックについて語り合った。予算はどうするかとか、資金はどうやって集めればいいのかなんてね。とにかく、中村君がいなかったら東京パラリンピックを開催することはできなかった》

　たった二回しか参加していない日本が、国際ストーク・マンデビル競技委員会の理事国の一つに選出されるだけでなく、すんなりと東京でのパラリンピック開催が決まった。葛西が認めているように、もちろん中村裕の存在を抜きにしては語れない。

　前述したように同じ大分県出身の代議士である、厚生大臣・西村英一の任命で中村裕は、六月十八日に羽田空港から欧州に向けて飛び立った。前掲書『中村裕伝』に掲載されている当時の日記によれば、先ずはデンマークのコペンハーゲンに行き、続いてフィンランド、スウェーデンの社会福祉事業を視察。六月三十日にはイギリス・ロンドンに出向いている。その二日後の七月二日にロンドンからバスに乗り、エイルズベリーに行き、早速ストーク・マンデビル病院を訪ねた。その際にグットマンと会談し、日本が理事国に選出されることになり、さらに東京パラリンピック開催が確約された。つまり、中村裕は欧米の社会福祉事業を視察しつつ奔走。ストーク・マンデビル病院に先乗りし、段取りをつけたのだ。

　そして、七月六日にイギリスを離れた中村裕は、再びドイツとスイスの社会福祉事業を視察し、オーストリアのリンツで日本選手団と合流。第一回国際身体障害者スポーツ大会終了後は、日本選手団とともに渡英。第十二回国際ストーク・マンデビル競技大会に臨んだ。また、葛西が感激したスキヤキの牛肉などの食材については、中村裕がストーク・マンデビル病院を訪ねるたびに通っていた、エイルズベリーのアジアン・レストランで調達したものであった。

大会終了後の中村裕は、再び選手団と別れて社会福祉事業視察のために渡米。帰国後に欧米の社会福祉事業について語っている。

《欧米に視察に行くたびに思うのは、施設の担当メンバーが変わっていないため、仕事における知識をよく知っていることだ。それだけ社会福祉事業には、専門的知識と経験、見識が必要ということだ。イギリスでは一九四二年、日本で東条内閣ができたときにすでに第二次世界大戦による身障者、未亡人、孤児対策を考え、救済立法を制定し、終戦に備えていたという。イギリスではソーシャル・サービスとは言わず、ソーシャル・サービスィズと必ず複数にして呼んでいる。つまり、社会事業行為は民間や官庁が単数で行うものではなく、社会のみんなでやるものだという観念が徹底しているからだ。

日本は、イギリスやスウェーデンなどと違って社会環境、歴史が違うので福祉行政は確かにやりにくいと思う。これらの国では、儲けは必ず社会に還元するというのが社会的慣行にまでなっている。身体障害者の取り扱い、更生についても早く一本立ちできるということに主眼を置いているので、身障者も一本立ちになったら必ず社会に報いる努力をしている。「もらったら返す」という積極的な生き方が徹底しているようだ。デンマークでは、身障者が施設で一本立ちすると収入はけっ

こう増えるし、社会へのお返しはするし、また国家財政も楽になっているという……》

東京パラリンピック開催まであと一年。十一月を迎えた――。

葛西嘉資が会長を務める国際身体障害者スポーツ大会運営委員会が、最も懸念していた資金確保も順調だった。全国の会員から募金をしていたライオンズクラブ国際協会が、その第一回として九月九日に厚生省大臣室で六百六十六万四千三百四十円を贈呈した。十月に入ると、大会運営費の主体となる国庫補助金については二千万円、東京都補助金一千万円、日本自転車振興会が補助金四千八十三万円をそれぞれだすことが次つぎと内定した。目標の資金は九千万円。

この時期、運営委員会の会長・葛西以下、役職員たちは一丸となって連日各方面に出向き、資金集めに奔走した。

その結果、たとえば日本バーテンダー協会から創立三十六周年の記念事業としてパラリンピックに協力したいという申し出があり、翌年六月十五日から全国約一万軒ものバーやキャバレーに「トラ（酔っ払い）になる前にご協力を！」と書かれた募金箱「善意の箱」が置かれることとなった。ただし、条件としてときどきバーやキャバレーに顔をだしてほしいということで、下戸の役職員にとっては喜べない任務だったという。だが、結果的に三百三十四万四千七百十一円の募金が寄付された。

募金については、厚生省社会局から運営委員会に次のような内容のお達しがでていた。

傷痍軍人、もしくは偽物の傷痍軍人たちが繁華街に出没して〝白衣募金〟を始めることも考えられる。見つけた場合は、ただちに取締りを強化すること――。

ともあれ、その努力が実って資金は集まった。

十一月七日に運営委員会は、十の部会を発足し、次のように関係団体に分担した。
・企画調整部会（事務局）・官庁連絡調整部会（厚生省社会局更生課）・選手村運営部会（東京都）・競技部会（国立身体障害更生指導所、国立東京光明寮、国立ろうあ更生指導所）・資金対策部会（社会福祉事業振興会）・広報部会（全国社会福祉協議会広報部）・通訳部会（日本赤十字社）・サービス部会（鉄道弘済会）・国内選手強化対策部会（全国社会福祉協議会）・研究視察部会（厚生年金事業振興団）――。
その翌日の十一月八日だった。政府は閣議了承により、ようやく全面的にパラリンピック開催に協力することを決定。早速、厚生省社会局から都道府県知事及び指定都市市長、琉球政府主席、関係団体などに協力を要請する通知を郵送した。

そして、運営委員会は将来、障がい者スポーツを国民的行事に発展させるために大会を企画・実施した。秋の国民体育大会終了後、開催地の山口県の全面的な協力を得る一方、山口県の教育委員会、市長会、町村会、体育協会、医師会、ライオンズクラブ、ロータリークラブ、青年会議所、赤十字社山口支部、肢体不自由児協会など多くの団体の後援も得て、十一月十日に「身体障害者体育大会　山口大会」を開催したのだ。

この大会は、同時に一年後の東京パラリンピック開催に万全を期すためのプレパラリンピックとなり、山口県陸上競技場で開催された。東京都をはじめ、岡山、広島、島根、福岡、大分、神奈川、埼玉、山口の一都八県の視覚障がいと聴覚障がいも含めた障がい者四百六十八人が参加。午前十時からの開会式では、パリに本部を置く国際身体障害者スポーツ連盟会長のノーマン・アクトンをはじめ、西ドイツ身体障害者スポーツ運営委員会書記のゲルト・ブリンクマンと議長のハンス・ローレンツェンの三者が寄せた祝辞も読みあげられた。その後に選手宣誓。観客を魅了するマスゲームも行われ、競技が開始された。

こうして一九六三年の師走に入り、新年を迎えることになる。

1963年11月10日、第1回身体障害者体育大会山口大会開催　　太陽の家提供

第三章　東京パラリンピック

ルートヴィヒ・グットマンの来日

一九六四年正月の松が明ける七日、通訳部門を担当する日本赤十字社が結成する「パラリンピック語学奉仕団（英独仏伊西など十四か国語）」が始動した。

最終的には百五十六名の大所帯となるパラリンピック語学奉仕団は、この日、日本赤十字本社講堂で第一回総会を開催。青山学院大、成蹊大、明治大、早稲田大、慶應大、日本女子大、東京外語大、共立薬科大、日本大の学生六十人が出席した。

第一回総会では、成蹊大学四年生の福田浩顕が委員長、明治大学三年生の常見喜一が副委員長に選出され、毎週土曜日午後六時三十分から二時間、インストラクターを招いての英会話特訓を行うことを決めた。同時に「赤十字の一般的知識」や「ボランティアの意義」なども学ぶ。また、身障者に対する知識や応対の仕方、パラリンピックの競技に関する知識やルール、日本の風習や文化に関する知識なども英語で討議し、医学用語集とスポーツ用語集の小冊子も作成することにした。さらに五月には神奈川県小田原市の国立箱根療養所（現・国立病院機構箱根病院）を訪ね、身障者と交流し、実際にアーチェリー、フェンシング、水泳などの障がい者スポーツを視察。夏休み期間中には、神奈川県相模湖のユース・ホステルを貸切り、夏季強化合宿を行うことになった。万全を期したのだ。

総会の最後に若い学生を前に、日本赤十字社青少年課長でパラリンピック語学奉仕団の統括責任者・橋本祐子《さちこ》が檄を飛ばした。

「英語をはじめとする外国語ができるからといって、他人と違った能力があると威張ってはいけません。パラリンピックで来日する海外の選手や関係者と積極的に交流し、社会奉仕の精神を学ぶのです。それが私たちパラリンピック語学奉仕団に与えられた使命です！」

当時の日本においては、「ボランティア」という言葉はほとんど聞かれなかったが、この語学奉仕団の活動から定着することになる。

そして、三か月後の四月十八日の昼下がり。日本赤十字社名誉副総裁の美智子妃殿下（上皇后）をお迎えし、日本赤十字本社講堂でパラリンピック語学奉仕団結成式が行われた。学生を中心とした語学奉仕団百五十六名（女子六十九名、男子五十名、会社員二十三名、主婦十四名）は当然のこと、アメリカ赤十字極東本部、厚生省社会局、国際身体障害者スポーツ大会運営委員会、青少年赤十字団員（ＪＲＣ）など約三百名の関係者が出席した。

登壇した美智子妃殿下は、次のようなお言葉を述べられた。


《今年の十一月、身障者のオリンピック、パラリンピックが日本で開かれることになり、多数の外国の方々をお迎えすることになりました。この方々の通訳のため、日本赤十字社の若い方々が中心となり、語学奉仕団を結成されたことは、まことに意義深い、よいことと喜んでおります。私どもは大きな期待をかけております。各国から参加される選手は、いずれも身体の不自由な方々でありますので、言葉の上での奉仕とともに、どうぞ終始赤十字の温かい行き届いた心で接してあげてください。

そして、参加される多くの方々が、自分たちの内に潜む、新たな可能性に喜びを持たれ、明るい希望を未来に託される上に、この大会が、何かの役割を果たせるよう、運営に携わるすべての方々が結集されることを望んでおります。東京パラリンピックが若い工夫と、温かい心の行きわたった大会になりますよう祈っております》

結成式では英語によるパネルディスカッションも行われ、午後四時からは美智子妃殿下を囲んでのパーティが開かれた。

この結成式がメディアで報じられると、とくに首都圏の駐日米軍基地勤務の家族から反響があり、インストラクターの申し込みが殺到。語学奉仕団の学生を自宅に招待し、語学の向上に協力したいと言ってきた。もちろん、学生たちは喜んで参加した。

ちょうどその頃、四月二十五日だった。日本国際身体障害者スポーツ大会運営委員会は、会長・葛西の名で三十一か国三十九団体に次のような招待状を郵送した。

《一九六四年度、下半身マヒ者国際ストーク・マンデビル大会を、オリンピック終了十八日後の十一月八日から十二日迄の間に東京で開催することは前もって国際ストーク・マンデビル大会委員会の会長であるドクター・L・グットマン氏から、一応の通知をお受け取りになったと思いますが、今日改めて、書面をもって日本国際身体障害者スポーツ大会運営委員会会長である私が、心からこの我々の重要な儀式の賓客として御招待申し上げます。選手、付添い、関係役員等に付随する次の一切の費用は、主催者である我が委員会が、すべてお世話することをお知らせいたします。（以下、略）

会長　葛西嘉資　》

この招待状に対し、早速五月十三日のイスラエルをはじめ、ニュージーランド、オーストラリア、イタリア、アルゼンチン、南アフリカ、フランスなどの各国団体から次々と参加承知の返事が送られてきた。

そして、各国から参加承知の返事が舞い込んでいた、六月一日の午後七時前だった。国際ストーク・マンデビル競技委員会会長のルートヴィヒ・グットマンが初めて日航機で来日。秘書兼事務局長のジョアン・スクルトンと技術顧問のチャリー・アトキンソンも同行した。

翌二日には早速、葛西や中村裕たちの案内で厚生省を訪ねたのだが、省内に入るなりグットマンは、不機嫌な顔で声を荒げて言った。

「Paralimpic? What is this? No! Stoke Mandeville Games!」

省内の至る所に貼りだされた「PARALIMPIC TOKYO 1964」と大きく書かれたポスターを目にしたからだ。当然、案内役の会長・葛西は驚いて返答に戸惑ったが、中村裕は苦笑いを浮かべていた。

一九二四（大正十三）年生まれの井手精一郎は、その光景を直に目撃。後に日本障がい者スポーツ協会常務理事を長年務めることになる、当時の厚生省社会局更生課課長補佐の井手は証言する。

「東京パラリンピックの思い出？　それはね、グットマンと名乗る一人のイギリス野郎に目いっぱいこき使われたことだね」

九十歳を過ぎても凛《りん》としている井手は、先ずは苦笑いを浮かべつつ歯に衣着せぬ言い方で続けた。

場所は介護と医療のサービスが連携された、横浜市の住宅型有料老人ホーム。

「グットマンは、よほど頭にきたんだろう。ポスターやパンフレットに書かれた〝PARALIMPIC TOKYO 1964〟の文字を見るたびに『Stoke Mandeville Games!』と大声を張り上げていた。もちろん、小さくではあったが、ポスターには〝International Stoke Mandeville Games〟と書かれていた。しかし、自分が提唱したスポーツ大会ということで自負があったんだろう。終始、仏頂面だったね。

まあ、初めは、厚生省内でも新聞などのメディアもきちんと〝国際ストーク・マンデビル競技大会〟と言っていたんだが、そのうち〝パラプレジア・オリンピック〟と呼ぶようになり、面倒でややこしいためだろうな。メディアの連中は、いつしか〝パラリンピック〟と短く略すようになった。それが愛称というか、公称になってしまった。パラリンピックという言葉を使ったのは、日本が初めてだと思う。造語だよ。ところが、グットマンは気に入らなかったんだろう。怒っていたが、もうポスターもできていたしね。我々は『勝手に言ってろ!』という感じだったね」

それが契機となり、グットマンたち三人は、来日早々から気分を害してしまった。

来日四日目、パラリンピックのメイン会場となる東京・渋谷区代々木の織田フィールドと選手村を視察した際も、グットマンは不機嫌だった。工事中の現場を目にしたときも強い口調で言った。

「こんなことで本当に開催できるのか。車いすで自由に会場に出入りできるのか」

そう不満を口にし、技術顧問のチャリー・アトキンソンに、日本側の競技部会のスタッフに対してハッパをかけるよう命じたのだ。もちろん、そのときも葛西は返答に困ったが、中村裕は苦笑いを浮かべていた。

そして、翌五日にグットマンは、アトキンソンを残してスクルトンとともに中村裕の案内で、日航機で福岡に出向いた。翌日は中村の恩師である教授の天児民和《あまこたみかず》に招待され、九州大学医学部主催の歓迎会に出席。「障がい者のスポーツ」をテーマに講演し、大拍手を浴びたためだろう、ようやく機嫌を取り戻した。その日の夕方に中村と天児とともに別府市入り。大分県主催の杉乃井ホテルでの歓迎会に出席したときのグットマンは、上機嫌で次のように挨拶した。

「脊髄損傷者の第一回国際ストーク・マンデビル競技大会は十三年前、ストーク・マンデビル病院で開いた。日本の第一回身障者スポーツ大会は、ここ大分で三年前に開かれ、ともに大きな成果をあげている。ドクター・ナカムラは、実行力のある信頼すべき人間だ。感謝の気持ちでいっぱいだ……」

翌七日、グットマンとスクルトンは、第四回大分県身体障害者体育大会を視察。その後は、二人の希望で別府から客船で神戸に行き、京都を観光。六月九日夜、グットマンたち三人は、中村と葛西たちに見送られて羽田空港から日航機でイギリスに帰国した。

第二回パラリンピック・東京大会開催まであと五か月。準備は滞りなく進んでいた。

すでに六月初旬の段階で第一部の国際大会に日本は、中村裕を団長に車いす使用の脊髄損傷者五十三名の選手団（うち女性二名）を参加させることに決定。第二部の国内大会には、全国各地から選ばれた四百五十名（うち女性約八十名）の肢体不自由者、視覚障がい者、聴覚障がい者の選手、ほかに肢体不自由者のドイツ選手七名がオープン参加することになった。

厚生省社会局更生課は、各都道府県指定都市民生主管部に対し、第一部・第二部の選手選考において決して勝敗を競うものではないことをとくに強調。参加選手の決定については若者に偏らず、軽度の身障者を優先せず、男子のみで選手団を編成することのないように通牒した。また、競技種目の申し込みは、特定の種目への集中を避けるため、種目を平均して行うことを呼びかけた。

この時期、三十七歳の中村裕は、人生で最も忙しい東奔西走の日々を送っていた。国立別府病院に勤務しつつ、鹿児島大学と大分大学の講師を務め、この八月には別府市の社会福祉法人「別府整肢園」の園長に就任することも決まっていた。それに四歳の長男・太郎、二歳の次男・英次郎に続いて、前年十一月には長女・万里子が誕生。幼い子どもたちと遊ぶことを楽しみにしていた。

もちろん、東京パラリンピックの日本選手団団長としても多忙を極め、別府から夜行列車で上京。会議や打ち合わせをこなし、宿泊せずに夜行列車で帰ることもたびたびだった。また、大分県身体障害者体育協会理事兼副会長として、地元の大分県から参加選手を出すためにも県内を奔走しなければならなかった。

一九三五(昭和十)年生まれ。近藤秀夫は、十二歳のときに父を炭鉱の落盤事故で亡くして一家離散。近藤自身も十六歳のときに炭鉱事故で脊髄を損傷し、十一年間も別府市の国立別府保養所(現・国立別府重度障がい者センター)での生活を余儀なくされた。

近藤は現在、妻の故郷である高知県安芸市でヘルパーステーション、NPO法人「土佐の太平洋高気圧」を主宰している。訪ねると、遠い日を振り返ってくれた。

「東京パラリンピックが開催された昭和三十九年当時、私は別府の保養所にいてね。中村先生がやって来て、突然『お前らはパラリンピックに参加するんだ』なんて言う。だから、『パラリンピックって何ですか？』と聞くと『オリンピックの後に開く障がい者の国際スポーツ大会だ』と。それで二、三日すると今度はバスケットボールを一個持ってきて『お前らはバスケットの試合に出ることになった。神奈川の関東労災病院のチームも出るから練習しとけ』と言う。『ルールはどうなっているんですか？』と聞くと『今、アメリカから車いすと収尿器と一緒に取り寄せている』とね。それで中村先生は『俺は忙しい。近《こん》ちゃん、頼んだぞ』と言って帰ってしまう。そんな調子でした」

近藤は苦笑しつつ、続けて語った。

「当時の気持ちを正直にいえば、私たちはパラリンピックに参加できる喜びよりも、むしろ県外の知らないところに行ける喜びのほうが大きかった。それも花の都の東京に行ける。旅費はすべて国が出してくれる。

とにかく、別府の保養所での車いす生活は最悪だった。座敷牢？　たしかにそんな生活だった。当時はろくな収尿器もなくて、薬局からもらった空瓶にオチンチンをあててオシッコをするんだが、漏れてしまって、一か月ほどでズボンが臭くなってぼろぼろになる。そこで私は考えてね、仲間五人くらいで別府の洋品店に頼み込んだ。『俺たちは毎月まとめて五本以上のズボンを買う。その代りお願いだから俺たちを車に乗せて、阿蘇山に連れてってほしい』なんてね。そのくらい外に出たかったし、屋外の空気を目いっぱい吸いたかった。当時は保養所にリフトバスなんかなかったからね。パラリンピックに参加できるよりも、一週間も東京にいられる。これはもう最高の幸せでしたね。ほかの施設や病院から参加した選手たちも同じ思いだったんじゃないかかな」

そう語る近藤の傍らで妻の樋口恵子は頷いていた。実は近藤の戸籍上の姓は〃樋口〃だが、名刺には〃近藤秀夫〃と記されている。パラリンピックに出場したことは人生最大の思い出であり、そのときの本名を大事にしたいためだという。

もう一人。一九四二（昭和十七）年生まれ。須崎勝巳は、二十歳のときにバイク事故で転倒して脊髄損傷。愛媛県宇和島市の病院に入院して治療を受けていたが、寝たきりのために容態は悪化するばかり。そんなときに脊髄損傷患者専門の中村裕という腕利きの整形外科医の存在を知り、伝手《つて》を辿って国立別府病院に転院したのは一九六三年の春。東京パラリンピック開催の一年半前だった。

現在も別府市に在住し、健康維持のために「目標・毎月百キロ！」を自身に課し、毎日車いすで一時間半かけて三キロメートル《キロメートル》以上を走行する須崎は、「太陽の家」で取材に応じた。

「国立別府病院に転院して、先ず驚いたのは、初めて車いすを見たことです。宇和島の病院には車いすはなく、ずっと寝たきりの上に寝返りもできずに床ずれの褥瘡《じょくそう》ができてしまう。でも、中村先生の治療を受け、車いすを使用することができて徐々に機能が回復した。看護師が二時間おきに体位を変え、患部を清潔にしてくれる。さすが有名な医師の治療は違うなと思いましたね。

それで東京でのパラリンピック開催が決まると、先生は『須崎、お前は国立別府病院を代表して出場するんだ』と。もう命令ですよ。私自身はスポーツなんかやったことがないため、一応は断ったんですけど、先生は『お前はできるから出場するんだ』と言う。考えれば、私は運よく国立別府病院に入院できた。当時は全国の脊損患者が入院したくとも順番待ちというか、なかなか入院できなかったしね。もしここで断ったら先生に『お前、もう退院してもいいぞ』なんて、三下り半を突き付けられるかもしれない。何事に関しても強引な先生でしたからね。それで素直に『参加します』と言ったんです」

近藤同様に須崎も苦笑しつつ、何度も「中村先生は強引な人でした」と言った。続けた。

「結局、先生の命令でバスケットボールをメインに水泳、やり正確投げ（十メートル先にある直径三メートルの標的にやりを投げる）、卓球、それに車いすの五十メートル走と百メートル走などに出場することになった。もちろん、勝つなんてことは夢のまた夢。東京パラリンピックに出場した日本人選手のほとんどは、競技歴なんかなかったと思う。あっても病院や施設内で卓球をやる程度でしたからね。

とにかく、元気のある者が出場しただけで、外国人選手に勝てるとは絶対に思わなかった。二年前の昭和三十七年に国立別府病院と国立別府保養所から二人の選手（伊藤工《たくみ》と吉田勝也）が国際ストーク・マンデビル競技大会に参加していた。彼らに聞いたら『海外の選手が乗る車いすはアルミ製で軽くてブレーキがなく、競技用につくられていた』と言っていた。対して当時の日本製の車いすは、鉄製でブレーキもあって重い。負けるのは当然だと最初からわかっていたね」

そう語る須崎は、パラリンピック開催から一年後に中村裕が創設する「太陽の家」の第一号の入所者となる。

一九六四年の東京での第二回パラリンピック。第一部の国際大会に参加することになる車いす使用の五十三名の選手のうち、一名を除く五十二名は初の国際大会出場だった。二年前の第十一回国際ストーク・マンデビル競技大会と前年の第十二回大会、それにオーストリア・リンツで開催された第一回国際身体障害者スポーツ大会に計九名の日本選手が出場している。その九名のうち唯一参加できたのは、国立箱根療養所の安藤徳次のみで、単に「メダルが狙える。記録が世界水準に達している」といった理由で選出されることはなかった。大分県からは国立別府病院と国立別府保養所を中心に十一名、国立箱根療養所からは二十名の脊損患者が選ばれた。

もちろん、現在は競技力が優れていれば、何回でも連続してパラリンピックをはじめとした国際大会に出場できる。メダル獲得至上主義で、メディアも煽っている。有名選手であればスポンサーの全面的なサポートを得ることもできるし、賞金が出る国際大会やイベントなどに招かれれば、アピアランスマネー（謝礼金）も出る。

しかし、当時の身障者の福祉行政を司る厚生省は、あくまでも初期のオリンピック・モットーと同様に「勝つことではなく参加すること」「海外の身障者と交流を深め、国際親善に務めること」を主旨としていた。要するに「リハビリテーションの一環としての競技大会」と位置づけ、国際大会といえども競技力を重視することなく毎年、できるだけ違う身障者を海外に派遣していた。これが大前提であり、この厚生省の障がい者スポーツに対する行政指導は一九八〇年代まで続き、毎年七月に開催される国際ストーク・マンデビル競技大会に派遣される選手は多くとも十五名だった。

ところが、一九七六（昭和五十一）年のカナダ・トロントでの第五回パラリンピック（第二十五回国際ストーク・マンデビル競技大会、三十九か国参加）のときだ。日本は、異例というべき三十七名の選手を派遣した。その理由は、初めてメダルを狙える本格的な車いすバスケットボールチームを中心に参加したからだ。とくにバスケットボールの場合は、チームプレーが重要視される。そのためこの大会が契機となり、徐々に同じ実力ある選手が何回も海外に派遣されるようになったといわれる。また、障がい者スポーツの国際大会が増えたことも同じ選手が選ばれる結果となった。

もちろん、現在は前述したように、オリンピック同様に「勝つことよりも参加すること」などのモットーは消滅し、障がい者スポーツの大前提だった「リハビリテーションの一環としての競技大会」の方針も完全に失われた。前述したように「メダル獲得至上主義」が優先し、実力があれば何回もパラリンピックに出場できる。いかに競技人口が増えても、一部のエリート選手だけにしか海外派遣のチャンスは与えられないのだ。二〇一四（平成二十六）年四月から障がい者スポーツが、それまで管轄していた厚生労働省から文部科学省（スポーツ庁）に移管された。そのこともメダル獲得至上主義により拍車をかけているといってもよい。

連日の皇族のご観覧が感動を呼ぶ

一九六四年のオリンピック・イヤー。真夏が過ぎ、九月に入り、穏やかな日々に恵まれる十月がやってきた。アジアで初めての第十八回オリンピック・東京大会――。

この年の東京は、オリンピック一色だった。九日後に開催を控えた十月一日には、東京・大阪間を突っ走る東海道新幹線が開通した。首都高速道路も開通し、地下鉄、道路、羽田空港、ホテル、公園、隅田川の浄化まで整備された。一方、十月に入ると、メイン会場の国立競技場に隣接する木造の長屋式の都営アパートは塀で囲まれた。歓楽街の♨マークの連れ込み旅館のネオンも消え、異臭を放つドブも板で覆われ、トイレの汲み取り専用のバキュームカーの往来までも制限された。「街の美観を損なう」「見苦しい。日本の恥だ」ということが、その理由だった。

五年前のドイツ・ミュンヘンでの国際オリンピック委員会（ＩＯＣ）総会で東京オリンピック招致を決めた日本は、早速選手強化費などに百二十五億円の予算を組み、自衛隊体育学校まで設立した。総工費三千八百億円を投じた新幹線をはじめ、高速道路、空港、ホテルなどの設備費は、一兆八百億円にも及んだ。空襲で焼け野原と化した東京は、敗戦から十九年目で完全に復興し、国際都市〝ＴＯＫＹＯ〟となったことを世界にアピールしたかった。

そして、十月十日の国立競技場での東京オリンピック開会式。史上最大の九十三か国・地域から五千百三十三人の選手が参加し、雲一つない快晴の下に入場行進は行われた。政府は国民に自衛隊の存在を認知させるためだろう。ほとんど知られていないが、ボーイスカウトが持つはずだった各国の国名が書かれたプラカードは急遽、防衛大学校の学生が持つように変更され、自衛隊のブルーインパルスが青空に五輪マークを描いた。

テレビ中継を担当したＮＨＫのアナウンサー・北出清五郎は、マイクを前に言った。

「世界中の青空を全部東京に持ってきたような、素晴らしい秋日和でございます……」

それから一か月後の十一月八日から開催された東京パラリンピックは、オリンピックと比べるとあまりにも質素だった。たったの一億円ほどの低予算で開催されたのだ。

それも前述したように、国庫補助金二千万円と東京都補助金一千万円、日本自転車振興会（ＪＫＡ）賛助金四千八十三万円、ライオンズクラブ国際協会と日本バーテンダー協会からの募金合わせて約一千万円。残り約二千万円は、福祉関係の団体や企業、坂本九や永六輔たち芸能人や文化人有志によるチャリティーコンサートやトークショー、それに加えて多くの市民からの善意の寄付金で賄った。『パラリンピック　東京大会報告書』（国際身体障害者スポーツ大会運営委員会、一九六五）を閲覧すると、巻末に「寄付者名簿」がある。年齢は不明だが、一部を紹介したい。

——三友敬太十五円、天海偕子・中村浩爾各五十円、山崎道子六十円、鈴木昭吾・岡野陽太郎・新藤信久・山田隆二・鶴井一樹・山下雅弘・柴田千賀子・水本純子・戸谷ふみえ・村越勇各百円、鈴木吉博百八十三円、町田佳代子百九十三円、近藤良四・友谷富美男・服部光夫・藤沢成价・下谷昇三・安藤正行・横谷幸一・大林温・市田徳蔵・伊瀬茂・中村恒三・山本信之・貝原国弘・甲賀真弓・池田幸重・マサハル・久保正太郎・柿沼茂・浜田重雄・本荘宗正・直塚醇・吉田和子・下奥和子各二百円、酒谷聡二百五十円、和久井喜太郎二百六十三円……（以下、略）

一九六四年、大学卒の国家公務員の初任給が約一万九千円、タクシー初乗り（二キロ）百円の時代に、少年・少女たちもパラリンピック開催を支援していた。全国各地の小・中・高校の生徒会・クラス会・同好会・教職員組合、市町村役場の福祉課や民生課職員、身障者施設などからも次つぎと寄付金が届けられた。三万円を下賜《かし》された皇后陛下（香淳皇后）も記載されている。

一九四三（昭和十八）年生まれ。当時、日本女子大学家政学部住居学科で建築学を専攻する三年生の吉田紗栄子は、十月十日の東京オリンピックの開会式を国立競技場のスタンドで観た。今でも自衛隊のブルーインパルスが青空に描いた五輪のマークを忘れない。高校三年生のときに休学して一年間、国際連合食糧農業機関（ＦＡＯ）の職員だった父親とイタリア・ローマで生活。英語とイタリア語が堪能な彼女は、東京パラリンピックの語学奉仕団のメンバーだったが、東京オリンピック組織委員会が募集した通訳採用にも応募。十二人に一人の合格率を見事突破し、開会式の前から選手村や競技会場に出向いていていた。

現在、ＮＰＯ法人「高齢社会の住まいをつくる会」を主宰し、一級建築士でバリアフリーコンサルタントでもある吉田の事務所を訪ねた。柔和な表情で当時を語った。

「東京オリンピック組織委員会の通訳採用試験は、かなり厳しかったわね。筆記試験とディスカッションがあって、最後は面接。合格したけど、大会期間中は毎日が大変。でも、学生のアルバイトとしては破格の報酬だった。ボランティアのパラリンピックの語学奉仕団とは違ってね。思い出としては、レスリングやバレーボールの競技会場の駒沢体育館での仕事のときね。イタリア人の観光客が急病になり、搬送することになったの。そこで私も救急車に乗って病院に行った。けど、後にも先にも救急車に乗ったのは初めてだった」

事務所のデスクの上には、東京オリンピック組織委員会からいただいたという通訳の認定証が置いてある。吉田は、それをじっと見つつ「オリンピックが持っていないものをパラリンピックは持っているわね」と言って続けた。

「今は〝オリ・パラ〟と言われるように、オリンピックとパラリンピックを一緒にしている。二〇二〇年のオリ・パラは、東京を中心に、同じ時期に開催する。それも気温三十度以上の真夏日に開催するというし〝選手ファースト〟の考えからすれば、かなりおかしいわね。それもテレビの放映権などのお金が絡んでいるといわれるオリンピックとパラリンピックは理念も違うし、私としては一緒にしないでほしい。パラリンピックには社会を変えていく力があるしね。

もう五十年以上も前になるけど、東京パラリンピックで語学奉仕団のメンバーとして、中村裕さんや橋本祐子さんたちにお会いし、運営委員会の葛西嘉質さんたちとも接した。その後のパラリンピックや国際ストーク・マンデビル競技大会にも、通訳としてご一緒させていただいたしね。障がい者スポーツには、オリンピックにはないミッションがある。だから、オリンピックと一緒にしないでほしい」

十月二十四日夜。国立競技場の炬火《きょか》台に灯されていた聖火は消えて、「世界は一つ東京オリンピック」をスローガンに掲げた十五日間に及んだスポーツの祭典は終わった。

その二週間後の十一月八日。「失ったものは数えるな。残されたものを最大限に生かせ!」をスローガンに掲げる、東京パラリンピックが開催されることになる。

東京オリンピックの閉会式のとき、吉田紗栄子は開会式と同じく国立競技場のスタンドで見届け、翌日も選手村に出向いて通訳の仕事をこなした。

そして、十一月四日だった。日本オリンピック委員会（JOC）の監督下にあった選手村と織田フィールドが開放された日、パラリンピック語学奉仕団のメンバーの吉田は、ある光景を見る。それが人生のターニングポイントになったのだ。再び遠い日を振り返った。

「車いすに乗ってパラリンピックに参加する選手のために、選手村で自衛隊の人たちが改造工事をしていたのね。食堂の階段の出入口を長いスロープにしたり、宿舎などのトイレはドアがあると狭くて車いすに乗ったままでは入れない。そのためにドアを外し、カーテンを引いたり……。

その工事現場を目の当たりにした私は、『これだ！』と思った。つまり、障がいのある人たちのための建築があることを初めて知ったのよ。そこで大学卒業後は、建築家としてバリアフリー設計の道を選ぶことにした。卒論のテーマも『車いす利用者のための設計』。東京パラリンピックは、学生だった私の将来進むべき道の指針になったわけよね」

東京パラリンピック開催に向け、選手村とメイン会場の織田フィールドの改造工事が行われた。新たに選手村に隣接する空き地などにアーチェリーやバスケットボールなどの各競技会場も設置された。

吉田紗栄子が語るように選手村の食堂や宿舎などのトイレは、車いすでも難なく自由に出入りできるようにバリアフリー化。また、オリンピックの陸上選手の練習場として使用された織田フィールドのスタンドは、段差のない単なる芝生の土手だったため埼玉県戸田市のオリンピック漕艇競技会場、戸田漕艇場の仮設スタンドを移設した。もちろん、各競技会場の出入口なども可動式スロープが配置された。いずれも自衛隊員が、二日間の突貫工事で完成させたのだ。オリンピックと同様にパラリンピック期間中の自衛隊は、「身障者に対して〝親身の労りと力強い激励〟の心構えをもって支援する」との方針で協力を惜しまなかった。

自衛隊が突貫工事を始めた十一月四日夜、第一陣のアルゼンチン選手団が日航機で羽田空港に到着。翌五日にはオランダ航空のチャーター機でグットマンが率いるイギリス、アイルランド、イスラエル、オランダ選手団が到着。続いてドイツ、フランス、イタリア、スイス、ベルギー、オーストリア、南アフリカ、セイロン（現・スリランカ）、フィジー、マルタ、メキシコ、南ローデシア（現・ジンバブエ）、フィリピン、オーストラリアなどの選手団も次つぎと来日した。羽田空港に待機していた、特別注文でつくられた九台のリフトバス「パラリン号」（乗車定員二十一名）に乗り、パトカーの先導で選手村に向かった。直前に韓国とユーゴスラビアが不参加を通知してきたが、日本を含めて二十二か国の選手団（総勢約五百七十名）が七日までに入村したのだった。羽田空港での入国税関手続きは、運輸省と外務省の計らいで各国代表者一名が出向けば難なく入国が許可された。

そして、開会式前日の十一月七日午前九時、日本代表の結団式が選手村広場で行われた。団長の中村裕を筆頭に、五十三人の選手は揃いのエンジ色のトラックスーツと白い練習用シューズを履いて整列。司会者から一人ひとりが紹介され、会長の葛西嘉資が挨拶。続いて常陸宮殿下から「この大会を通じて一般社会の身障者への正しい理解と国際親善の実をあげられるよう頑張ってください」という励ましのお言葉があり、日章旗が授与された。これに対して団長の中村が謝辞、国際ストーク・マンデビル競技委員会会長のルートヴィヒ・グットマンが挨拶し、結団式を終えた。

さらにこの日の午後二時からは東龍太郎都知事主催の歓迎レセプションが選手村の「フジレストラン」で行われ、参加二十二か国の選手・役員総勢約五百七十人が出席。午後三時には大会名誉総裁の皇太子殿下（上皇）が、美智子妃殿下（上皇后）とともに会場においでになり、会長の葛西がグットマンを紹介。両殿下は参加国の選手たちとも気軽に談笑し、激励された。

翌八日を迎え、午前十時から東京パラリンピックの開会式は挙行された。天気は快晴、初冬の陽射しは穏やかで、スタンドは約四千人の観客で埋め尽くされた。だが、この日の朝にちょっとしたトラブルが起こった。

貴賓席であるロイヤルボックスに座る名簿を見たグットマンは、五月に初来日したときのような不機嫌な顔を見せ、会長の葛西を前に激しく抗議した。

「どうしてドクター・ナカムラは、ロイヤルボックスに座れないのか？　何故だ！」

グットマンは、中村裕の労なくして東京でのパラリンピック開催はなかったと思っていたからだ。

そのグットマンの突然の抗議に葛西は戸惑った。そのため、傍らにいた中村があえて説明した。

「私のような地方の国立病院の一医師が、皇族をはじめ大臣や都知事などのお偉方と一緒の席に座るなんてとんでもないこと。それが日本の常識であり、慣例です……」

そう語る中村をグットマンは凝視し、両手を強く握り締めてきた。葛西は胸を撫で下ろした。

開会式は定刻通り午前十時に始まり、自衛隊の音楽隊が演奏するマーチにのって選手が入場した。先頭は黒のブレザーコートを着た大会技術顧問のチャリー・アトキンソン、地球が描かれた赤と緑地のＳＭＧ（Stoke Mandeville Games）旗が続き、旗手は船田中選手（関東労災病院）と小笠原文代選手（神奈川県身体障害者更生指導所）の二人。選手団トップはイギリス代表の百三名で、白いハットにユニオンジャックのエンブレムが付いたブレザー姿で入場。続いてアルゼンチン、オーストラリアとアルファベット順に各国選手は車いすに乗り、笑顔で入場した。十四番目は四年後の開催国であるメキシコで、マーチの曲は坂本九の『上を向いて歩こう（スキヤキ）』に変わり、しんがりは開催国の日本。

「NIPPON」と胸に書かれたエビ茶のトレーニングシャツ姿で選手団五十三名が入場した。

トラックを半周した二十二か国の選手団は、正面スタンドのロイヤルボックスに向かって整列。

「君が代」演奏のうちに日章旗とＳＭＧ旗、大会旗が掲揚され、太宰博邦（厚生省前事務次官）大会副会長が開会宣言をした。同時に自衛隊の音楽隊が演奏するファンファーレが鳴り響いた。

大会名誉総裁である皇太子殿下（上皇）が、挨拶のお言葉を述べられた。

《国際競技大会の開会式にあたり、我が国を含め、各国から参加された選手諸君の、心身ともに元気なお姿に接し、ひと言挨拶することを大変嬉しく思います。

私は、みなさんの日頃の努力によって健康を取り戻し、はるばるこの大会に参加されたことを知っています。また、この中の多くの人たちが、社会の一員として、立派に活躍をしていることも知っていますが、そうした努力のうちには、スポーツがあなた方の心身の支えとなり、社会復帰される早道であったと確信しています。

私は、世界中の心身障がい者に希望と価値ある生活をもたらすストーク・マンデビル大会の業績と精神に敬意を表します。私は、この名誉ある大会の主催者側であることを嬉しく思います。それは、この大会が、我が国の身体障がい者に大きな希望と激励を与えてくれると思うからであります。どうぞこの競技会のすべてに全力を発揮するようにしてください。

第十八回東京オリンピック大会のスローガンであった「世界は一つ」という理想をあなた方はスポーツマンシップを通じて成し遂げることができましたら、みなさんとともに喜びに堪えないところであります。

終わりに、世界のすべての身体障がい者の上に、希望と幸福がもたらされることを念願し、この

大会があなた方に、楽しく意義あるものになることを望みます》

選手宣誓に抜てきされたのは、日本選手団主将の青野繁夫だった。一九二一（大正十）年生まれ。四十三歳の元訓導《くんどう》（教員）の青野は、召集されて戦地の中国中部に出征。二十二歳のときに敵の機銃掃射に遭って負傷し、敗戦後は国立箱根療養所での車いす生活を余儀なくされた。日本選手団五十三名のなかで唯一の傷痍《しょうい》軍人であった。

青空を下に青野は力強く右手をあげ、ロイヤルボックスを直視しつつ選手宣誓をした。

「我われ選手は、重度の障がいを克服し、精神及び身体を錬磨し、限りない前進を期して、正々堂々と闘うことを誓います……」

団長の中村裕は、青野の後ろで直立不動の姿勢で見守った。

選手宣誓が終わると、大会を祝福して五百羽のハトが放された。その後、皇太子・美智子妃両殿下（上皇ご夫妻）はフィールドに降りられ、前日同様に各国の選手たちと握手をして激励した。

そして、正午が告げられると百発の花火が打ち上げられ、それを合図に開会式は終了。午後一時三十分からアーチェリー、やり正確投げ、スラロームなどの競技種目が各競技会場で行われた。東京パラリンピックにおける実施競技は、アーチェリー、陸上、バスケットボール、フェンシング、水泳、卓球、パワーリフティング、スヌーカー、ダーチェリーの九競技百四十四種目で争われた。スヌーカーはビリヤードの一種、ダーチェリーはアーチェリーよりも的が近く、ダーツのような的をアーチェリーで射る競技である。ともに現在のパラリンピックの競技にはない。

参加二十二か国の選手と役員を含めれば約五百七十人が参加した東京パラリンピック。延べ十万人を超える観客に見守られ、熱戦は繰り広げられた。

そんななか、日本の選手や観客に限らず、来日した海外の選手・関係者誰もが目を見張り、驚き、感動したことがあった。それは、大会名誉総裁に皇太子殿下が奉載され、連日のように皇太子・美智子妃両殿下をはじめとした皇族が、会場にお見えになったことだ。

開会式には、皇太子と美智子妃両殿下がご臨席しているが、競技が始まった午後には三笠宮ご夫妻と秩父宮妃殿下もご観覧していた。

第一部の国際大会が行われた十二日までの五日間で皇太子・美智子妃両殿下がお見えにならなかったのは、大会三日目のみ。だが、この日は常陸宮殿下ご夫妻がご観覧になっている。また、十一日には皇太子・美智子妃両殿下は、皇后陛下とともにバスケットボールとアーチェリーをご観覧。その日の夜には常陸宮殿下ご夫妻が、パワーリフティングをご観覧している。十二日の閉会式には、皇太子・美智子妃両殿下は当然として、三笠宮殿下ご夫妻と寛仁親王殿下がご臨席。もちろん、十三日と十四日の第二部の国内大会にも皇太子・美智子妃両殿下をはじめ、常陸宮殿下ご夫妻と三笠宮殿下がご観覧。それ以来、国内で開催される全国大会規模の障がい者スポーツ大会やイベントには、必ず皇族がご臨席することになった。

このことが後に中村裕が「天皇・皇后を応援団にした男」と呼ばれる契機となった。

そのような皇族が連日ご観覧するなかで、東京パラリンピックは開催されたのだ。しかし、残念ながら病院や施設から参加した日本選手の活躍は期待できなかった。そのため何事にも負けず嫌いの選手団団長の中村裕は苛立ち、大会三日目の夜だ。我慢も限界に達したのだろう。グットマンが宿泊する選手村の宿舎を訪ねて直訴している。おおよそ次のように言ったという。

——明日は、私の故郷・別府市の車いすバスケットボールチームが、イギリスチームと対戦しますが、いくら全力を尽くしても勝てません。そこで明日は、いちばん弱いフィリピンと試合をさせてください。初めて国際大会に参加しているフィリピンには勝てると思います。明日は皇太子・美智子妃両殿下と皇后陛下（香淳皇后）もご観覧になり、私がご説明役をするのです。是が非でも日本チームを勝たせたい……。

その結果、グットマンは中村の直訴を受け入れ、翌日の日本の対戦チームは、イギリスからフィリピンに変更された。

日本チームのメンバーだった、前出の近藤秀夫が当時を証言する。

「中村先生は、私たちが選手村に入ると『私はプレーできないからな。しっかり頼むぞ』と、うるさいほど言ってた。でも、海外の選手は、身体も大きく体力もある。その上に明るいしね。どこの国と試合をしても負けてしまう。たとえば、アメリカと対戦したときなんか、私たちはまるで幼稚園の園児で、相手のアメリカ選手は高校生といった感じ。何しろ体力も技術も違うため、試合中に敵であるアメリカ選手が、私の膝の上にボールを置いてね。『さあ、あそこのバスケットに入れるんだ』と励ましてくれた。勝てるわけがない。

それでフィリピン戦のときの中村先生は『国際大会初めてのフィリピンには負けんぞ』とか、『一度は戦争で制圧した国だから勝てる』なんてね、訳のわからないことも口にしていたけど、もちろん、選手の私たちは、勝てるとは思っていなかった」

皇太子・美智子妃両殿下と皇后陛下がご観覧していた対フィリピン戦。スコアは7対57のぼろ負けだった。地団駄を踏んで悔しがった中村は、試合後に本音を吐露している。

「グットマン博士に懇願し、フィリピンと対戦したんだが、大敗を喫してしまった。フィリピン選手は、アメリカから寄付された軽い車いすを使用していた。皇后陛下、皇太子様と美智子さんがご観戦なさっている前での大敗。まさに汗顔のいたりであった……」

続けて近藤は、次のような話も披露した。

「パラリンピックが開催される直前だった思う。中村先生がアメリカから車いす十台と収尿器を取り寄せてくれてね。『近ちゃん、これを使ってくれ』と言ってきた。でもね、いくら重量が軽くても横幅が一・五倍ほど大きくて使えない。だから、『先生、あんな車いすは使いこなせません』と言ってもね、『わかっとる。これは厚生省の補助金で買ったんだから使わんと困るんだ』との返事。

私が最初に乗った車いすは、東京の八王子市にあった北島藤次郎商店が製作した木製のもので、重さは二十キロ以上あった。パラリンピックのときは、東京の八重洲技研という医療機器会社の車いすを使用していたんだが、あくまでも先生は『アメリカのものを使わんといかん』とね。まあ、アメリカのものを使っても、試合は負けるしね、私たちには関係なかった。

アメリカから取り寄せた収尿器のほうは、たしかに優れもので『さすが米国製は違うな』と。初めは慣れないし緊張してね、仲間に『お前、ションベン出たか?』と聞くと『出ない』『俺もだ』

という感じだった。でも、パラリンピックが終わる頃になると慣れてね。仲間たちが『やっぱり、メイドイン・ユー・エス・エーはいいな』とか『少しも漏れない』なんて言ってた。

ところが、別府に帰ってしばらくすると、先生が保養所に来て『収尿器は厚生省の補助金で買ったものだから返してくれ』と。そこで私が『こうして使っています。返せと言われても困ります』と言うと、先生の返事は『水で洗って返せばいい。どうせ役人は返してもらって書類を書けばいいんだ』。そのため私は、返す前に収尿器を分解し、どうなっているか調べて自分で作ることにした。生ゴム製の氷のう、コンドーム、プラスティック製のハンガーの丸い管《くだ》、それに女性のガーターベルトなどを買い込み、独自の収尿器を作った。そしたら、もう仲間たちが喜んでね。飛ぶように売れた。

パラリンピックに参加してよかったと思ったのは、大会中に利用したリフトバス（パラリン号）が保養所に贈られてね。私たち入所者はバスで観光を楽しめるようになった。これはもう革命でした」

そう語る近藤秀夫の傍らで、妻の恵子は口元に笑みを浮かばせていた。

東京で開催された記念すべき第二回パラリンピック。第一部の国際大会での開催国の日本選手団の成績は、予想していたとはいえ最悪だった。九競技百四十四種目で獲得した金メダルは卓球ダブルスの一個のみ。金メダル獲得数は、一位・アメリカ三十七個、二位・イギリス二十三個、三位・イタリア十七個、四位・オーストラリア十三個、五位・南ローデシア十一個、六位・南アフリカ八個の順であり、一個の日本は二十二か国中十三位。その敗因は次項からもわかるように明白だった。

「障がい者スポーツ元年」という位置づけ

海外の選手たち、とくに欧米の選手は明るく、自分の意見を持ち、かつ積極的だった。競技を終えると日本の選手は疲れたのだろう。リフトバスに乗り、そのまま選手村の宿舎に帰った。ところが、外国人選手たちはスーツに着替え、パラリンピック語学奉仕団の通訳を従えてタクシーに乗り、渋谷や銀座に向かう。ショッピングを楽しみ、夜は有楽町や渋谷のヤキトリ屋などの酒場で隣合せたサラリーマンたちと意気投合。気軽に酒を飲み交わす者もいた。

競技中も同じだった。いかに熱戦を繰り広げているゲーム中でも、午後になれば競技委員に「ティータイム！」と言ってコーヒーや紅茶を飲む。開会式のときも同じだったが、試合の前後にもカメラを手に気軽に笑顔で仲間と記念撮影をする。その姿に日本の競技役員は驚き、選手は呆気に取られていた。

選手村でも似たような光景が繰り広げられた。徐行する村内循環のリフトバスの後ろのバンパーにつかまり、車いすで走行する者もいたし、食堂に通じるバリアフリーの十メートルほどのスロープを車いす前輪のキャスターをあげ、後輪だけで滑り降りる者もいた。

「オリンピックの体操競技で日本の選手が決めた、あの〝ウルトラＣ〟の技を見てるようで『すごいなあ』と思った。外国人は、とことん楽しんでる。正直、羨ましかったね」

選手村で楽しむ彼らの姿を見た、前出の近藤秀夫は言った。日本の選手誰もが羨望の眼差しで見ていた。ある選手は、海外の選手を見て「まさに〝黒船〟だった」と表現した。

そして、施設や病院で隔離されるような生活を強いられていた、多くの日本選手との決定的な違い。それは彼らのほとんどは母国に帰れば家庭を持ち、職業に就いていたことだ。神父、弁護士、会計士、秘書、事務官、電気技師、溶接工、セールスマン、記者、支配人、機械工、時計屋、本屋、タイピスト、製図工といった職業人で、後述するが自分で車を運転するオーナードライバーでもあった。大会期間中に日本企業に出向き、自国の製品を売り込んだ商社マンもいた。

それに対し我が日本選手団五十三名のうち職業を持っている者は、わずか五名。木材屋、時計修理屋、印刷屋などを営んでいるだけで、ほかはみな自宅か施設、病院などで生活する者だった。

また、たとえ職業を持っていなくとも、イタリア選手の場合は、傷痍軍人（十名）は月額十二万リラ（約六万円、一リラ〇・五円）、労災病院入院患者（十八名）は月額五万リラ（約二万五千円）から七万リラ（約三万五千円）が支給されていた。たとえ国によって物価などの違いがあるにせよ、驚くべきことに、これらの、また後述の支給額はすべて当時の金額である。

さらに、大会期間中に中村裕は、参加国の選手や役員たちと交流した。第二部の国内大会にオープン参加したドイツ選手七名と面談。彼らの年齢、職業、月額収入、実施スポーツの種類、スポーツ歴、障がいの部位を聞き出している。紹介したい。

・ヘルベルト・ケルステン＝四十四歳、スポーツ教師、千三百マルク（約十一万七千円、当時は一マルク九十円）、陸上・遊戯、二十年、大腿切断。

・クラウス・パットーライト＝四十歳、建築技師、千三百マルク（約十一万七千円）、陸上・水泳、十九年、上腕切断。
・ベルント・ハルマン＝四十歳、銀行員、八百マルク（約七万二千円）、陸上・水泳・遊戯、十九年、大腿切断。
・グスタフ・ヴァイゼ＝四十八歳、高校教員、千三百マルク（約十一万七千円）、水泳・遊戯、十四年、下肢切断。
・ハインツ・フェップ＝三十八歳、公務員、千二百マルク（約十万八千円）、水泳・遊戯、十五年、大腿切断。
・ロルフ・シェーファー＝三十八歳、小学校教員、千マルク（約九万円）、陸上・水泳、十五年、大腿切断。
・ハインツ・クリムケヴィッツ＝三十八歳、公務員、千二百マルク（約十万八千円）、陸上・水泳・遊戯、十六年、下肢麻痺。

以上のように、身障者といえども健常者と変わらぬ収入を得る生活をしていた。再度、強調していうが、これらの支給額は、すべて一九六四（昭和三十九）年当時の金額なのだ。

序章でも書いたが、イギリスから健常者の夫とともに来日した女性選手は、選手村の宿舎が同部屋でないことを知ると、選手村運営本部に出向いて抗議した。

「私たちは夫婦なのに部屋が別々なのは不愉快です」

夫婦やカップルで来日した選手や関係者も少なくなかった。彼ら彼女らは、当たり前のように人前でも抱き合い、キスをした。日本選手にとっては、かなり刺激的な光景であった。

ただし、選手に限らず、会場に足を運んだ身障者を抱える親族たちや観客、さらにテレビやニュース映画を観た人たちの意識を大きく変えた。「リハビリを重ねればここまでできる」「身障者でも一般人と同じスポーツができるんだ……」と。

東京での第二回パラリンピックは、無事成功裡に終わった。後に「東京パラリンピックをつくった男」と称される中村裕は、大会期間中も休むことなく走り回った。

「車いすのみの国際大会、続いて十三日、十四日にすべての身障者を含む国内大会が行われた。とにかく、昼夜を問わず駆け回り、十八日にイギリス隊の見送りの後、私はまったく動けなくなった」

そう述懐する中村裕は、大会期間中に日本選手団団長として各競技場に出向いて声援を送る一方、前述したように参加国の選手・役員たちと次つぎと面談。障がい者スポーツについてだけでなく、身障者に対する医療や社会進出などの情報を交換し、語り合っていた。

たとえば、前年の第十二回国際ストーク・マンデビル競技大会で知り合い、意気投合したアメリカ選手団団長のベンジャミン・リプトンとは、次のような会話を交わしている。

「日本の高速道路は相当に立派です。しかし、それに比べて身障者の職業訓練機関は遅れているようです。アメリカに技術習得のために、身障者を留学させるなどして交流をしてはいかがでしょう」

そう初来日の印象を語るリプトンに対し、中村は大きく頷きつつ尋ねた。

「たとえば、どういった分野で技術を教えてくれるのですか?」

「一つは、ブルーバー時計学校があります。この時計学校は、元傷痍軍人たちが設立したもので、今回のアメリカ選手団の半分はこの学校の生徒と卒業生です」

リプトンが語るブルーバー時計学校は、一九四八(昭和二十三)年に第二次世界大戦の傷痍軍人たちが、社会復帰を図るための職業訓練機関として設立していた。中村は言った。

「そういった学校に留学し、技術を学ぶことができれば、日本の身障者に希望を与えられると思います。それは喜ばしいことです」

それに対し、リプトンも言った。

「わかりました。帰国したら関係者と話し合い、実現させるよう努力をしてみます」

中村は深く頭を下げ「よろしくお願いします」と言って握手。リプトンと別れた。

それから二か月後の新年を迎えた一月、国立別府病院の中村宛にブルーバー時計学校から「本校への留学生二人の人選を急いでいただきたい」といった内容の書状が届いた。もちろん、リプトンが仲介の労を取ってくれたのだ。早速中村は厚生省社会局更生課に連絡を入れ、身障者留学の件を説明して依頼した。

大会期間中の中村裕は、百五十六名のパラリンピック語学奉仕団を率いる、統括責任者・橋本祐子とも連携して行動した。来日した海外選手に対してのアンケートを作成。語学奉仕団メンバーの協力を得て、調査している。

そのアンケートの主な項目——。

①身障者になった原因
②手術を受けた者・受けなかった者
③歩行可能な者・不可能な者
④受傷前にスポーツ経験のある者・受傷前にスポーツ経験のない者・受傷後にスポーツを行った者
⑤自分で食事が可能な者・不可能な者
⑥排便可能な者・不可能な者
⑦オーナードライバーである者・自動車を持たない者
⑧受傷前に結婚していた者・受傷前の未婚者・受傷後に結婚した者

アンケートに応じた選手は、百九十三名（アメリカ五十四名、イギリス三十四名、イタリア二十八名、ドイツ二十三名、フランス十一名、その他は九か国で四十三名）で、アンケートの結果は――。

①交通災害四十一名、労災三十六名、ポリオ（急性灰随炎・小児麻痺）三十三名、戦傷二十七名、スポーツ十六名、病気十六名、事故七名、外傷六名、その他十一名。
②手術を受けた者六十六名（四十一パーセント）、受けなかった者九十四名（五十九パーセント）、回答ナシ三十三名。
③歩行可能な者百十六名（六十パーセント）、不可能な者七十名（四十パーセント）、回答ナシ七名。
④受傷前にスポーツ経験のある者百十八名（六十パーセント）、受傷前にスポーツ経験のない者七十五名（四十パーセント）、受傷後にスポーツを行った者百九十三名（全員）。
⑤自分で食事が可能な者百七十六名、不可能な者九名、回答ナシ八名。
⑥排便可能な者百六十九名、不可能な者十四名、回答ナシ十名。

⑦オーナードライバー百二十一名（六十二パーセント）、自動車を持たない者六十三名（三十二パーセント）、回答ナシ九名（六パーセント）。

⑧受傷前に結婚していた者二十三名（十二パーセント）、受傷前の未婚者百六十二名（八十四パーセント）、回答ナシ八名（四パーセント）。さらに未婚者で受傷後に結婚した者六十七名（四十一パーセント）。

とくにアンケート項目⑧の「結婚・セックス」に関しては、中村裕自身が大会期間中にグットマンから紹介された参加者のアーヴィン夫妻（イギリス）に話を聞いていた。

アーヴィン夫妻は、ともに脊髄損傷者で、妻は一九四七年に受傷し、夫は翌年に受傷。ストーク・マンデビル病院に入院し、そこで知り合って五三年に結婚した。夫妻ともに出産を強く希望。自然分娩は無理なために妊娠八か月目で帝王切開、五四年に子どもに恵まれた。

面談後に中村は言っている。

「夫婦ともに入院した一九四八年から、ストーク・マンデビル競技会に参加している。もちろん、ミセス・アーヴィンのほうは出産した五四年は不参加だったが、ともに毎年欠かさず参加しているために今まで尿路結石、その他の障がいもない。グットマン博士にそれ以上子どもをつくらなくてもよいと言われているが、住宅局の援助で脊損用に改造した家に住み、愛児を中心に、年金と内職で立派に楽しく暮らしているとのことである」

設立された一九四四年当時から、ストーク・マンデビル病院は、結婚・セックスについて、重要な課題として取り組んでいたのだ。車いす使用の脊損患者でも性交や射精、受精、妊娠が可能であれば結婚を奨励していた。また、たとえ性交不能の脊損患者でも子ども（出産）を希望すれば、人工授精を勧めていたという。

中村は、こうも言っている。

「脊損患者の性に対し、また失ったものの回復に対し、異常な関心を持っているのは、我われの想像以上であり、心理学的リハビリテーションの最も難しい問題点の一つである。でき得るならば脊損患者も結婚し、子宝に恵まれればこれに越した幸福はない。ストーク・マンデビル病院は、性機能向上に役立つ射精などを調べるprostigmin testを実施し、いろいろと努力をしている」

東京パラリンピック終了後の翌年、中村裕は身障者の授産施設である「太陽の家」を創設するが、適齢期を迎えている入所者の結婚・セックスに関して、頭を悩ますことになる……。

アンケート調査に協力したパラリンピック語学奉仕団のメンバー、慶應大学工学部三年生の丸山一郎は、当時の中村裕を回想している。

「先生は、我々語学奉仕団のメンバーに『各国の選手のションベン袋を集めて来い』と命じ、みんなが感心しました。華やかな大会において、日本の補装具の遅れを見逃さず、この際によく外国人選手の実状を知っておこうという気持ちです。先生のいいところは、こういう実務的なところです。医師である先生は、他の人もやらないことをする。感心しました」

そう語った丸山は大学卒業後、中村を慕って別府に出向き「太陽の家」の職員となった。

中村裕は、パラリンピック開催中に海外の障がい者スポーツから多くを学び、再認識していた。

翌年四月に発行された臨床雑誌「整形外科」（南江堂、第十六巻五号）に《国際身体障害者スポーツ大会を終わりて》のタイトルで寄稿。十三ページにわたり総括している。要約して箇条書きで記述したい。

競技について――。

・車いす競技の優劣は直接、その国のmedical rehabilitationと車いすそのもののレベルを示した。日本製車いすの改良の刺激となった。

・卓球は愛好者も多く、期待通りメダルを獲得してくれた。男子ダブルスで金メダル（猪狩靖典・渡部藤男＝福島県）、男子シングルスで銀メダル、女子ダブルスで銅メダル。金・銀・銅のメダルを獲得し「卓球日本」の強みを発揮した。

・車いすバスケットは、かなりスピードがあり、衝突や転倒もするが、ケガや事故は起こらなかった。選手本人や観客に身障者であることを忘れさせた。ただし、日本の二チームは、アメリカ、イギリス、イスラエル、フィリピンと対戦したが、全敗であった。残念である。

・第二部の国内大会では一人の身障者に一種目だけやらせるよりも、走る、跳ぶ、投げる、泳ぎの競技を勧め、全身の体力増強を計ることだ。ただ日本の場合、すぐに四種は無理なために今回は一人二競技、希望者には水泳を加えた。今後の障がい者スポーツ発展に伴い、欧米並みに四、五種目をめざしたいものだ。

・当然、反省したこともある。視力障がい者の徒競走は、従来、鉄線に沿って走る方法、ロープを握って円を描くように走る方法であった。だが、治療目標が「音感誘導」であることを考えれば、とくに円周走は適当でないことがわかった。

中村裕は、欧米の車いすについても調査していた。アメリカのエベレスト&ジェニング社の車いすは、オーダーメイドができて折りたたみ式。多くの選手が使用していた。また、イギリスではすでに重量十三キロと軽いスポーツ用を開発し、好成績をあげていた。中村は言っている。

「フランスは、自国製の車いすを使用する場合は百パーセント補助。他国製を使用する場合は八十パーセントの補助で、国産車を保護している。日本製の車いすは、外国製よりも十キロほど重い二十三キロ。それも統一サイズのために患者が合わせなければならない。これを機会に日本の車いす業者は反省し、開発すべきだ。さもなければ関税免除し、輸入するなどの手段も考慮せねばなるまい」

東京大学の元医学部教授で、日本障害者リハビリテーション協会顧問の上田敏によれば、当時の病院などで使用されていた車いすは、単なる「車付きの椅子」で、「患者運搬車」であったという。そのために東京パラリンピックの際は、「ビジネスチャンス!」と考えた医療機器製作者たちは、ボランティアとして各競技場に出向き、外国人選手が使用するスポーツ用車いすの調整・修理を志願。回転部分の油さしやバランス調整、応急修理をした。

もちろん、それだけではない。自分で乗り心地を確かめ、ときには分解し、各部品をくまなく写真撮影。寸法や重量なども測り、素材も吟味。そして、翌年には日本製の最新型の車いすとして発売した。まさに高度経済成長初期における逸話である。

また、すでに第一章で述べたように中村裕は、一九六一（昭和三十六）年十月に「大分県身体障害者体育大会」を開催。その際、後に太陽の家の職員になる伊方博義は、全盲の人が杭に結ばれた長さ十メートルのロープの端を握り、杭を中心に円を描くように走る六十㍍走に「視覚障がい者でも走れるんだ」と驚いた。これがまさしく円周走で、その後も身障者のスポーツ大会で実施されていた。だが、第二部の国内大会にオープン参加をした、ドイツの選手団を率いる旧知のハンス・ローレンツェンとゲルト・ブリンクスマンに「円周走は理にかなっていない」と指摘されたと思われる。そのため「音感誘導」を重視。その後の障がい者スポーツ大会の視覚障がい者の徒競走は、前方のゴール付近で笛やカスタネットなどを鳴らし、その音の方向に真っ直ぐ走るようになった。

中村裕は、医師六十五名、看護師八十六名、運転手八十七名で編成された、医療救護班の活動についても総括している。

九州大学医学部医局時代の中村の恩師・天児民和は、教え子のフランスのリヨン大学に留学していた小林晶をはじめ、山本眞、竹光義治、真角昭吾、福間久俊、塚本行男、有富寛、加川渉、入部兼一郎、南尚次の整形外科医十人を引き連れて十一月三日に上京。パラリンピック開催三日前の五日から、東京厚生年金病院、日赤中央病院、日赤本部産院などの医師、看護師たちとともに医療救護班を編成し、十四日まで十日間にわたり、二十四時間体制で選手村診療所を中心に各競技会場で医療活動に従事した。

その結果と問題を、再び要約して箇条書きで記したい。

・十日間で診療所が扱った患者総数は二百四十五名。そのほとんどが日本人の役員(外国人は十五名)で、感冒、頭痛、胃痛であった。
・第一部の国際大会で傷を負ったのは脊損選手三名で、アメリカ選手が右手関節捻挫、日本選手二名が指捻挫。競技以外の感冒・疾病もわずか六名と少なかった。

しかし、第二部の国内大会では、アキレス腱断裂二名を含めて、十四名の負傷者が出た。スポーツの原則である、日頃からスポーツを行って試合に臨むという点が欠けていたと思われる。我が国における障がい者スポーツの歴史が浅いということもあるが、今後は整形外科医が中心となり、スポーツ関係者と連携して健全な発展を計らなければならない。
・障がい者スポーツには二つの段階があり、その一つは入院中のもので、十一のポイントがある。

①関節の可動性を保持し、さらに増加する。
②残存筋力を増強し、筋力を維持する。
③協調運動（チームスポーツ）を高める。
④呼吸調節と肺活量の増大。
⑤耐久力を付ける。
⑥痙縮《けいしゅく》の緩和、変形の予防とその矯正。
⑦スピードを付ける。
⑧姿勢の平衡ならびに方向感覚を増す。
⑨合併症の予防。

⑩心理的効果。
⑪リラクゼーション。
以上については、理学療法士（ＰＴ）たちスタッフの協力が不可欠である。
・もう一つの段階は、退院して社会に出た場合だ。一般に身障者は消極的であり、健常者と比べると体格も劣り、寿命も短く、行動範囲も狭い。したがって、日常の運動量も少ないためにスポーツは不可欠である。整形外科医は、障がい者スポーツには次の九つのポイントが重要だと考える。
①罹患《りかん》局所に障害を起こす危険のあるスポーツはしない。
②必要以上に競争心をあおったり、記録や勝敗にこだわらない。
③医療目的に合致した競技が好ましい。
④全身の強化を計り、偏った一側性の訓練はよくない。数種目をさせる。
⑤水泳は関節に対する衝撃が少なく、筋力の調整や強化に最適であり、泳げる身障者にはなるべく勧めたい。
⑥団体競技は、個人競技よりも高く評価したい。
⑦傷害別に競技を行う。
⑧医師とスポーツ指導者はよく協議し、適したスポーツ、適当な運動量を処方し、医学管理を十分にする。
⑨障がい者スポーツも一般スポーツ並みに日常化し、普及して組織化しなければならない。
そして、選手団団長の中村裕は「むすび」に書いている。

「いろいろな意味で話題を呼び、教訓を残してくれた本大会を単なるお祭り騒ぎにすることなく、これを機会に障がい者スポーツ問題を国家が取り上げ、従来依存的受身的であった障がい者スポーツを通じて自力本願となり、心身の高揚に努め、社会復帰が促進されれば、これにこした喜びはない。大会終了後、病院や施設に帰らざるをえない選手諸君も、元気で底抜けに明るい外国選手と接し、いろいろなことを感じ取ってくれたと信じるが、別れ際には外国選手の社会復帰ぶりがよくわかったと思う。自分たちも帰院したらなんとか努力してやってほしい。施設を飛び出すことは、今の日本の現状では冒険であるが、それでもやる決心をしたと述べていたが、彼らの本大会を通じて得た貴重な体験を無駄にしないような施策を、関係各位に早急に考えていただきたい」

東京パラリンピック終了十日後の十一月二十四日だった。会長の葛西嘉資や中村裕たち役職員たちは、港区元赤坂二丁目の東宮御所に招かれ、ご慰労を賜わった。その席上において皇太子殿下(上皇)から次のような趣旨のお言葉があった。

《今回のパラリンピックを見て、外国の選手は非常に明るく、体力も勝っているように感じました。日本の選手が病院や施設にいる人が多かったのに反して、外国の選手は大部分が社会人であることを知り、外国のリハビリテーションが行き届いていると思いました。日本では身体障がい者の正確な数は把握されていないと聞きますが、このような企てを行ったことは、身体障がい者の方々に大きな光明を与えたと思います。このような大会を国内でも毎年行ってもらいたいと思いますし、皆さまもこれから身体障がい者の福祉向上のためさらにいっそう努力されることを希望します。皆さまのご苦労のお蔭で成功のうちに終わったことを感謝します》

この皇太子殿下のお言葉が引き金となった。翌一九六五(昭和四十)年四月に日本身体障害者スポーツ協会(会長・葛西嘉資、現・日本障がい者スポーツ協会)が創設。毎年秋に開催される国民体育大会終了後に同じ開催地で、「日本身体障害者スポーツ大会(二〇〇一年に知的障がい者の大会と統合し、『全国障害者スポーツ大会』となる)」が行われることとなった。

敗戦から四年目の一九四九(昭和二十四)年、厚生省は生存権に基づいて「身体障害者福祉法」、その翌年には生活困窮者を国の責任で救済する「生活保護法」を制定した。いずれも当時のGHQ(連合国軍最高司令官総司令部)内のPHW(公衆衛生福祉局)の指導により、法律化されたものだった。

その時期、厚生省社会局保護課に在籍していたのが、前出の井手精一郎だった。

再び横浜市の住宅型有料老人ホーム。二〇一一(平成二十三)年二月、「3・11」の一か月前に八十七歳で妻と一緒に入所した井手は、半世紀以上も前の、厚生省社会局更生課長補佐時代に開催された東京パラリンピックを振り返った。

「昭和二十四年に身体障害者福祉法が制定されたときは、お金がないもんだから、情けないことに朝日新聞の宣伝カーを借りてね。マイクを握り『身体障害者福祉法ができましたよお!』なんて叫んでいた。翌年制定された生活保護法のときも同じでしたよ。

まあ、敗戦後の厚生省の役人は、国民の生活を保障するということでプライドを持って仕事をやってきたつもりだった。でも、昭和三十九年の東京パラリンピックが終わったときは、国民から『厚生省は今まで何をしてきたんだ！』といった批判を浴びたね。外国の選手は働いているのに対し、日本の選手は施設や病院での生活。月とすっぽんほどの違いがあった。我われ役人をこき使ったグットマンは大会終了後、厚生大臣から勲三等旭日中綬章を贈られた。

東大の医学博士の上田敏（現・日本障害者リハビリテーション協会顧問）は、『井手さん、厚生省はよくやりましたよ』と言ってくれたけど、当時の日本には、本格的なリハビリ施設もなかった。東京パラリンピックが契機となって、日本の身障者に対する福祉行政は発展した。それは事実だし、中村先生とはその後も何かと付き合いがあり、いろんなことでこき使われた。勝手な野郎だったけど、目のつけどころ、ものの考え方、進め方などに関しては天才だったよ。私自身も厚生省を退官した後は、日本障がい者スポーツ協会の常務理事を十七年間も務めることになったしね」

東京パラリンピックが開催された一九六四（昭和三十九）年は、日本における「障がい者スポーツ元年」と言ってよい。

これを契機に中村裕は、さらに誰に何を言われようとも一気に突っ走る。

第四章　太陽の家

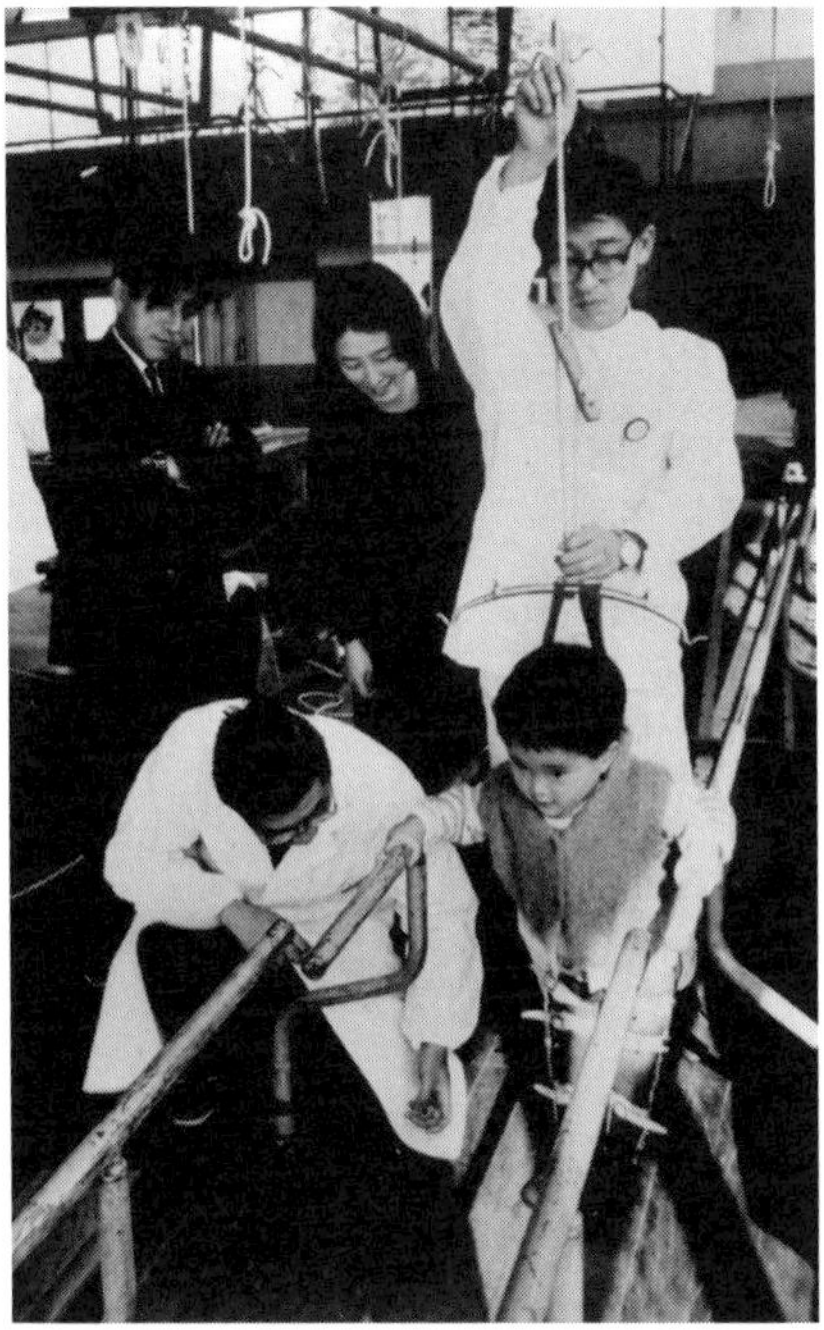

名づけ親は水上勉

「最近、省内を我が物顔で闊歩《かっぽ》する医師がいる。いつも流行作家と一緒だ。あいつは何者だ……」

東京・千代田区霞が関の厚生省や大蔵省などの中央官庁内で、そのような声が囁かれ始めたのは、一九六五（昭和四十）年の春あたり。東京パラリンピックが終わって半年後からだ。言うまでもなく、医師は中村裕で、流行作家は水上勉《みずかみつとむ》である。

この医師と作家という、畑違いの二人の関係は――。

社会派作家として一世を風靡《ふうび》した水上勉は、『雁の寺』で一九六一年の第四十五回直木賞を受賞。その二年後、『飢餓海峡』が話題になっている頃だ。月刊誌「中央公論」（中央公論、一九六三年六月号）に「拝啓　池田総理大臣殿」のタイトルで水上は寄稿している。

その十一ページ、一万二千余字に及ぶ記事の内容は、前年九月に誕生した次女の直子が、一万人に一人という先天性二分脊椎症であることを明かし、重度の障がい児を持つ親の心情を包み隠さず打ち明けたものだった。さらに全国各地に学校に行けない重度の障がい児が、何万人も放置されている現実なども告発する一方、流行作家になってからの毎年の収入と納税額を詳細に公表。一納税者として、日本のあまりにも矛盾だらけの税制の不合理を訴え、同年二月に発行された『厚生白書』を紐解き、身障者たち弱者を無視した社会保障制度の欠陥を指摘。早急に是正を求めたものだった。いわば所得倍増計画を掲げ、経済優先で高度経済成長路線を突き進む、首相・池田勇人への公開質問状でもあった。

もちろん、名だたる作家が首相宛に名指しで書いた記事だけに、多くの人にインパクトを与えた。

大分県選出の中村裕と面識のある厚生大臣の西村英一は、五月初旬に発売されるや閣議で「中央公論の水上勉の文章を読んだか?」と話題にした。首相の池田は、水上が指摘する税制や社会保障制度に関しては、「政府の方針を理解してほしい」と言いつつも、障がい児の娘を持つ水上に「強く胸を打たれた」と吐露している。第二章で記述したように、首相自身も三十歳のときに難病（落葉状天疱瘡、指定難病35）を患い、五年にも及ぶ闘病生活を強いられていた。その闘病中に亡くした前夫人の名が直子で、その後に再婚した夫人との間に生まれた長女を直子と名付けた。偶然にも水上の次女と同名であればなおさらだろう。

ただし、この記事を書いた時点での作家・水上勉は、医師・中村裕については知らない。

水上勉が中村裕の存在を知ったのは、それから一年半後に開催された東京パラリンピックが終わった頃だと思われる。二歳を迎えた直子を連れて妻の叡子《えい》が、大分の実家に帰省したときだった。人伝《ひとづて》に国立別府病院整形外科医の中村裕の名を聞き、園長を務める社会福祉法人「別府整肢園」を訪ねたのだ。

そのとき我が子を診察する中村を前にした妻・叡子によれば、その眼には障がい児をいたわるような光はなく、歩かそうとする野心の光が見えたという。その様子を後に、水上は前掲書『中村裕伝』で次のように書いている。要約したい。

《父親の私は、直子の治療を半ば諦めていた。東京の先生方の治療をもってしても、直子が歩けなければ致し方ない、とサジを投げていたのだ。

妻が中村裕博士に会い、感動して帰ってきたのは一昨年の秋だったろうか。博士は直子の障がいについて、「脊椎破裂なんかは障がいのうちに入らない。歩かせようとしないから歩かないのだ。人間は両脚が無くとも歩くことができるし、両手が無くても物をつかむことができる。それは、残された機能を開発することによって可能である。機能の開発は、一日でも早い方がよい。障がいを背負って生まれた子は、生きるためにそれだけ負担が大きいのだから、ゼロ歳から普通人以上の機能回復訓練をしなければ独立できない」と言った。

中村博士は慎重に診察した後で、直子を外来患者として別府整肢園に入園させるよう指示した》

一九六五年一月早々、「東京で歩けんでも、別府では歩かせます」と語った中村裕の言葉を信じ、水上勉は妻の叡子とともに愛娘の直子を連れて、別府整肢園を訪ねて入園させた。

それから四か月を経た春、直子は四歳を迎える前に歩けるようになる。中村裕の二歳年上の長男・太郎と親しくなり、互いに「直ちゃん」「太郎兄ちゃん」と呼んでは一緒に遊び、幼稚園にも通った。担当したのは、国立別府病院の車いす訓練士で第一号理学療法士であり、中村裕が鬼籍に入るまでの半生を知る「最後の生き証人の一人」と言ってよい前出の河野昭五だった。

別府市の「太陽の家」の会議室。高校時代に鉄道事故で両脚切断し、九十歳近い今も義肢で歩行する河野は、当時を柔和な表情で語った。

「初めは若い医師の畑田(和男)先生が担当したんだが、『言うことをきかん。付き合っているとこっちが熱が出るわ』ということで、私が担当した。たしかに直子ちゃんは難しい子どもだったが、義肢で歩く私を見たからかもしれない。『直ちゃん、おじさんの前で歩いて見せてくれんか』なんて言うと笑って、松葉杖を使って歩く。中村先生も『先生にも歩くところを見せてくれないか』と言うと、一生懸命に歩こうとする。あの姿は、今も忘れられないね。

それで四か月で歩けるようになると、水上先生の奥さんが東京に連れて帰ると言うので、『いや、まだ早いです。もう少し訓練すべきです』と言うと、奥さんもわかってくれた。結局、二年間くらい別府整肢園で仲間の障がい児と生活していた。

直子ちゃんが東京に帰るとき、水上先生は私に直筆のサイン色紙をくれた。『これは五万円にはなる。困ったときは売りなさい』と言ってね。あの当時は、太陽の家が創設されたばかりで資金繰りに大変だった。中村先生は頻繁に上京しては水上先生と会って、一緒に厚生省や大蔵省などの役所に行って交渉していた」

こうして中村裕は、作家・水上勉という心強い味方を得た。「拝啓　池田総理大臣殿」を発表して以来、水上はメディアに注目される身障者問題の中心的な存在になっていた。そのことが太陽の家の創設と運営に奏功する。

高度経済成長期を迎えていた一九六三（昭和三十八）年には「核家族」が流行語となり、それまで家族や親族に扶養されていた身障者は、徐々に行き場が失われつつあった。

だが、当時の日本の身障者対策は窓口も統一されず、厚生省をはじめ、文部省、労働省、自治省、法務省などの管轄下にあり、省庁間の連絡や調整など、横のつながりも限られていた。たとえ施設に身障児が入所しても、十八歳になれば退園・退所を余儀なくされる。しかし、入所期間中は一人当たり年間二十万円以上の国費が投じられていたが、就職率は十㌫以下。ほとんどは生活保護を受けなければならなかった。公営の職業訓練所はあるものの、厚生省、文部省、労働省の三省それぞれが縦割りで運営し、訓練を修了しても職場が見つからない。とくに水上勉が「拝啓　池田総理大臣殿」で指摘した、愛娘の直子のような重度の障がい児に対しての国の施策は脆弱で、民間の篤志家に頼るという丸投げの状態だった。

東京パラリンピックが開催された翌年の一九六五年当時、大分県下には「身体障害者手帳」を持っている身障者が約二万五千人いたが、更生施設で訓練している者は五㌫にも満たなかった。療養と技術訓練ができる施設は、国立別府重度障害者センターだけで、退所できても就職先を探すのは困難だった。

そこで社会福祉法人別府整肢園の園長でもあった中村裕は、付帯事業として身障者の自立を支援し、社会復帰させるための授産施設である「別府善意工場」を設立することにした。そのときの「別府善意工場　趣意書」には次のように記されている。

《目的——全国の市民が廃棄した衣類・家具・器具等を集めて作りかえ、特約店で販売するとともに、新規製品の製造も行うことも目的とする。これは、利益のために組織されるものではない。収益は役員・会員・個人等いかなる者も個人的な利益のために役立たせるものではなく、その果たす役割は多くの人びとの善意を基とし、身障者に職業を通じて社会復帰させる社会福祉事業である。

職業的評価――身障者がどんな能力を失ったかが問題ではなく、どんな能力が残っているかが問題である。身障者に新しい希望を与える第一の大きな段階は、この人たちに最も適した仕事を見つけてやることである。適正・心理的・職業的な各種テストによって、興味と技術の両方を加味し、職業訓練をして社会復帰をさせる》

つまり、別府整肢園が運営する別府善意工場は、身障者の技術を養成する工場で、廃品となった家庭用品類を集め、リサイクルして販売。さらに新製品も製造することにより、身障者の技術向上にもなり、社会復帰への道も拓ける。それが設立の目的であった。この構想は、一九〇二（明治三十五）年に身障者やホームレスたちの社会進出のためにアメリカ・ボストンに設立され、成功していた職業訓練所「グットウィル・インダストリーズ」をモデルにしたものだった。

しかし、結論を先に述べれば、呆気なく頓挫してしまう。たとえば、日本赤十字社青少年課長・橋本祐子の協力を得て、パラリンピック語学奉仕団メンバーたちによって集められた廃品は、まさに廃品そのものであったからだ。ゼンマイが切れて針の折れた柱時計、底の抜けたタライ、片脚だけの長靴、壊れた扇風機、錆びた洗濯機、コードの無いアイロン、車輪が外れてひん曲がった自転車……。

別府整肢園や日本赤十字社本部に届けられた、手のつけようのないガラクタの山を見た中村裕は絶句した。こう思ったという。

――文化の面でもかなりアメリカに後れを取っている。日本は使い捨て時代に入りつつある。しかし、まだ使える物を捨てる時代ではない。本当にまだ使える物を捨てる時代なら、あえてその再生品を買うことはない。

もちろん、ここでへこたれる中村裕ではなかった。この年に出版された『敗北を知らない人々』（ダイヤモンド社、赤井和夫訳、一九六五）で詳しく紹介された、アメリカ・ニューヨーク市郊外ロングアイランドの身障者企業「アビリティーズ（能力）社」をモデルとした、次なる構想を練ったのだ。一九五二（昭和二十七）年に身障者四人で創業された、主に電気器具の製作を行っているアビリティーズ社。社長のヘンリー・ビスカーディは、脚の代わりに二本の短い切り株のようなものをつけたまま生まれ、成人しても身長は一メートル弱。創業者四人合わせて脚は一本、腕は五本だった。

社長のビスカーディたち四人は、八千ドル（一ドル三百六十円、約二百八十八万円）ほどの借金で空きガレージを借りて細々と仕事をしていたが、その地道な努力が報われた。なんと十年後の一九六二年には、身障者の従業員は四百名を超え、年商十億円以上を誇る優良企業に成長していた。しかも利益が出た創業二年目には、その利益を身障者に投資する財団設立を計画。早速、ヒューマンリソース（人的資源）財団を設立させ、身障者の教育・訓練に役立てていた。これに対して連邦政府は非営利法人として認め、免税の特典を与えていた。民間企業でありながら、公益事業的性格を持たせるということはアメリカでも最初のケースであった。

中村裕は、アビリティーズ社をモデルとし、新規製品の製造を主体にした生産活動に方向を転換した。その構想は後に太陽の家が、オムロン、ソニー、ホンダ、三菱、富士通、デンソーなどの大企業との業務提携につながることになる。

一九三二（昭和七）年生まれの小林恒夫は、作家デビュー前の水上勉が業界誌「東京服飾新聞」編集長時代の編集部員だった。小林が東京・新宿区四谷三丁目にある、ホテルのレストランで取材に応じた。

「昭和三十年代から近くの公団アパートに住んでいるんだが、あの時代は天気がいいと国会議事堂や富士山も丸見えだった。今はビルが邪魔して無理だけどね」

そう言ってコーヒーを飲み、一拍置いてから遠い日の水上勉と中村裕の関係について語った。テーブルの上には、当時のＮＨＫ職員・白川泰二との共著『「太陽の家」の記録　保護より闘いを』（日本放送出版協会、一九六九）が置いてある。

「本格的に作家デビューした水上さんに続き、東京服飾新聞を辞めた私は、週刊誌の記者をしていて、水上さんとはずっと付き合っていてね。上京した中村さんと水上さんが会うときはよく同席した。あれは昭和四十年の初夏だったと思う。この本にも書いたが、別府から上京した中村さんは、まくしたてるように言っていた。『身障者を保護することを国や世間は言っているが、それでは幸福になれない。家庭の厄介者でなくても、社会の厄介者であることに変わりない。税金の消費者である限り、身障者は幸福とは言えない。納税できる一人前の人間になって、初めて幸福になり、厄介者でなくなる』なんてね。

つまり、一九六五（昭和四十）年の春あたりから中村さんは、そのためにも身障者が働く、後に『太陽の家』となる施設を創設したいと力説していた。もちろん、当時の政府の福祉政策に不満を抱いていた水上さんは、『いい話じゃないか』と言い、中村さんの提案に深く共鳴した。当時の水上さんは、月刊誌の『婦人公論』（中央公論）に中村さんをモデルにした医師も登場する『くるま椅子の歌』を連載していたこともあって、太陽の家創設に全面的に協力することになった。それで翌年の一月には、渋谷駅から宮益坂を歩いて五分ほどのところに仁丹ビルがあって、隣接するビルの一室に太陽の家の東京事務所を開設した。事務員は私のほかに大正大学の女子大生、たしか沖縄出身の金城さんというアルバイトがいたね。月八千円の家賃や電話代などの経費は、すべて成城（世田谷区）に住んでいた水上さんが支払っていた。娘の直子ちゃんは歩けるようになったため、そのお礼もあったと思う。水上さんは義理堅い人だったしね」

そして、小林が語る中村裕の人物評は――。

「中村さんが上京するたびに水上さんも私も付き合ったけど、ひと言で押しの強い人。上昇志向が強く、抜け目のない人間だった。とにかく、どこに行っても『お金を出してほしい。障がい者のためです』と言う。『障がい者のため』が殺し文句だったね。内心は『俺は社会的にいいことをしている』という思いがあったんじゃないかな。

その反面、普段は真面目というか、酒もタバコもオンナ遊びもしない。上京したときは、新橋の第一ホテルが定宿でね。訪ねると『小林君、たまには美味しい肉でも食べないか』と言うので、ステーキでもおごってくれるのかとついて行くと、有楽町のガード下のヤキトリ屋。酒を飲まずにヤキトリだけを食べている。まあ、稀有な人物だった。言えるのは、強引な人ではあったが、身障者への深い愛情があったということだね」

昭和四十年代、小林恒夫は三か月に一回の割で夜行列車に乗り、別府に出向いて取材。前述した『「太陽の家」の記録　保護より闘いを』を上梓した。さらに一九七五（昭和五十）年に中村裕は、身障者の社会復帰に貢献した功績により、講談社主催の「吉川英治文化賞」を受賞。著書『太陽の仲間たちよ』を記念出版するが、そのゴーストライターを小林は引き受けている。

一九六五年夏。廃品を集めてリサイクルして販売する、アメリカのグットウィル・インダストリーズをモデルとした別府善意工場設立案は、あえなく頓挫。そのため先に述べたように心機一転、同じアメリカのアビリティーズ社をモデルに名称を「別府リハビリテーション・センター」と変えて発足させた。

だが、当時の中村裕はB型肝炎にかかり、たびたび病床に臥す状態だった。夜、呼び出されて河野昭五が自宅を訪ねると、次のような弱音を吐くこともあった。河野への取材を元に二人の会話を再現したい。

中村「おい河野、身障者の施設は大変じゃあ。俺は疲れた。身体がもたんわ。やめるぞ」
河野「先生、それはないじゃないですか。全国の障がい者のために設立すると言ったじゃないですか。先生の夢は、施設をつくって銅像を建ててもらうことじゃないですか」
中村「そうはいってもきついんじゃあ。やればやるほど大変じゃあ」
河野「先生、自分は何でもやります。やめんでください」
中村「そうかのお。やらないかんかのう」

太陽の家の会議室。河野は当時を振り返って語る。

「昭和四十年の夏頃、すでに中村先生は、太陽の家を設立させるために両親が営む別府の中村病院を抵当に借金していた。母親の八重さんは、私の顔を見るたびに『裕を守ってくれ。助けてくれ』と言ってくる。別府競輪場近くの自宅を訪ねると、先生も私に中村病院の実印を見せながら『河野、俺は中村病院を潰してしまうぞ』なんて言う。そばにいた長男の太郎君に向かって、『今は太郎の歌がいちばん効くんじゃ』、『おい太郎、幼稚園で習った歌をうたえ』なんて言っていた。中村先生とは二十五年間も一緒に仕事をしてきたが、先生が弱気になったのはこのときだけです」

そんなある日の夜だ。いつものように呼び出されて自宅を訪ねた河野に、中村裕は言った。河野への取材を元に、再びそのときの会話を再現したい。

中村「おい河野、社会福祉法人にしたらな、国や県から補助金が出るみたいだ。それには専門家の職員が必要だぞ。おい、どうする？」

河野「わからないですけど、私と年賀状をやり取りしている人に長崎県コロニー（colony、身障者の生活共同体）協会の理事がいます。中村泰友という人で、その人に聞けばわかるかも……」

中村「おい、明日行くぞ」

河野「行くって先生、どこに行くんですか？」

中村「決まっとる。長崎に行って、そこの事務局長を連れてくるんじゃ」

翌朝、中村裕は愛車の助手席に河野昭五を乗せ、長崎県大村市に向かった。続けて河野は語る。

「長崎の大村市に着いたら中村先生は、私に財布を渡して『いいか、これで事務局長を引き抜いてくるんじゃ。それまでは別府に帰ってこんでいい』と言って、自分だけ帰ってしまった。事務局長の牟田雪義さんに会って、結果的に『目鼻がつくまでいいから手伝ってほしい』と何べんも頭を下げ、口説くことができた。それで牟田さんは別府に来て、別府整肢園の園長室に寝泊まりして、設立準備活動を手伝ってくれた。それからはもう毎晩、牟田さんと私は先生の自宅に呼び出され、役所に提出する趣意書や定款《ていかん》などの書類を作成するため、明け方まで話し合った。今となっては、太陽の家の草創期の懐かしい思い出ですね」

動物的な勘と言っていいだろう。中村裕は、思いついたらすぐさま行動に移した。

冒頭で述べたように、その年の春頃から、中村裕は水上勉とともに中央官庁の厚生省をはじめ、大蔵省、労働省、通産省などに出向いていた。後に太陽の家となる、別府善意工場の計画について説明し、援助を求めている。

厚生省社会局更生課課長補佐だった、第三章で証言した井手精一郎は、そのときの様子を九十歳を超えた今も忘れない。振り返って語る。

「私の耳にも『省内を流行作家と闊歩する医者がいる……』なんていう声が聞こえてきた。まさか中村先生とは思わなかったが、ある日だよ。アポなしで作家の水上勉先生を連れてね、私のところに来た。本来は係長が応対すべきだが、東京パラリンピックで私のことを知ってたからだと思う。それで中村先生は、もう太陽の家を設立したいという話を一方的に喋る。水上先生は横にいてね、黙っているだけ。中村先生にしてみれば、身障者問題に詳しく、誰もが知る流行作家が隣にいれば、小役人どもは何も文句が言えないと考えたんだろうな。

まあ、役人の私でも意地があるため、中村先生に言ってやったよ。『国庫補助がほしいんなら、先ずは大分県庁に行ってください』とね。私は、昭和三十七年の六月から一年十か月も大分県厚生部国民年金課長として出向し、内情はよく知っていた。順序としては、それなりの計画申請書を大分県に提出し、大分県が納得すれば厚生省で決める。そういうことなんだが、県を飛び越えて本省の私のところに来た。それで私は中村先生に『県知事をはじめとした職員を大事にしてください』と言ったわけだよ。

結果としては、昭和四十一年度の予算から太陽の家に国庫補助金を出すことになった。中村先生という人は、もう目的を達成するには手段を選ばないというか、厚生省の大物ＯＢや政治家も利用するし、水上先生のような著名人たちも動員する。ある意味では立派だけど、ある意味では無茶苦茶な男だったよ」

もちろん、厚生省に出向いた中村は、水上とともに社会局だけでなく、児童家庭局や医務局などにも顔を出して交渉している。

歯に衣着せぬ言い方のためだろう。井手は苦笑しつつ「少し言い過ぎかもしれないが」と前置きし、役人の立場から続けて言った。

「中村先生は、太陽の家は自分で設立したように言ってたが、国庫補助を受けている社会福祉法人の授産施設のため、本来は大分県が監督しなきゃなんない。でも、ワンマンな中村先生は監督させなかった。まあ、当時の大分県知事とは気が合ったとは思うけどね」

国立別府病院の国家公務員の医師といっても、中村裕は単なる田舎の一医師。そのため上京する際は、常に妻・廣子の父である小林喜利の紹介状を持って陳情先を回っていた。相手が渋顔を見せれば、紹介状を出す。岳父は敗戦後の日本を築いたといわれる首相の吉田茂とも交流があり、福岡県の県会議長（一九五五年五月〜五八年六月）を務めた名士で、中央の政界にもつながっていたからだ。

身障者の自立を支援し、社会復帰させるための授産施設である、太陽の家設立まで約一か月前の一九六五年九月十一日――。

社会福祉法人別府整肢園で、「別府リハビリテーション・センター」設立に向けての第一回設立準備委員会が開かれた。発起人として出席したのは、前国立別府病院院長の高安慎一、国立別府病院院長の山本清人、別府整肢園理事長の羽田野次郎、参議院議員（全国区）の黒木利克、大分県厚生部長の伊勢久信、それに作家の水上勉も顔を見せた。B型肝炎にかかっていた、国立別府病院整形外科医長の中村裕は、病床から這うようにして出席。この準備委員会では、理事長に高安慎一、常務理事に中村が選出され、あとの五人は理事に就任した。

ここで注目すべきは、前年まで厚生省児童家庭局長だった参議院議員の黒木利克を口説いて発起人に迎え、理事に就任させたことだ。主に厚生省との交渉のパイプ役を念頭に入れた人事である。常に中村裕は、用意周到にもの事を進めた。

続いて第二回設立準備委員会は、九月二十八日に開かれた。この委員会では、別府整肢園の付帯事業ではなく、ゆくゆくは社会福祉法人として運営することが決議された。朝日新聞厚生文化事業団とＮＨＫ厚生文化事業団の協力も得られることになった。また、「別府リハビリテーション・センター」という名称が「舌を噛みそうで言いづらい」、「横文字では理解してもらえない」といった意見が出て、出席していた理事の水上勉が「太陽の家」と名付け、理事長の高安が承認した。

ただし、常務理事の中村裕だけは、「太陽の家」というネーミングに不満を抱いていた。後に職員になる伊方博義と丸山一郎の二人には本音を打ち明けている。

「〝太陽の家〟という名称は優しいというか、養老院みたいだ。アメリカのアビリティーズ社のようなカタカナの名称にしたかった。まあ、大作家の水上勉が名付け親だからしょうがない」

そのため中村裕は、たびたび太陽の家を「ジャパン・サン・インダストリーズ」と口にしていた。たとえ福祉法に基づく身障者収容授産施設になろうと、あくまでもめざすのはアメリカのグットウィル・インダストリーズやアビリティーズ社をモデルとした「工場」であり、「会社」であったからだ。

慈善ではなく、機会を与えよ！

太陽の家の開所式が行われたのは、一九六五（昭和四十）年十月五日の火曜日。大分県別府市の天気は終日晴れだった。

出席した関係者は約百人。別府市の空に花火が打ち上げられ、大分県立ろうあ学校ブラスバンド部の演奏にのり、放たれた風船は天高く舞い上がった。先ずは、理事長の高安慎一が挨拶し、常務理事の中村裕は太陽の家が設立されるまでの経過を説明。理事の水上勉は活動状況の報告をした。続いて大分県知事の木下郁《かおる》をはじめ、大分県議会議長の岐部光久や別府市市長の荒金啓治らの来賓祝辞があった。

入所者は女性二人を含む十五人。代表して、一年前に中村裕に半ば強制的に東京パラリンピックに出場させられた、車いすに乗る二十三歳の須崎勝巳は力強く宣誓した。

「太陽の家に入所できたことを感謝するとともに、一日も早く社会復帰できるよう一生懸命頑張ります……」

ストーク・マンデビル病院脊髄損傷センター所長のルートヴィヒ・グットマンをはじめ、各地から寄せられた祝電が披露され、県知事の木下と理事長の高安がテープにハサミを入れた。

太陽の家は、国立別府病院に隣接する、小野田セメントが運営していた廃屋同然の結核療養所のブロック平屋二棟を改造したものだった。敷地面積は五千九百四十平方㍍（約千八百坪）で、その土地と建物代は二千五百万円。中村裕の両親が営む中村病院を抵当に入れて工面した二百万円、それに加えて水上勉が月刊誌「婦人公論」に連載していた「くるま椅子の歌」の原稿料百万円、合わせた三百万円を手付金に購入した。河野昭五が証言する。

「土地を購入する際、先生は私に『水上さんが百万円寄付すると言ってきたが、断ったよ。太陽の家が水上さんの色が強くなっては困る』とね。だから、私は『えっ、断ったんですか？　お金はあればあるほどがいいですけど……』と言ったためか、結局は水上先生からいただいた。当時はお金に困っていましたからね」

その太陽の家の正面玄関には、麦と太陽がデザインされた青と赤地の太陽の家のシンボルマークが掲げられ、その下には次の言葉が書かれていた。

《麦にはきびしさがあります。麦は踏まれても踏まれても、ぐんぐん成長します。太陽に向かってのびつづける麦の形には、団結を意味するものがあります。これは「太陽の家」のシンボルです。ジャパン・サン・インダストリーズは、諸外国のかたがたとの交わりのための名です。これを機会に、全国に「太陽の家」の種がまかれ、発展していくことを祈ります》

開所式が終わると十五人の入所者は、玄関のスロープを通り、廊下の手すりを頼りに、それぞれの持場に急ぎ、作業を始めた。当初の太陽の家には、義肢装具部、竹工部、金工部、木工部、洋裁部があり、河野昭五が別府市内の町工場を訪ね歩き、賛同と協力を求めた。その結果、別府市の別府義肢製作所（義肢と車いす）、並松製簾所（竹細工）、菅製作所（プレスとパイプイス）が、工具や材料などを持ち込み、技術指導をすることとなった。

十五人の入所者は、まさに雑魚《ざこ》寝状態で就寝。毎朝六時前には起床して清掃。三坪ほどの狭い食堂で二人の女性入所者が用意した朝食を済ませ、八時三十分にはプレハブの作業場で作業を開始する。昼休み一時間、午後は三十分の休憩時間を入れて一日七時間半の労働だったが、残業もいとわなかった。一点を見つめるように竹の盛り器を編む脳性麻痺の青年、ミシンを踏んでセーラー服を縫う右手首切断の女性、黙々と治療用コルセットを作る車いすの若い男性、器用に左手でカンナをかける右上腕切断者もいる――。誰もが社会復帰を信じ、健常者と変わらぬ納税者になることを夢見て、一生懸命に働く。彼ら彼女ら入所者の脳裏には、太陽の家の次なるモットーが刻み込まれていた。

《世に心身障害者（児）はあっても、仕事に障害者はありえない。太陽の家で働く者は被護者ではなく労働者であり、後援者は投資家である――》

聞き慣れない〝被護者〟とは、「保護される者」、もしくは「保護を被る者」という意味で、中村裕の造語である。

また、太陽の家の基本理念は、モデルとしたアメリカのアビリティーズ社が用いていた「No charity, but a chance!（慈善ではなく、機会を与えよ！）」とした。

当時の中村裕にとって、最大の悩みの種は資金繰りであったろう。太陽の家を設立するには、最低でも常に三千万円以上の資本金が必要だと言われていた。先に述べたように両親が営む病院を担保にして借金、それに加えて水上勉の原稿料を手付金として、廃屋同然の療養所と土地を購入した。このことからもわかるように、資金繰りではかなり頭を悩ませていたはずだ。

しかし、こと資金繰りに関しても、中村裕は強気の姿勢を崩さなかった。自ら園長を務める社会福祉法人の別府整肢園を、何と理事長の羽田野次郎の了解も得ず、独断で担保にした。さらに前年の東京パラリンピック開催のために互いに奔走した、厚生官僚ＯＢの葛西嘉資を説得。彼が会長を務める「社会福祉事業振興会」から金を借りたのだ。それは後に社会福祉法人に認可され、国庫補助や日本自転車振興会（現・ＪＫＡ）などからの補助を受けることを当て込んでのものだったが、誰もが無謀な行為だと呆れた。

ともあれ、中村裕は周りの声を無視し、太陽の家が設立された後も突っ走った。

その結果、太陽の家設立から四か月後の一九六六（昭和四十一）年二月十四日だった。長崎県コロニー協会から引き抜いてきた、事務局長の牟田雪義が作成した申請書類が認められた。大分県厚生部から連絡が入り、太陽の家が社会福祉法人に認可されることとなった。

当時の職員だった伊方博義によれば、牟田の関係から全国コロニー協議会（現・一般社団法人ゼンコロ）事務局長の調一興《しらべ》をはじめとした幹部たちが応援し、厚生省に働きかけたという。もちろん、福岡県の県議会議長を務めた中央政界に太いパイプを持つ岳父、理事の参議院議員・黒木利克の政治力、一緒に陳情を繰り返した水上勉の存在も奏功したと思われる。頼りにしていた国庫補助金が出ることに決まったのだ。

再び太陽の家の会議室。取材に応じた伊方博義は語る。

「社会福祉法人の認可が決まったのは、昭和四十一年二月十四日でしたから、数字を逆さまにしても同じ4・1・2・1・4。だから、今も私は太陽の家が社会福祉法人に決まった、記念すべき日を忘れない。自分勝手で強引な中村先生でも、認可が決まったときは、かなりはしゃいでいた。正式に認可されたのは新年度に入った四月ですね」

財団法人ではなく、社会福祉法人に認可されることが決まり、中村裕は驚喜した。その利点は、次の四点があげられる。
①身障福祉法十八条一項の「収容授産施設の設置経営」ができる。つまり、事務費など措置費を

受けることができる。
②国庫補助が受けられる。
③社会福祉事業振興資金の借り入れができる。
④財産移転登記の際、登録税が免除される。

太陽の家が社会福祉法人に認可され、国庫補助金の交付が決定。国から二千万円、大分県から一千万円の補助金が支給され、社会福祉事業振興資金一千万円の借入れも決まった。そのため小野田セメントへの土地・建物代の残金二千二百万円を支払うことができた。

それを機に、さらに中村裕の行動に拍車がかかった。

マスタープランを実行。太陽の家に隣接する一万四千平方メートル（約四千二百四十二坪）の国有地の払い下げを受け、その土地に新たに作業場、機能強化センター（体育館）、温水プール、身障者宿泊施設、自動車練習場などの建設を計画。総額一億八千万円を投じることに決めたのだ。

日本における身障者のために尽力した、代表的な先駆者は――。

先ずは、一八九一（明治四十二）年に日本で最初に知的障がい者のために「滝乃川学園」（東京・国立市）を開設した石井亮一。一九二一（大正十）年に肢体不自由児のために「柏学園」（東京・文京区）を開設した「理学療法士の始祖」と称される柏倉松蔵が知られている。

昭和の時代を迎えると、一九三五（昭和十）年に同じ盲女子の社会進出のために東京・豊島区に「陽光会」を開設した東京女子大学第一期卒業生の斎藤百合。続いて、第二章でも触れた肢体不自由児教育の創始者であり、「肢体不自由児の父」と称される整形外科医の高木憲次は、一九四二（昭和十七）年に東京・文京区に「整肢療護園」を開設している。

「その国の弱者がどう扱われているかによって、その国の文化水準を測ることができる」

陽光会を開設した、盲女子の斎藤百合のこの言葉は、身障者の国家に対しての切なる思いを見事に表現している。

太陽の家を設立した中村裕の身障者たちへの思いも先駆者たちと同じだ。中村にとって幸運だったのは、市井《しせい》の人は当然として社会的知名度が高い著名人の支持を得たこと。さらに後にはあらゆる伝《つて》を頼り、大物の政治家や財界人を巻き込むことができたことだ。

東京・渋谷区の仁丹ビルに隣接する、水上勉が出資して開設された太陽の家の東京事務所——。

東京事務所が開設して一か月ほど経った、一九六六年二月だった。前出の小林恒夫が手がけた前掲書『「太陽の家」の記録　保護よりも闘いを』と『太陽の仲間たちよ』によれば、寄付金募集のための会合が開かれた。

出席したのは、太陽の家の常務理事の中村裕と理事の水上勉のほか、評論家の秋山ちえ子、俳優の伴淳三郎、日本赤十字社青少年課長の橋本祐子、日本タッパーウェア社長のジャスティン・ダートの六人。秋山は太陽の家で働く入所者の姿を見て感動し、それを契機に全面的に応援することを約束。伴は芸能人による募金活動「あゆみの箱」の中心的人物で、橋本は学生中心に語学奉仕団を組織化し、何かと中村に協力していた。身障者（ポリオ）で車いすを使用するダートは、東京パラリンピック開催中に日本選手団団長だった中村裕と知り合い、中村に紹介された日本人男子選手七人を日本タッパーウェア社で雇い、車いすバスケットチームを結成。すでに太陽の家に八百万円を寄付していた。

この会合で中村裕は、五人を前におおよそ次のように力説した。

「今後、さらに太陽の家を日本一の大きな施設にするには、一円でも多くの建設資金を集める手段を講ずることです。どんなに立派な理想も構想も、お金が無ければ絵に描いた餅です。アメリカではチラシやパンフレットを作って広報活動をし、お金を集めています。当然、我われもそうすべきです……」

それに対して、秋山ちえ子は「政治家や財界人の積極的な応援も必要でしょう」と言い、伴淳三郎は「あゆみの箱と連携してはどうですか」と提案。橋本祐子は「募金活動に語学奉仕団の学生を動員してもいいです」と語り、アメリカ人のジャスティン・ダートは「募金のための全国組織を発足すべきだ」と主張した。

ところが、作家の水上勉だけは、中村の強気の意見に首肯せず、公平な観点からこう言った。

「寄付金はもらうべきものではなく、いただくものだと思う。懸命に頑張っている姿を見て、感動した人が差し出した寄付金をいただく。寄付金は、よいことをしているからと言って、相手に義務付けるものではない……」

この会合を見守り、中村裕や水上勉たちの話を直に聞いていた小林恒夫は、『「太陽の家」の記録保護よりも闘いを』に書いている。要約したい。

《たしかに、現実問題として、募金の組織づくりは難しく、必ず効果をあげるという期待は持てない。とくに「社会福祉感覚が未発達」で、福祉においては開発途上国といわれる日本では、どのような広報活動も空転の恐れがあった。また、募金運動には相当な募金経費がかかることを忘れてはならない。そしてまた、太陽の家が基本理念として「No charity, but a chance!（慈善ではなく、機会を与えよ！）」を掲げている以上、華やかな募金活動は可能な限り避けるべきであった。

結局、この会合は有効な募金方法を生むに至らず、一回だけで終わった。いかに強気の中村氏自身も、水上氏らの「単なる慈善は拒否すべきだ」という考え方を崩すことはできなかった》

しかし、一人でも多くの身障者を一日でも早く入所させ、社会進出への道を拓くには、寄付金を集めることが急務だった。そこで中村裕は、太陽の家の建設拡張のための資金として、大蔵省に五千万円目標の「指定寄付金」の認可申請書を提出した。所得税法及び法人税法の「寄付金控除の対象となる寄付金、または法人所得で損金に算入される寄付金」に指定されることにより、大口寄付金を期待したのである。

ちなみに大蔵省に指定寄付金認可申請書を出すまでの中村裕は、社会福祉法人であれば、社会福祉事業への寄付金は所得控除の対象となり、政治献金と同様に無税であると思っていた。ところが、大蔵省は「指定寄付金の認可が下りなければ無税扱いにはできない」という。そこで指定寄付金認可申請書を提出したのだった。

さらに広報的効果を狙って、東京と別府に「身障者に働く機会を太陽に！」を掲げ、設置を希望する者には募金箱を配布。また、国庫補助金を上回る補助金が期待できる日本自転車振興会の競輪収益金交付、それに加えてお年玉付き年賀はがき指定配分にも申請書を提出した。

その結果、指定寄付金は一年を限って認可されたが、さらに二年の延長が認可され、ほぼ満額五千万円に近い寄付金を集める見通しがついた。日本自転車振興会からの補助金(二千五百二十四万円)と年賀はがき指定寄付金配分(二百五十万円)も決定した。

当時の中村裕は、国立別府病院の医師として患者の治療をし、別府整肢園園長の仕事をこなしつつ、時間があれば太陽の家の常務理事として上京。水上勉とともに中央官庁に出向き、陳情を繰り返した。

中村と水上の陳情に同行したことがある小林恒夫によれば、中村は「障がい者のため」を強調して一方的に相手を説得する。それに対して水上は静かな口調で説明する。募金についての考え方に微妙なずれがあり、常に中村は積極主義を貫き、水上はより慎重だったという。だが、それが奏功したといえる。いわば水上が中村にとってのブレーキ役であり、中村は水上にとってアクセル役だったのだ。二人は漫才のツッコミ役とボケ役を演じる絶妙なコンビだったといえる。そのためだろうか、陳情する相手をいつしか納得させる、不思議な説得力があった。

そのような資金調達運動の日程をこなしつつ、中村裕は太陽の家東京事務所での会合から一か月後の三月に渡米している。目的は太陽の家設立に当たってモデルにした、先に述べたニューヨーク市郊外ロングアイランドの身障者企業「アビリティーズ社」を見学するためである。アビリティーズ社については、前年に出版された『敗北を知らない人々』を読み、その内情は知ってはいたが、中村としては自分の眼で確かめたかったのだ。

広大な敷地内に人的機能開発センターと肢体不自由児施設などを持つアビリティーズ社は、四百名を超える身障者の従業員が働きやすいように設計されていた。平屋の工場は車いすが自由に出入りできるバリアフリー化。もちろん、車いすで入れるトイレも使い勝手がよく、明るく広かった。給料は平均一時間二ドル（七百二十円）の能力給であった。仕事を終えれば、誰もが使用できる水泳プール、ボウリング場、卓球場、ビリヤード室、バスケットボールのコートが設備され、機能訓練室もある。宿泊施設はなく、従業員は車で自宅から通勤していた。肢体不自由児施設は、小学校から高校まで八十名の児童・生徒に、普通の学校と同じ授業を行っていた。身障者といえども、健常者と変わらぬ日常生活を送っている。

中村裕は決意を新たにして、アビリティーズ社を目標に、太陽の家を運営することを心に誓ったのだ。それは、六年前にストーク・マンデビル病院で、ルートヴィヒ・グットマンの教えを貪欲までに吸収したときと同じ思いだった。社長のヘンリー・ビスカーディも中村に全面的に協力することを約束し、四月末に来日することになった。

そして、約束通り四月二十九日、昭和天皇の誕生日の祭日に来日した社長のビスカーディは、中村裕の案内で二日後の五月一日、別府市の太陽の家を訪問した。入所者と職員を前に言った。

「四人で始めた私たちの工場は今、四百六十人の身障者が働いています。あなたたちは、働く身障者のパイオニアとして責任を持ち、太陽の家を身障者に光を投げかける記念塔にしてもらいたい……」

ビスカーディ率いるアビリティーズ社は、太陽の家発展のために技術提携を結んだ。

太陽の家の開所以来、メディアが好意的にその存在を報じたためだろう。世間に知られるにつれて寄付金の申し出も増えた。

町内会で集めた一口十円の袋の束が届いた。あるＯＬの二人は、毎月の給料日に千円ずつ郵送してきた。交通事故で亡くした娘への香典八万円を送ってきた夫婦もいたし、還暦を迎えた夫婦は、息子たちからの祝い金三十万円を持参。バーのマダムは店内に置いた募金箱がいっぱいになると、さらに一万円を加えて届けた。匿名の老人が百万円の小切手を送ってきた。全国に会員組織を持つペン習字の機関誌は、定期的に会員に呼びかけて、百万円を寄せてくれた。料亭を営む女将は、三百万円と太陽の家東京事務所の運営費を毎月援助したいと言ってきた。東京パラリンピックのときの語学奉仕団のメンバーで、この年の春に太陽の家の職員になった丸山一郎。彼の慶應大学の後輩は、講義に遅刻した学生に罰金を科し、その罰金で購入した卓球台を送ってきた。寄付金の最高額は、水上勉が紹介した文藝春秋新社社長だった佐佐木茂索の遺言によるもので、個人資産の一千二百万円であった。その他、学校生徒会や婦人会、青年会などからも寄付金が寄せられた。

以上の一般の人たちや企業・団体からの善意は、そのつどメディアで報じられた。もちろん、寄付金が届けられるたびに中村裕は、そのすべての善意に感謝した。だが、考えさせられる事例があったのも事実だ。こんなことがあった。

静岡県伊東市の国立病院に入院する老婦人から三百五十万円が送られてきた。同封された手紙には「もはや社会に役に立たない体です。せめて社会への恩返しと思い……」としたためてあった。中村裕は気になり、すぐに見舞いに出向いた。送り主の老婦人は、中村を前に心境を次のように吐露した。中村の著書『太陽の仲間たちよ』から抜粋したい。

《こんな体に注射しても何の役にも立ちませんよ。年寄りが生きていても楽しいことはありません。一日長生きすれば、それだけお金がかかります。社会の厄介者です。私は本当に安楽死させて欲しいと思います。若ければ、体が不自由でも何かしら役立つことができますから、同じお金をかけるならそういう人のために使ったほうがいいと思って送りました。あのお金は、私が自由にしてもいいお金ですからご心配いりません。孫が大学に入るときのためにと取っておいたのですが、大学なんぞつまりませんよ。行きたけりゃ、健康なんだから働いて行けばいいんです。私は、人生の最後になって、わずかでも社会に恩返しできたような気になれてうれしいんです。安心して死ねると思います……》

この老婦人の話に困惑した中村は、次のように記述している。

《このお婆さんは、のちに家族の手で精神病院に移され、医療保護扱いで亡くなられたことを聞き、私は暗然とした。

たとえご本人の意志であったにせよ、医療保護を受けることになるような病人から寄付をもらってよいものであろうか。お婆さんは、太陽の家へ寄付したために医療保護を受けるようなことになったのだろう。その間の事情はわからないが、私が訪ねたとき、お婆さんは国立病院の眺めのよい個室にいた。寄付してくれた三百五十万円が全財産だったとは考えにくいが、家族が精神病院へ移したということは、寄付が大きなトラブルを招いたのではないだろうか。

このような例は稀《まれ》なのかもしれない。しかし、稀にせよ、ひとつの善意がひとつの不幸につながる可能性があるということは悲しいことであった》

一方、寄付金集めにおいては起こり得る出来事かもしれない、こんな事例もあった。

名の知れた舞踊家が主宰する舞踊団は、経営的に行き詰っていたためだろう。メディアが大きく報じる太陽の家に着目し、利用すれば経済的な打開策が見つかると思ったかもしれない。「太陽の家の建設に大いに協力したい」と、Sデパートの賛同を得たと言い、なんと「一億円チャリティ・バーゲンセール」のイベントを企画し、協力を求めてきた。半信半疑で受け入れたものの、途中から舞踊団の切符売りなどもしなければならなくなり、不信感を抱いた中村裕と水上勉は協力関係を切った。

また、静岡県のある町では、町有林十万坪を「第二の太陽の家建設」のため町議会が払い下げることを決議。ある人物が払い下げを受け、そのうちの五万坪を売却した利潤で、残りの五万坪に施設を建て、そっくり太陽の家に寄付するというのだ。「美味しい話には気をつけよう」と、中村裕と水上勉は町民の集会に出席した。だが、やはり美味しい話にはウラがあることを感じ取り、辞退した。

「純粋な善意と理解による寄付金というものがいかに少なく、何らかの見返りを期待するものがいかに多いかがわかった。世の中というものは、そういうものかもしれない……」

中村裕は、いみじくも言っている。

豊後の国のキッチョムさん

現在、東京の場合は、車いすで入れるトイレやエレベーターが駅ごとに設置され、改札口の横幅も広い。ホームには点字ブロックやスロープがあり、ガードドアが設けられている駅もある。もちろん、障がい度の違う多くの身障者の話に耳を傾け、ホームから人の手を借りずに乗降できるようにするなど、まだまだ改善の余地はあるだろう。

　だが、以前は身障者用のトイレもエレベーターもほとんどなく、改札口の横幅は五十七センチと狭く、横幅六十五センチの生活用車いすは出入りできなかった。たとえば、車いす使用者が東京駅新幹線ホームに行く場合は、前もって駅員に連絡。当日は駅長室に行き、書類に署名し、チケットを買うなど時間のかかる手続きをしなければならなかった。その上で、身障者たちは健常者が利用できないため、〝ロマンチック街道〟と呼んでいた地下道を通り、いちばん奥に位置していた業務用エレベーターに乗ってホームの端に行くことができた。ホームに専用エレベーターが設置されたのは、国連総会が決議した「国際障害者年」の翌年、一九八二（昭和五十七）年七月である。

日本の空の表玄関といわれた羽田空港についても記せば、一九八〇年代前半までは空港内に車いすで出入りできるトイレはなく、車いす使用者は携帯用収尿器、または木綿生地のおむつを持参しなければならなかった。海外旅行のときは、二、三日前から水分を摂ることを控えていたといわれる。今は空港内からほとんど階段を利用することなく、ボーディング・ブリッジで搭乗できる。だが、昔はタラップを利用しなければならず、身障者の搭乗は航空会社から敬遠されがちだった。七三年の時点でボーディング・ブリッジを備えたスポットはわずか三か所しかなかったのだ。

また、一九八一年の「国際障害者年」の頃まではいかにチェックインができたとしても機長が「ノー!」と言えば搭乗することはできず、人数制限もあり、電動車いすでの搭乗は容易でなかった。そのため日本障害者リハビリテーション協会は「一人で乗せる運動」を展開したほどだった。

今も変わらないが、身障者は最初に乗り、最後に降りるという、日本の航空会社が決めた暗黙のルールがある。その点、欧米の航空会社は身障者に対するアテンダント・サービスは徹底している。身障者が楽しい旅ができるよう、不快感を与えない。つけ加えて記せば、羽田空港にモノレールを利用して行く起点となる、JR浜松町駅ホームに身障者用のエレベーターが設置されたのはつい最近のことである。それまでは一般乗降客のエスカレーター利用を一時禁止し、係員が身障者に付き添って階上に上げていた。

以上のことでもわかるように、太陽の家が開所された一九六〇年代から八〇年代にかけては、身障者の一人旅は苦難そのものであった。

太陽の家が開所し、メディアを通じて知られるようになると、全国各地から入所希望者が殺到した。入所するには、居住地の福祉事務所を通じて申し込み、書類審査と面接にパスしなければならない。ところが、入所を断られるのを恐れてだろう、太陽の家に直接やってくる身障者も多かった。

「何でもやります。どこに寝ても、どんな仕事でもいいから、ここで働かせてください」

重度の脳性麻痺の青年は、事務局長の牟田雪義を前に何度も頭を下げた。四日前に北海道稚内市の実家を家出。ようやく太陽の家に辿り着いた彼は、自由に食堂車にもトイレにも行けない状況で汽車と船を乗り継いでやってきたのだ。本来なら職員の付き添いをつけて送り返すべきだが、その余裕もない。結果、何度か実家と福祉事務所に連絡し、入所することになった。同じ北海道登別市の療養所にいた女性は、教会のカンパと全日空の援助で入所してきた。

入所希望者は、それぞれの事情を背負っていた。親や兄弟から冷たくされている。もう耐えられないと、妻に逃げられた。一般の会社で仕事をしていても一人前扱いされないし、仕事の能力はあっても喜びを見出せない。事務員をしていても邪魔者扱いされて孤独だ。中村裕が上京した際に宿泊するホテルを探し出し、身障者の子どもの入所を懇願する母親もいた。東京事務所に訪ねてくる者も多く、太陽の家が開所して三か月の時点で入所希望者は三百人を超えた。

しかし、収容人数に制限があり、もちろん全員を受け入れることはできない。当時の太陽の家の基本的な雇用基準は――。

①心身障がい者に限る

②日常生活動作が自分でできる人

③自活の道を求める強力な意志の持ち主

以上の三点を踏まえ、書類審査にパスすると、中村裕、同じ国立別府病院医師の畑田和男が診察と障がい度の機能検査をし、事務局長の牟田雪義が面接を行った。牟田は開所一年後に長崎県コロニー協会に戻ったため、その後の面接は職員である、前出の伊方博義と丸山一郎が引き継いだ。伊方が当時を振り返って語る。

「入所希望者が多かったため、面接試験は一番の悩みだった。そのために丸山が考えたタイムスタディを利用した。たとえば、百《メートル》を十秒で走るのを基準値にすれば、二十秒で走る人は半分の能力しかない。三十秒だと三分の一の能力であると判断する。

ただし、能力のある人、成績のいい人を優先して入所させたわけではなかった。たとえていえば、十人採用する場合は、能力のある人と能力ない人は二人ずつ。残りの六人は中間の人といった具合に採用する。つまり、障がいが重度の人、中間の人、軽い人も採用し、多様性を重んじた。ときには仕事ができる人を採用しなかったこともある。そういった能力のある身障者は、太陽の家でなくとも他の授産施設で十分働けるからね」

そして、伊方は、現在の中央官庁による障がい者雇用水増し問題を念頭に、こうも言った。

「一般企業や役所は、障がい者雇用の法定雇用率を守るにしても、できるだけ仕事ができ、障がい度が軽い人を雇用しようとする。でも、太陽の家はバランスよく採用していた。あくまでも一般社会の縮図なんだという考え方でね」

もちろん、面接では身体能力を徹底的に詳しく調べた。・タオルを絞れるか　・紐やネクタイ

を結べるか　・箸を使えるか　・ボタンを掛けられるか　・パンにバターやジャムをぬれるか　・一人で歯磨きできるか　・胡坐《あぐら》をかけるか　・一人でトイレに行けるか　・一人で風呂に入れるか　・寝返りできるか……などを調べる。そして、入所が決まると「労働カルテ」と「生活カルテ」を作成した。

太陽の家がオープンしてから五か月後の一九六六（昭和四十一）年三月初旬。前述したように、中村裕は太陽の家を拡張するためにマスタープランを実行に移した。第一期工事を着工させ、五月にカマボコ型の作業所が完成し、早速、プレハブ作業場から移転した。車いす専用の平屋建て宿舎と二階建て宿舎、百人収容できる食堂と調理室、浴室は九月完成予定だった。延べ面積は二千百平方メートル（約六百三十六坪）で、総工費は四千万円。国と大分県からの補助は合わせて三千万円。残る自己負担の一千万円は、社会福祉事業振興会からの借り入れと、寄付金で賄うことにした。

その一か月後の六月には、社会福祉法人としての収容委託の指定が決まり、四月一日に遡って入所者と職員の食費や事務費などの補助が県から受けられることになった。これで中村裕は、ようやく胸を撫で下ろした。それまでは国立別府病院での給料のほとんどを、入所者の食費などにつぎ込んでいたからだ。

七月に入ると、日本自転車振興会補助金二千五百二十四万円が決まり、太陽の家に隣接する一万四千平方メートル（約四千二百四十二坪）の国有地が一千六百五十万円で払い下げられることも決まった。その土地に八月には作業棟二棟を建設する第二期工事が着工した。さらに、先に述べた文藝春秋新社の社長だった佐佐木茂索の遺言での寄付金一千二百万円で、機能強化センター（体育館）を建設。緞帳《どんちょう》は舞台美術家で画家の朝倉摂が無料でデザインした。佐佐木同様に朝倉も水上勉の紹介であった。また、お年玉付き年賀はがきの指定寄付金配分二百五十万円を資金に温水プール（二十五メートル、四コース）と自動車練習場も建設することにした。

当時の思い出を河野昭五が振り返って語る。

「佐佐木社長からいただいた、寄付金一千二百万円で体育館を建設するときです。中村先生は、『おい河野、二百万円だけは太陽の家でもらうぞ』と言ってきた。だから、二百万円少ない一千万円で建設した体育館は、設計図よりも一回り小さくなってしまったわけです。

とにかく、いつもお金には困っていた。入所者が食事をするといっても味噌も醤油もない。そんなときは先生の自宅に行って、奥さんにいただいてくる。スリッパやトイレの紙までもね。私が先生に『今晩の食材を買うお金がありません』と言うと、ポケットから千円札を出して笑いながら、『これで何とかせい。俺は好きな饅頭《まんじゅう》を食わんければいいんじゃ』と言う。入所者は別府湾の河口に行って、食べるためにウナギなんかを釣ってた。そんな毎日でしたね。

それに入所者が運転できるように敷地内に自動車練習場をつくったときの先生は、広島のマツダに行ってね。小型車のマツダ・クーペ三台を寄付してもらった。ところが、三台とも中古車で、乗ると車輪が外れてしまう。まあ、先生は車好きですから、自分で修理していましたが、『えらいオンボロ車をもらったのう』と言って笑ってましたよ」

しかし、東奔西走の毎日を送る中村裕の体調は無理がたたり、再び肝臓を悪化させていた。前掲書『中村裕伝』で医師の畑田和男が証言している。要約したい。

《副腎皮質ホルモンを飲んでいましたが、糖尿病を誘発してしまう。だから、軽い糖尿の気がありました。入院して採血をすると、すぐ検査の結果を見たがるため、数字を書き換えたりしていました。しかし、毎回書き換えることはできない。それで九大病院に転院させたんです。いつも採血の結果を待ち焦がれて、もう神経質になっている。ちょっと良ければ喜んでいましたね》

そのような状態だったが、中村裕はじっと病室のベッドに横になっていることはなかった。なんと病室の窓から脱走。そのまま夜行列車に乗り、東京に向かったのだ。

東京事務所を預かる小林恒夫によれば、「寝てなんかおれん！」「こうなったら太陽の家と心中じゃ！」と叫びつつ、上京しては太陽の家の入所者たちの新たな職探しに奔走していた。小林は遠い日を語る。

「当時の足取りは階段を上がれぬほど重かったんだが、中村さんは男の意地というか、気迫というかね。熱意はすごかった。中村裕という人間は、単なる医者ではなくて、天性のオルガナイザーだったね。太陽の家の主《あるじ》として、『障がい者のためなら何でもやるぞ！』という精神でね。だから、こっちは黙って見ているだけだった」

太陽の家設立から丸一年後の一九六六（昭和四十一）年十月三日の午前十時。第一期工事と第二期工事完成を祝う落成式が行われた。大分県知事の木下郁、別府市長の荒金啓治、九州大学医学部教授の恩師の天児民和たち約百人が出席し、中村裕は工事経過を報告。来賓祝辞の後、高額の寄付金を寄せた人たちに感謝状が贈られた。十八日にはスロープ付の温水プール（二十五メートル、四コース）が完成し、プール開きをした。

その五日後の十月二十三日、第二十一回国民体育大会秋季大会が大分市営陸上競技場で開催される。その前日の二十二日午前十時過ぎ、天皇（昭和天皇）・皇后両陛下は、太陽の家を視察した。前出の河野昭五は「この話は誰にもしたことがないのですが」と前置きし、次のような逸話を披露した。

「夏前だったと思います。中村先生は『秋の大分国体のときに天皇陛下が視察に見えることが決まったぞ』と言ってきたので、私は『本当ですか。よかったですね』と返事した。そしたら先生が『おい河野、天皇陛下が来ると、この周りの道路はすべて舗装されるぞ。お前も知ってるはずや』と得意げな様子でした。だから、私は『先生もなかなかワルじゃのう』と言ったら『まあ、

1966年10月、天皇（昭和天皇）・皇后両陛下が太陽の家を視察　太陽の家提供

陛下は国民の味方。身障者のためならば何でも協力してくれるはずや』と言って笑っていました」

風光明媚な温泉町の別府市に位置し、国立別府病院が隣接しているとはいえ、太陽の家の周りの環境は最悪だった。雨が降れば蓮池の水があふれ、凸凹の細い道は泥濘《ぬかるみ》と化した。三輪車が走れば、助手席に乗る者は外に転げ落ち、なんと三輪車は蓮池に突っ込むことも珍しくなかった。その上、国立別府病院の敷地内には豚小屋があり、その臭いはかなり強烈で、通行人が思わず鼻をつまむほどであった。夏の夜は蚊の襲来に悩まされた。

そして、当日の十月二十二日。理事長の高安慎一と常務理事の中村裕は、職員と五十七人の入所者たち、それに国立別府病院の下半身麻痺患者九人とともに、天皇・皇后両陛下を出迎えた。もちろん、両陛下が太陽の家を視察することをメディアが報じた時点で、陸上自衛隊が突貫工事で道路を整備。一週間ほどで凸凹道はきれいに舗装されていた。隣接する豚小屋の臭いもしなかった。

舗装された道路を見て中村裕は喜んだ。ただし、こうも言った。

「これで屋根付きの歩道橋をつくってくれれば、もっとよかったんだが……」

中村裕は、何事においても満足することはなかった。

さらに十五日後の十一月六日には、第二回全国身体障害者スポーツ大会大分大会にご臨席した皇太子・美智子妃両殿下（上皇ご夫妻）が太陽の家を視察した。河野は続けて語った。

「昭和天皇が太陽の家をご視察した際は、中村先生が自腹を切って高価な椅子を用意しました。皇太子様と美智子様がお出でになったときは、『河野、お前は黙って立ってろ』と中村先生に言われた。それで黙っていたら、皇太子様が自助道具を手にして『これは何に使うんですか？』と聞いてきてね。ご説明しようとしたら、美智子様がご説明なさった。美智子様は、かなり身障者について詳しいと思いましたね。皇太子様が私を見て、『どなた様ですか？』と聞かれたので、思わず今で言うボランティア、『手伝いの者です』と言いました。

とにかく、昭和天皇陛下が来て以来、皇族の方たちは何度も太陽の家にいらっしゃった。私は、常陸宮ご夫妻がご視察（一九六九＝昭和四十四年十一月十二日）のときに説明役をさせていただいた。中村先生に『河野、たまにはお前も説明役をせい』と命令されてね。まあ、そのたびにこの辺の道路は整備される。太陽の家は、天皇陛下をはじめとする皇族の方たちとともに歩んでいる感じですね。二〇一五年の創立五十周年の式典のときも、中村先生が亡くなって三十一年も経つのに天皇陛下（上皇）と美智子様（上皇后）はご臨席してくれました」

このように、天皇陛下や皇太子・美智子妃両殿下などの皇族の方々は、たびたび太陽の家を視察される。それは現在に至るまで連綿と続いている。

開所から一年が過ぎた一九六六年の十二月六日の火曜日夜。太陽の家の百人収容の食堂で忘年会が行われた。その夜遅くだ。中村裕は著書『太陽の仲間たちよ』で次のように記述している。

《忘年会の夜、火のない部屋でもみんなの顔は明るかった。私はひどく音痴だが、歌わずにはいられなかった。牟田氏、畑田医師、河野訓練士もひどくはしゃいだ。

「これがモデルだといわれるほどにしてやるぞ」

「日本にはない身障者の工場になるまでは、絶対に手を引くわけにはいかんじゃろうの」

「いやがられようが、バカにされようが、やらんわけにはいかんでのう」

「いっそのこと、キッチョムさんち無茶もやろうかい」

キッチョムさんとは大分の民話の主人公だが、「いったいバカか利口か」わからないという、常識的尺度からはずれた奇人である。無茶もすればヘマもする。思いもよらぬ方法でうまく儲けることもあるが、とぼけた調子が憎めない。そんなふうにやっていこうじゃないかというわけだ。

私は小さい頃から両親や親戚の者の顔をしかめさせることが多かった。

「こりゃまた何ちゅうこっじゃろか。こん子はようけ無茶しちょるさい、もてんわい。大きゅうなって悪うならねばいいがのう」

と、いわれつけて育った。だから、無茶を通すことはいわば習い性というもの。キッチョムさん大歓迎である。

「太陽の家はみんなでつくらにゃいけん思います。ぼくら頑張ります」

入所者のみんなも心強いことをいってくれた》

ときには弱者や貧しい人の味方にもなったという、豊後の国のキッチョムさん。まさに中村裕は、キッチョムさんだった。自分勝手で強引という声も聞こえてきたが、何故か憎めない。ついに太陽の家を設立し、軌道に乗せつつあった。

しかし、翌年三月に四十歳を迎える中村裕の波乱の人生は、まだまだ続く。

第五章　光と影

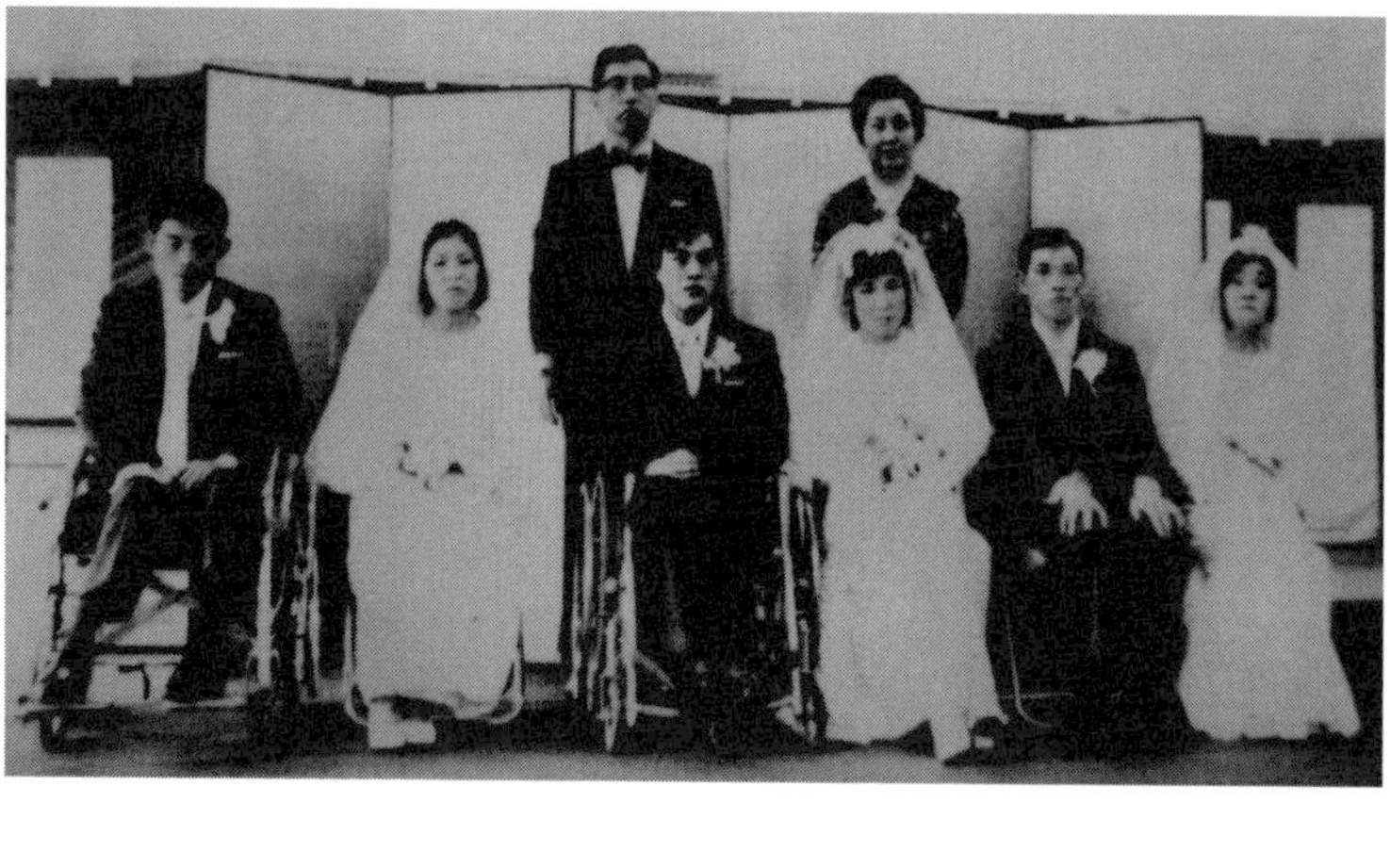

国立別府病院を退職

「この子は生まれた時期がよかったんじゃ。運がいいのう……」

太陽の家が設立されて三年目、一九六七（昭和四十二）年を迎える頃になると、常務理事の中村裕はよく呟くように言った。「この子」とは太陽の家のことである。

高度経済成長期における日本経済は、右肩上がりの急カーブを描いて成長し続けていた。政府にとっては、所得倍増の根幹を成すＧＮＰ（国民総生産）の上昇が最大の目標だったが、徐々にではあるが世間は、福祉社会を重んじるような風潮になってきた。そのためだろう、太陽の家は多くのメディアで好意的に取り上げられ、寄付金も予想以上に集まった。賛同する企業も出てきた。

その一つが、大手家電メーカーの早川電機（現・シャープ）。だが、電気コタツ製造の協力工場としての業務提携を先に依頼したのは、もちろん、太陽の家の方だった。

一八九三（明治二十六）年生まれ。大阪市に本社を置く早川電機の創業社長である七十四歳の早川徳治は、若い頃に視覚障がい者にお世話になったことがあるからだと言われた。共働きや身障者を抱える家庭の子どものために保育所を開所し、本社工場内に身障者が中心に働く「早川特選金属工場」を設置。一方、「大阪府身障者雇用促進審議会」会長を務める篤志家としても知られていた。

以上の情報を中村裕に伝えたのは、太陽の家の評議員で、大分マツダ総務部長の松本平逸と大阪在住の協力者だった。中村は早速行動に移すが、単に社長の早川が身障者の雇用に積極的だという理由だけではなかった。従来の木炭や練炭などを使用するコタツや火鉢《ひばち》に替わり、庶民の間でも家電製品の電気コタツの需要が増えていることにも着目したのだ。

前年の六六年十月。まずは評議員の松本平逸と大阪在住の協力者が、大阪市の早川電機本社を訪問。太陽の家を協力工場、早い話が下請けとしての業務提携を申し出たところ、好感触を得た。そこで中村裕自身が出向き、担当重役に面会を求めて直談判。太陽の家が協力工場になることが正式に決まったのは、二か月後の十二月。創業社長の早川徳治から、直筆の文書で基本的協力を約束する返答を得たのだった。

ただし、すんなりと決まったわけではない。太陽の家としては当初、電気器材の部品組み立てなどすべてを希望したが、早川電機側が躊躇した。それは当然のことで、大阪から部品を四百キロほど離れた別府に船で輸送し、再び完成品を別府から大阪に送り返すことになれば、輸送費はもちろんのこと、納期にも時間がかかる。その結果、コタツのやぐらの組み立てだけとなった。やぐらの材料であるラワン材は、別府でも手に入れることができるからだ。

開設当初の太陽の家　　太陽の家提供

こうして太陽の家が、早川電機の協力工場として工場開きを行ったのは七か月後、六七年五月十八日だった。この時点で早川電機創業社長である早川徳治は、太陽の家の顧問に就任。全面的にバックアップすることを約束した。早速、工場に機械が搬入され、本格的に操業が開始されたのは七月で、まずは入所者二十六名が作業員となり、一日の生産の目標を七十台とした。試作品が認められた後、滞ることなく作業は順調に進み、品質も高い評価を得ることができた。そこで二か月後の十二月からは作業員を三十五名に増やし、日産台数も百二十台とした。「身障者を実験台にするつもりなのか」といった批判の声も聞こえてきたが、入所者は踏ん張った。初の三交替による二十四時間勤務にも文句を言わず、日産台数を一千台にまで伸ばした。

電気コタツのやぐらに太陽の家のシンボルの麦のマークが付いたとき中村裕は喜び、月曜日の朝礼で入所者を前に強い口調で言った。

「太陽の家の君たちも、日本経済発展の一翼を担うことになった。みんなで頑張ろう！」

それまでの太陽の家は、竹細工、洋裁、パイプイス、義肢装具、車いす製作など、どちらかというと地味な作業が主だった。入所者たちにとっては、日給二百円にも満たない低報酬で、食事代を引かれると赤字となり、生活保護を受けているほうがよかった。当然、退所する者もいた。

一九四三（昭和十八）年生まれ。日本体育大学の体操部部員だった江藤秀信が、卒業を控えた四年生のときだった。教育実習先の熊本市の高校で鉄棒練習中に落下。脊髄損傷で車いす生活を余儀なくされ、六六年に太陽の家に入所した江藤が証言する。

「入所当初の月給は三千円前後だったから、日給にすればよくても百五十円程度だった。食事代は金持ちの家の者は取られ、貧乏人は安かったけど、私は払わなかったね。月給日には仲間と給料を見せ合い、『何でこんなに働いといて食事代を払うんか！』と言って二、三日ストライキをやったこともある。とにかく、悲しいかな、給料はスズメの涙ほどだった」

それでも退所することなく太陽の家に留まった入所者たちは、同じ境遇の仲間たちと目標を共有し、働けることに喜びを感じていた。後に江藤は、共同出資会社の「オムロン太陽電機株式会社」の代表取締役社長になる一方、九州車椅子バスケットボール連盟会長に就任。車いすバスケットボール普及に尽力する。

表向きには、あくまでも社会福祉法人である太陽の家は、身障者を収容・職業訓練をし、社会復帰させる「授産施設」でなければならない。それが大前提であり、入所者に職業訓練に伴った作業報酬は支払うが、施設運営者と入所者との間には雇用関係は成りたたない。

そのためだ。厚生省の出先機関としての大分県の担当職員は、いつも苛立っていた。太陽の家の玄関に掲げられたモットーである、《世に心身障害者（児）はあっても、仕事に障害者はありえない。太陽の家で働く者は被護者ではなく労働者であり、後援者は投資家である――》を目にするたびに声を荒げて言った。

「あれは一体、どういう意味なんだ。ここは社会福祉法人の授産施設ではないか。入所者は金儲けをする労働者ではないはずだ。すぐに取り外せ！」

そう指摘して問題にした。

だが、中村裕は怯《ひる》むことなく一切無視した。当時を中村はこう語っている。

「私は太陽の家を役所のひも付きにだけはしたくなかった。たとえ授産施設として補助金を受けていても、『株式会社』へのレールを踏み外したくなかった」

つまり、大手家電メーカーの早川電機との業務提携は、授産施設の太陽の家が企業として認められ、一気に前進する布石だったのだ。

太陽の家がスタートして三年目。中村裕は、大きく方向転換する時期にきていると思った。入所者も百人を超えている。太陽の家のモデルとしたアビリティーズ社のような身障者企業をめざすためにも、授産施設から今こそ脱皮。入所者が働く工場に方向転換しなければならないと考えていた。太陽の家の基本理念は、あくまでも「No charity, but a chance!（慈善ではなく、機会を与えよ！）」なのだ。

その意味においても電気コタツのやぐら組み立ては、入所者たちの意識を変えたと言ってよい。なにしろ早川電機は、作業員一人一日最低賃金五百円の報酬を保証する条件を提示していたからだ。やぐらを組み立てる、交通事故で車いす生活になった三十代の男性は言った。

「太陽の家に来るまでは、世の中が真っ暗闇でした。妻が働いて金を稼いできました。でも、優しくされればされるほど情けなくなるし、ちょっとした言葉に対しても苛立つ。バカにされていると思うと余計頭にくる。男は働いて稼がないとダメになります」

こうして三年目を迎えた太陽の家は、単なる授産施設ではなく、一般企業と同じ「工場」となり、モーターの音が鳴り響いた。入所者は工場に勤務する「労働者」となった。

太陽の家がクリーニングを始めたのは、コタツやぐらの組み立てと同時期だった。京都に本社を持つ綿貫寝具は、病院基準寝具のクリーニングを扱う大手の一つ。全国各地に工場があり、太陽の家と業務提携をすることにより、中・南九州一帯の病院の寝具のクリーニングを引き受けることでシェアを広げられる。一方、太陽の家は新たな仕事を見つけなければならなかった。つまり、綿貫寝具と太陽の家の思惑が一致し、六七年の五月にスタート。入所者十六名の作業員がシーツや包布のクリーニングを一日二千枚以上仕上げ、コタツやぐらと同様に綿貫寝具から高い評価を得ていた。作業員への報酬は、やぐら組み立ての早川電機とほぼ同じで、生産手当や精勤手当などを加え、月の平均給料は一万二千五百円ほどであった。

前年の太陽の家の授産施設としての入所者の月平均給料は約六千円だったが、早川電機や綿貫寝具が協力工場となり、給料が倍になった。しかし、当時の高卒公務員の初任給は約一万八千円。まだまだ入所者を満足させる月給ではなかった。

ともあれ、入所者が増え続ける太陽の家としては、新たな仕事を探すことが先決だった。

国立別府病院の車いす訓練士で、理学療法士でもある河野昭五は、太陽の家の運営委員でもあった。当時を振り返り語る。

「中村先生は私の顔を見るたびに『おい河野、いい仕事ないか？』と言ってくる。それであるときです。巻尺などのスチール・メジャーを製造する京都度器製作所の会長が、国立別府病院に入院してきてね。そのことを先生に言ったら、『お前、その会長の病室に行って話をつけてこい』と。そこでリハビリのときに会長に太陽の家について話したら、『息子が社長をやってるから、仕事をさせてもいいぞ』と言ってくれた。それに会長は『うちの仕事は、身障者でもできる。多少はきちんとつくらなくともいいんだ。一生使える商品をつくったら商売にならんからな』とね。私は『はあ、商売ってそんなもんですか?』と聞いたら『そんなもんや』と笑っていましたね。

まあ、そのことを先生に伝えたら『おお、そうか。仕事をくれるんなら、会長にもう一回ダメ押しじゃ』とね。それで業務提携の話がまとまり、昭和四十三年の六月から太陽の家でスチール・メジャーを組み立てるようになった」

新たな企業と業務提携をし、太陽の家は完全に授産施設から脱皮したともいえた。開所から五年目の一九六九(昭和四十四)年の入所者の平均月給は一万四千五百円、翌年は一万七千三百円と、高度経済成長で浮かれる大学卒の初任給と比べたら半分ほどの金額だったが、確実に昇給していた。ところが、好事魔多しというか、ついにお上《かみ》が動いた。出る杭は打たれるということだろう。

京都度器製作所との業務提携の話が順調に進んでいる頃、六八年の三月初旬だった。大分県厚生部長から中村裕の元に、次のような内容の公文書が届いたのだ。

《――中村理事は国家公務員法第一〇一条の職務専念の義務の規定に抵触するので、理事長となることはもとより、常務理事であることについても適当でなく、特にこのことについては厚生省からも指摘されているのでご留意願いたい。尚、本件は事務局から略式の事務連絡として処理することは適当でなく、今後は責任者の正式報告とするようご配慮願いたい》

早い話が、国立別府病院勤務の公務員医師の身分でありながら、太陽の家の運営に関わることはけしからん！　よって国立別府病院を退職するか、もしくは太陽の家の運営から手を引け——ということであった。

中村裕は、このときの偽らざる心境を自著『太陽の仲間たちよ』で吐露している。

《太陽の家が発足して二年半、私は常務理事として運営に当たっていた。大分県も厚生省も、このことは知り過ぎるほど知っている。県厚生部長は太陽の家の理事でもある。私は二度にわたって、兼業許可願いを出していた。それに対する返事はなく、一方的な公文書である。

「太陽の家を辞めるか、国立病院を辞めるか」——県は明らかに、私が太陽の家から退くことを期待していた。太陽の家の事務局を去った某氏の画策だという声も耳に入った。県の担当課長と私とは、険悪な関係にあったことはたしかだ。授産施設らしからぬ運営が、お役人の気に入るはずがなかった。個人的には太陽の家の理念を理解し、活動を評価しているとしても、お役人は建前を振りかざす。

太陽の家から一円の報酬も得ていない以上、「兼業とはいえない」と、そう胸を張っても、公文書を突き付けられれば無視はできない。私は公務員だからである。

国立病院に勤務したのは、研究もできるだろうと考えたからだ。だから、グットマン博士の教えも受けた。そして、太陽の家をつくることになった。太陽の家を発展させたい。しかも、基礎はできたといっても、事務局長すら安定していない時期である。希望をもって懸命に働いている入所者

を失望させることはできない。だが、私の本業を捨てるわけにはいかない》

公文書を手に、中村裕は悩んだ。思い悩んだあげく、同志でもある作家の水上勉に相談する。中村を前に、水上は強い眼で言った。

「辞めちゃ困る。太陽の家が本当の身障者の工場になるまで、あなたは辞めるわけにはいかないではないか。私は全面的に応援する」

この言葉で中村裕の心は決まった。すでに両親が次男・裕のために大分市に大分中村病院を開院（六五年十二月）していたことも大きな救いとなった。五八年から十一年間勤務した国立別府病院に退職願を出し、太陽の家の理事長に就くことにした。

そして、ともに苦労してきた同志で戦友でもある、畑田和男と河野昭五についてはこう考えた。医師の畑田が退職した場合は、大分中村病院に勤務させて太陽の家の理事や運営委員に指名すればいい。車いす訓練士で、理学療法士の河野昭五の場合は、国立別府病院のリハビリテーションを引っ張ってきただけに、院長の山本清人をはじめとしたスタッフたちが強く慰留するに違いない。だが、退職を希望すれば、大分中村病院に勤務してもらう。今まで通り太陽の家の運営委員としてサポートしてくれるはずだ――。

結果、二人は迷うことなく、後を追うように国立別府病院を退職した。

「私は、やむなく自分の大分中村病院に勤務することにした。国立別府病院を退職した畑田医師と河野訓練士には、太陽の家と大分中村病院という、私と同じく二足の草鞋《わらじ》を履いてもらうことになった。私は医師であり続けたかったし、太陽の家から報酬を得る気にはなれなかった。また、太陽の家には将来優れた人材が育ち、私は無用になるはずだからである」

そう中村裕は述懐している。

ただし、目に見えない政治力が働いたのだろう。第六章に記述するが、太陽の家はまだまだ厚生省や県庁から「忖度《そんたく》」されていた。


ともあれ、建前を重んじる厚生省と大分県の役人の圧力で、石もて追われるように国立別府病院を去った中村裕。実際、どのような医師だったのか――。

太陽の家が開所して半年が経った六六年の四月、国立別府病院看護学校を卒業。そのまま国立別府病院の看護師になった寺嶋勝子にとって、初めて仕えた中村裕は「キョーレツな医師」だったという。

「中村先生の回診のとき、私たち看護師は理学療法士の河野さんや畑田先生たちと七、八人でチームとなって患者を診るんですが、もう緊張しましたね。患者に褥瘡《じょくそう》(床ずれ)の徴候が少しでもあると、中村先生は『褥瘡は看護婦の恥だ!』と叫ぶように怒鳴る。もう怖いのひと言です。白衣を脱ぐと優しかったですけど、仕事に関しては鬼でした。でも、当時の若い私たち看護師、若い医師たちを育ててくれたことは事実です。

思い出としては、こんなことがありました。交通事故に遭った患者が夕方に入院してきて、翌日昼の十二時まで働かされた。もうくたくたです。そのときの私の勤務は、夜中の十二時までだったんです。でも、中村先生と婦長の鐘ヶ江エミ子さん、畑田先生、河野さんの四人は、二十四時間態勢で患者を診ている。中村先生は『俺たちは手術をしたら終わりではない。その後が大事なんだ』と言っていましたね。その通りで、実践的な看護のいろはを教わりました」

二〇一八年一月、穏やかな別府湾を臨むことができる、高台にある観光ホテルのロビー。取材に応じた寺嶋勝子は、半世紀も前の思い出を語り続けた。

「今の太陽の家をつくったのは、よく中村先生と河野さんと畑田先生の三人と言われていますが、国立別府病院の婦長の鐘ヶ江さんも加え、四人で太陽の家の基礎を築いたと思います。太陽の家の入所者のなかには、重度の身障者もいたんですが、設立した当時の太陽の家の医務局はしっかりできていなかった。そのために鐘ヶ江さんは、隣の太陽の家を気にしてね。私たち看護師に『付け替え（包帯交換）に行くよ！』『包交に行くよ！』と命令する。そのたびに私たち看護師は、豚小屋の臭いを我慢しながらも、隣の太陽の家に助っ人として行くんです。それは、中村先生が国立別府病院を退職した後も同じでしたね。だから、中村先生にとって鐘ヶ江さんの存在は大きかった。

いつも四人は一緒に食事しながら太陽の家について話し合っていましたね。畑田先生は、中村先生の女房役。河野さんは、中村先生の相談相手でした。鐘ヶ江さんもいちばん苦しいときの太陽の家を知っていましたから、陰で中村先生を支えた功労者の一人です」

一九六八（昭和四十三）年の十一月、第三回パラリンピック（第十七回国際ストーク・マンデビル競技大会）がイスラエル・テレアビブで開催されたときだ。日本選手団団長の中村裕は鐘ヶ江の推薦で、若い寺嶋勝子を救護班のスタッフに抜てきした。鐘ヶ江は、部下の寺嶋を前にこう言った。

「中村先生に打診されたら、迷わず『行きます！』と言うのです。周りの先輩看護婦に遠慮せず、旅費のことも考えなくともよい。何事も経験、チャンスです」

この言葉を受けて、五十年前に二十代の寺嶋は初めて海外出張を経験した。第三回パラリンピックの日本選手団スタッフに選ばれたことを今も感謝している。

慈善ではなく、機会と科学を与えよ！

太陽の家がスタートした当時から現在まで、グループ企業として半世紀以上にわたって運営されている会社がただ一つある。印刷部門の「株式会社電子印刷センター」だ。だが、次のような知られざる実話があった。

太陽の家が開所し、一年ほど経った頃だったという。毎日のように太陽の家や国立別府病院に中村裕を訪ねる男がいた。その男は中村を前に、ときには凄むように言った。

「警察に訴えてもいいんだぞ。ふざけんな、早く金を返せ！」

借金取りだった。実は太陽の家を開所して間もなく中村裕は、アメリカの印刷機器メーカーのエレファント社から最新型のオフセット印刷機を購入した。しかし、資金繰りが難しく、その男から購入代金一万ドル（三百六十万円）を借金していたのだ。

「障がい者のためです。あなたは障がい者のためにいいことをしているんですよ……」

中村裕の頭の中には常に「障がい者のため」という考えがあったため、そう諭すように言ったが、当然のごとく男は納得しなかった。「それがどうした？」と言わんばかりに詰め寄った。

いかに強気の中村裕でも、このときばかりは窮地に追い込まれた。すでに社会福祉事業振興会や年金事業団などからの借入金は三千万円を超え、自由にできる手持ちの資金はなかったからだ。

だが、まさにそんなときだ。捨てる神あれば拾う神あり。救世主というべき人物が現れた。ひと回り年上の杉本志朗である。

敗戦後、戦災に遭わずに観光客や湯治客で賑わう別府市で、名所旧跡や旅館の案内図などを製作するなど、アイデアマンとして知られていた当時の杉本志朗は、東京での仕事を終えて印刷業を始めようとしていた。そのときに印刷業組合関係者から中村裕の存在を聞き、太陽の家を訪ねたのだ。

杉本を前に中村裕は、エレファント社のオフセット印刷機を購入した理由を話し、次のように語ったという。

「医師の私は、世間が厄介者とみなしている障がい者のために、人生を捧げたい。そのために太陽の家を創設し、借金して最新型の印刷機を購入した。これで入所者を自立させたい。私の夢なんです……」

太陽の家の主旨などを冷静に説明する中村裕の姿に、杉本は感動した。社会的に地位のある医師という職業を信じたのかもしれない。借金三百六十万円を肩代わりすることになった。

「動かせる者がいないというのに、中村さんは最新の高速印刷機を導入した。借金して代金は払っていたが、借金した相手には返していなかった」

生前、そう言っていた杉本志朗は、印刷業組合員の協力で印刷技術を身に付け、太陽の家のグループ企業「株式会社電子印刷センター」を設立したのだった。現在は、杉本の娘の杉本恵子が代表取締役社長、その夫の杉本邦弘が代表取締役会長に就いている。

太陽の家の会議室。杉本夫妻は快く取材に応じた。

「中村裕さんとしては、身障者のために借金して印刷機を買ったものの、最新型の印刷機のために動かし方は知らない。そこに父が現れ、中村裕さんの『障がい者のために人生を捧げたい』の言葉に惚れたんでしょう。それに昭和四十年代の初めは活版印刷からオフセット印刷に移行する頃でしたからね、父も『これからはオフセット印刷の時代だ』と思った。タイミングがよかったんですね。社名に当時としては珍しい〝電子〟という言葉を入れたのも、中村裕さんが『近いうちに電子の時代がやって来る』ということで付けたと言っていました。私の知る中村裕さんは、医師というよりも事業家。それに対して父は仕事一筋の人でしたね」

社長の杉本恵子は、父・志朗と中村裕との関係をそう語った。父が借金の肩代わりをしたことを知ったのは、亡くなる直前だったという。裏書きした手形を見せられたからだ。会長の杉本邦弘も語る。

「バス会社に勤務していた私が妻と結婚し、昭和四十三年から今の会社で働いていますが、草創期の太陽の家は大変だった。毎週火曜日の夜、大分中村病院の中村裕さんの自宅に関係者が集まる。まあ、食事をしながら情報交換をするわけですが、中村裕さんの母の八重さんは気が強く、私たちに『太陽の家を守ってくれ！』などとうるさく言う。昭和四十七年二月に『オムロン太陽電機株式会社』がスタートし、ようやく経営的に安定しますが、それまでは業務提携した会社もどんどん引き揚げるなど太陽の家の台所事情は火の車でした」

たしかにその通りだった。

太陽の家が開所して四年目を迎えた一九六八（昭和四十三）年三月八日。理事長の高安慎一は高齢のために辞任し、代わって常務理事の中村裕が理事長に就任。心機一転、新たな体制で太陽の家はスタートすることになった。

中村裕が常務理事のときだった。六四年の東京パラリンピック開催の際、日本赤十字社青少年課長の橋本祐子が率いたパラリンピック語学奉仕団。そのメンバーだった慶應大学三年生の丸山一郎は、日本選手団団長の中村裕を崇拝し、手足となって働いた。そして、卒業を待ちかねるように、六六年四月に太陽の家の職員になり、同僚職員の伊方博義とともに中村裕の下で働くことに生きがいを感じていた。

しかし、中村裕のあまりにも自分勝手な運営に呆れたのだろう。太陽の家に入ってから一年後だ。中村裕に不信感を抱いた丸山は「質問状」を書く。このことについては『常に先駆け走り抜く―傷害のある人と共に生きた丸山一郎』（渡辺忠幸、ゼンコロ、二〇一四）に詳しく書かれているので、要点を箇条書きで記述したい。

・設立以来、具体的にされていない運営方針を明示してほしい。とくに太陽の家で働く入所者をどう扱うのか根本方針を示していただきたい。設立に伴う資金の返済を彼らに負担させるのなら、その額と方法を示すべきだ。また、方針に基づく具体的な運営について、職員や入所者と話し合うべきではないか。

・常務理事（中村裕）の努力に対しては敬意を払っている。短期間でこれほどの建設をできたことは高く評価する。ただし、二年を経過しても前述したように運営方針が明らかになっていない。はっきりさせる努力を怠っている。先の理事会で根本方針を明らかにせよと、そう迫った発言に対し、常務理事は棚上げした。つまり、理事会の存在が無いに等しく、太陽の家が個人で運営されている感じだ。社会性のある太陽の家で働く入所者は、不信感を抱いてしまう。

丸山一郎が書いた以上の質問状は、中村裕に突き付けることはなかったが、話し合いが行われた。しかし、論争を好まない中村は単に頷くだけだった。同席した伊方博義が証言する。

「あの質問状は太陽の家で働く者の本音だったし、中村先生も悩んでいた。とにかく、先生は『俺に黙ってついて来い！』と言う。それに対し、若かった私たちは『じゃあ、どうすればいいんですか？　目隠しされた状態でついて来いと言われても動けません。方向だけでも示してください』と反論もした。だが、『黙ってついて来い！』の一点張りだった。

当時は正直いって私の場合、中村先生に頼まれて太陽の家の職員になったのではなく、この仕事が好きだった。そのためにやり遂げたいと思っていた。だから、中村先生を目にするたびに『殺してやりたい！』『こんちきしょうめ！』と思っていたし、何度も太陽の家を辞めようと考えた。事実、東京コロニーの職員になるため、東京・中野区にアパートを借りるところまで話は進んでいた。でも私は、結局は辞めずに、定年退職まで太陽の家のために働いた。たしかに中村先生は強引な人だったが本音で接してくれたし、心底憎めなかったからだろうね」

一方の丸山一郎は、翌六八年七月に退職して渡米。サンフランシスコ大学に留学し、本格的にリハビリテーションを学んだ。その渡航費を中村裕が出したともいわれているが、帰国後は太陽の家に戻ることなく、東京民生局に入局。その後は、東京コロニーや厚生省の身体障害者福祉専門官などを経て、埼玉県立大学教授に就くことになる。ただし、上京するたびに中村は、丸山と会って情報を交換していた。一九八一年の「国際障害者年」に中村は、「第一回国際アビリンピック（国際身体障害者技能競技大会）」を東京と千葉で開催するが、アビリンピックの存在を教えたのが丸山だった。

とにかく、太陽の家が軌道に乗るまでには時間がかかった。前出の杉本邦弘が証言するように、思わぬ問題が次つぎと起こり、相手企業との協力関係が否応なしに打ち切られることもあった。

先に述べたように六八年六月から京都度器製作所と業務提携。三交替による二十四時間勤務でスチール・メジャーの組み立てを日産五千台製造するようになった。ところが、なんと太陽の家の関係者が、金儲けになると考えたのだろう。入所者の作業員八十名のうち障がい度が軽く、効率よく働く者二十名ほどを引き抜いて新たな工場をつくり、独立したのだ。そのため京都度器製作所との業務提携はご破算となり、工場開きから二年三か月目の七〇年九月に工場は閉鎖。翌月に同じ巻尺メーカーの田島製作所と運よく業務提携をし、再び工場は開かれた。だが、理事長・中村裕が受けたショックは計り知れなく、眠れない日々が続いた。

七一年四月だった。社長が大分県出身という縁もあり、医療機器メーカーの川澄化学工業と太陽の家は、注射針一本のコスト（加工費）の三割引きで製造する条件で業務提携を交わし、年間三百万本を製造。順調に業績を伸ばしていたが、四年目の夏だ。大手メーカーが、さらに安い三分の一のコストで製造できるという条件で川澄化学に売込んできた。当然、太陽の家は業務提携を打ち切られ、工場を閉鎖しなければならなかった。

まだある。七〇年六月、マネキン一体を二万円のコストで製造する会社と協力関係を結び、二割引きの一体一万六千円で製造することになった。業績は順調であったが、これまた四年目の七三年十月だ。今度はオイルショックの余波をまともに受け、三か月後の翌年一月に工場閉鎖を余儀なくされた。

身障者を理解していない、こんな事例もあった。東京のスピーカー製造メーカーと業務提携寸前まで話が進んでいたのだが、最終的にご破算になった。その理由は、トイレだった。スピーカーを製造する工場建設のための設計図を見せたところ、「工場内にトイレは必要ない」と指摘してきたのだ。

理事長の中村裕は、呆れ顔で言った。

「企業にとっては、トイレのスペースも有効に使いたいということは理解できる。しかし、雇用する側は、身障者を雇うという覚悟をしなければならない。一つは車いすに乗っても働ける場をつくる。もう一つはトイレだ。この二つを念頭に置いて考えなければならない。それなのに身障者である作業員に『他のトイレを使えばいいだろう』という態度は、身障者の生理をまったく理解せずに無視するものであり、誘致しても好結果は生まれない」

このときばかりは太陽の家側が業務提携を白紙に戻した。中村裕は、こうも言っている。

「車いす使用の身障者は、大便の場合は別だが、収尿器を付けていれば小便のためにトイレに行く必要はない。だから、健常者よりも働くことができる。ただし、トイレに行けば、ちょっとした息抜きもできるし、結果として仕事もはかどるではないか」

早い話が、年々よくなっているとはいえ草創期の太陽の家の台所事情は、常に火の車。泥舟であり、いつ沈没してもおかしくない状況にあった。それでも「障がい者のため」という錦の御旗のもとに、中村裕は突っ走った。

中村裕が、ロボット工学の権威で「ロボット博士」と称される東京工業大学名誉教授の森政弘と知り合ったのは、一九六六（昭和四十一）年の夏だった。

当時、東京大学生産技術研究所の助教授だった森は、東京での整形外科医の会合の講演に呼ばれた際、十六ミリフィルムに収録した六本脚で歩くロボットの動画を披露した。その歩くロボットに、出席していた中村裕が興味を示し、二人はともに一九二七（昭和二）年生まれということもあって意気投合した。仏教哲学に傾倒していた森は「障がい者のため」の持論を素直に語る、中村の情熱に感心した。

それ以来、森は時間が許す限り別府市に出向き、太陽の家の車いすや自助器具などを開発する「機能強化センター」や、七一年に設置された「身体障害者労働研究所」の職員や理学療法士たちを指導するなど、援助を惜しまなかった。

この森との出会いが、苦しかった草創期の太陽の家の励みとなり、救いになった。森は六八年八月に太陽の家の理事となった。

そして、二人の出会いから二年六か月を経た六九年二月。開所から五年目にして、太陽の家は初めて直営のプラスチック部門をスタートさせ、湯桶や小鉢などのプラスチック製品の製造を開始した。『十年間をふりかえって』（太陽の家、一九七五）で中村裕は述懐している。


《東工大の森教授に紹介された、清水市（現・静岡市清水区）の川口鉄工所に車いす入所者とともに実習に出かけた。プラスチック製品をつくる射出成型機を買うことになったが、一台数百万円すると聞いてびっくりした。これは何とか値段をまけて貰わねばと考え、森教授と一緒に経営者の川口専務に会い、太陽の家の主旨など、くどくどと説明した。清水はご存じ清水次郎長の出身地である。それが奏功したと思われる。川口専務は、清水次郎長を彷彿させるような気風のよい方で、話しを聞いているうちに、付属品一切を含めて寄付するとの突然の申し出があり、狂喜した私は心の中で手を合わせた。

森教授、川口鉄工関係者の努力で、射出成型機などの機械は車いす作業員用に大改造され、機械による大量生産という新しい作業形態が生まれた。また、機械を改造すれば、重度の障がい者も機械操作が可能であることを証明することができた》

この太陽の家直営のプラスチック部門で働く作業員の仕事ぶり、またロボット博士の東工大教授・森政弘が惜しみなく協力する姿などは、NHK総合テレビ番組「あすをひらく」(六九年三月八日)で全国放送され、反響を呼んだ。

ただし、問題もあった。いくら直径二十二チセンの湯桶や菊模様入りの小鉢を製造しても、製品一個当たりの工賃はたったの三円程度。そこで四人が二交替で十六時間働いたが、それでも採算や収益を考えれば赤字のため、さらに六人が三交替二十四時間勤務で働いた。このときも周りから「身障者を実験台にするのか!」といった批判を浴びたが、丸一日休むことなくフル稼働すれば、ようやく採算のとれる一日五千個以上を製造することができたからだ。当時の中村裕は、〝お上《かみ》〟に向かってだろう。叫ぶように言っていた。

「何でこうも障がい者は苦労しなければならないんだ。役人の雇用対策は矛盾だらけだ!」

一年十か月を経た一九七〇年の師走だった。

太陽の家の敷地内に重度の身障者が一人でも住める、モデルハウスの「テトラ・エース」と名付けられた建物が完成した。東工大教授の森政弘と、その友人の東京大学生産技術研究室の教授で、建築家の池辺陽《きよし》の指導の下、太陽の家の「機能強化センター」の職員たちが三年がかりで建てたものだった。総工費は二千万円。当時としては膨大な金額であった。

テトラ・エースは、どのようなモデルハウスだったのか——。

三角形の鉄骨スレート葺き平屋建で、建坪は四十平方メートル《メートル》(約十二坪)と小さかったが、内部にはリビングルームとキッチン、ユニット式のバス・トイレ、ベッドルームがあった。リビングルームにはリモコンでチャンネルとスイッチを切り替えられるテレビとエアコン。カーテンはラジコンで開閉することができ、玄関のドアは自動式。テーブルとシンク、洗面台の高さは車いすに合わせて六十五㌢。キッチンには電子レンジと冷蔵庫がある。シンクは生ごみ処理器のディスポーザー付で、食器入れの戸棚は上下に動く回転式。スイッチを押せば温風と温水が出る洗面台は、手を使うことなく洗顔ができた。バス・トイレの出入口は広く、車いすでも自由に出入りでき、便器は洋式でウォッシュレット付。バスタブにはリフターが付き、車いすから難なく降りて入浴することができた。ベッドルームのベッドはスイッチを押せば自動で昇降する。玄関や床には段差がなく、リフト付電動車いすで自由に出入りできる。

つまり、テトラ・エースは、重度の身障者でも健常者同様に、難なく一人でも生活でき、福祉機器の原点を考慮されて建てられたモデルハウスだったのだ。

完成したときは、誰もが驚いた。今から五十年ほど前の一九七〇年代は、自動ドアはもちろん、エアコンやテレビのリモコン、それに電子レンジもまだまだ一般家庭には普及していなかった。ましてやウォッシュレット付の洋式トイレのない時代。コピーライター・仲畑貴志の「おしりだって、洗ってほしい。」のキャッチコピーがヒットしたのは八〇年代に入ってからだ。

当時を太陽の家の職員だった、前出の伊方博義が振り返り語る。

「テレビは松下電器（現・パナソニック）の製品で、チャンネルは手を使わずに替えられるリモコン式。リモコンは日本初の第一号だったと聞いている。また、ウォッシュレット付の洋式トイレは東陶機器（現・TOTO）が製造したもの。つまり、テレビのリモコンもウォッシュレットも、発祥の地は太陽の家ということだね。中村先生がアイデアを出し、森先生が実用化するために研究する。まあ、私など最初は使い方がわからなかった。たとえば、電子レンジに生タマゴを入れれば、一、二分で茹《ゆ》でタマゴになると思った。結果はバクハツしてしまったけどね」

一九七五（昭和五十）年六月だった。そのモデルハウスのテトラ・エースを、六六年十一月以来、九年ぶりに太陽の家を視察した皇太子・美智子妃両殿下（上皇ご夫妻）も中に入って見学した。両殿下も初めて目にするリモコンやウオッシュレットなどのシステムに驚いたのだろう。説明する理事長の中村裕に言った。

「中村さん、素晴らしいですね……」

中村裕の命令で、テトラ・エースで短期間ではあったが生活したのが、後に「ホンダ太陽株式会社」の工場長になる山下猛だった。『中村裕伝』で証言している。

《国立別府病院のベッドが空いていないため、大分中村病院に入院していたら、中村先生に「ちょっと太陽の家を見学に行こう」と誘われて行ったら、そのまま私ともう一人の身障者がテトラ・エースに入れられた。完全自動化で、トイレに入っても自分でお尻を拭かなくてもいい。ベッドも自動昇降です。私たちは頸髄損傷者のテストケースとして、どこまで作業ができるかということで入れられた。本来、退院後の私は、太陽の家に入所するつもりはなかったので、中村先生にある意味で騙されたわけです。

とにかく、私たちはモルモットとして実験台にされた。テトラ・エースは、太陽の家を見学に来る人のコースに入っていたため厭でした。やたらと見学者が多かったですからね。一か月間もテトラ・エースに押し込められ、自分の寝室も何もかも見られる。そのために中村先生に「テトラ・エースに入っているのは、もう厭です」と言ったら、だいぶ怒られた。でも、強く「もう帰らせてください！」と言ったんです。たまたまヒーターが故障したりして、中村先生は仕方ないために出ることを許してくれた。その後、先生にはよくしていただいたし、優しかったんですが、テトラ・エースに入れられたときは弱りました。テトラというのは、ギリシャ語で三角の家という意味らしいです》

東工大教授の森政弘は中村裕のアイデアをもとに、次つぎと重度の身障者でも働ける自助器具などを開発した。肢体麻痺者のための自動式木工ボール盤の操作システムも実用化。また、手足が自由に動かせない重度の身障者が細いパイプを口にくわえ、呼気でスイッチや機械を動かせる呼吸式自動工作機も完成させた。このときも誰もが驚いた。手足を使わずに機械を動かせるのだ。手が不自由な人のために、受話器を持ち上げなくともかけられる電話も開発した。

1975年6月、皇太子・美智子妃殿下がテトラ・エースを視察　太陽の家提供

日常生活器具も改良され、工夫もされた。スプーンやフォークは握力の弱い者でも使用できるように柄を太くし、指が入るように刻みを付けた。指の不自由な者には手首に装着するようにし、腕が上がらない者には柄が曲がった物が考案された。衣類も同じく、ボタンの代わりにファスナー。義肢などの補装用者のワンピースは、前開きにした。

車いすも改良に改良を重ねた。普通の車いすは日本の住宅には向いていないため、タタミ用の車いすを試作し、飛行機に乗るときに使用できる小型の電動車いすも製作した。手の不自由な脊髄損傷者のために電動車いすの研究も進めた。海外に出向くたびに中村裕は最新の車いすや自助器具類を買い求めては、それを参考に研究開発をした。そのため海外の車いすメーカーから訴えられることもあった。

当時、イギリスに移住してストーク・マンデビル病院に勤務する、中村裕と親しかった日本人理学療法士第一号の新藤信子は、次のような逸話を披露してくれた。

「電話で中村先生が『バーミンガムの車いすの会社から訴えられた。新藤さん、俺の代理で行ってくれ』って。それで仕方なく出向いたの。和服を着てね。そしたらその会社の社長と弁護士がいて『私たちの車いすのパティントを真似た』と言うわけ。実際、私は太陽の家が製作した車いすを見てないでしょ。だから、『いや、真似も盗みもしていません。私たちはＰＴ（理学療法士）たち専門家のアドバイスを参考にして開発している。その結果、たまたま同じような物を製作することになったんです。あなたの会社にはＰＴはいないんですか？』とね。逆に質問したら、相手は戸惑ったの。何故ならその会社にはＰＴなどの専門家がいなかった。

それで、結果として和解することができた。私が和服を着て出向いたのもよかったかもね。社長も弁護士も珍しがってじろじろ見ていたしね。中村先生？　結果を電話で伝えたら喜んでいた。『新藤さんは、弁護士としても生活できるなあ』ってね」

一九七四（昭和四十九）年春。宿谷《しゅくたに》茂男は、東工大教授の森政弘の研究室で学んだ後に卒業し、太陽の家に就職した。彼は機能強化センターの職員として車いすをはじめ、自助器具類の開発に取り組んだ。

二〇一七（平成二十九）年の師走。森政弘の紹介で、別府市内の喫茶店で会った。一九五〇（昭和二十五）年生まれの宿谷は語る。

「ぼくの職場である機能強化センターには、室長の野尻義孝さんや理学療法士の高橋寛さん、小林順一さんたち六人のスタッフがいてね。入所者の健康管理を担当する一方、『technical aid for the disabled person』というモットーを掲げ、身障者のための技術的な援助をしていた。すでに森先生は太陽の家の理事を辞任していたが、理事長の中村先生はアイデアマン、一方の森先生はロボット工学の権威。二人の頭脳を結集して、福祉機器類を開発していたことは事実だったし、二人は最強のコンビだったと思う。中村先生は、ルートヴィヒ・グットマン博士の『失ったものを数えるな。残されたものを最大限に生かせ！』の教えに従い、森先生は身障者のために科学《サイエンス》を導入し、次つぎと自助器具類を開発していた。

中村先生は、森先生と出会ったことにより、それまでの太陽の家の基本理念『No charity, but a chance!』に新たに科学を加えて、『No charity, but a chance and science!（慈善ではなく、機会と科学を与えよ！）」にした。ただ中村先生は、こと工場に関しては『イノベーション（技術革新）により、工場が全自動化になると身障者は職場を失ってしまう。あくまでも半自動化がベターだ』と言っていた。たしかにその通りですね」

そして、付け加えるように言った。

「中村先生は、戦略家で演出家だった。太陽の家をＰＲするため、十六ミリフィルムに収録するときや写真に撮る際は、とくに重度の障がい者を選んでいた。観る者に『こんな障がい者でも仕事ができるんだ』と感動させるためにね。ディレクターでもあり、プロデューサーでもあった」

宿谷が語るように、中村裕と森政弘は最強のコンビだった。

ところが、中村裕と森政弘の二人の蜜月関係は長くは続かなかった。袂《たもと》を分かち合うことになる。宿谷は言った。

「ぼくが太陽の家に入る直前に、たしかに森先生は理事を辞任していていなかった。当時の周囲の噂では、森先生が中村先生に対し、『あんたのやり方は、あまりにもワンマン過ぎる』と言って辞任したということでしたね」

早い話がケンカ別れをした。その主な原因は、サラリーマンの平均年収が約百万円の時代に、総工費二千万円に及んだモデルハウスのテトラ・エースにあった。

二〇一五年に脳内出血で左脚が麻痺。東工大名誉教授の森政弘は、東京の自宅を離れ、次女が住む宮崎県宮崎市で静養していた。メールで取材を申し込むと、一つだけ条件が付いた。それは「仏教哲学に理解を示さなければ取材には協力できない」ということで、最終的には快諾してくれた。

一七年の師走だった。JR宮崎駅前から歩いて約二十分。九十歳を迎えた静養中の森を訪ねると、柔和な顔で出迎えてくれた。リビングルームのテーブルの上には『仏教辞典』と、自著『退歩を学べ　ロボット博士の仏教的省察』（佼成出版社、二〇一一）が置いてある。

森政弘は中村裕について、先ずはこう言った。

「六四年の東京パラリンピックを招致したのは、まぎれもなく中村さん。障がい者のためにね、すごいことをやったことは認めるし、否定もしない。でも、何故か厭らしさを感じてしまったんだなあ」

そして、穏やかな口調で話を進めた。

「テトラ・エースは、池辺陽さんがデザイン・設計をしてナショナル建材が建設した。何となくみんなで『面白いからやろう、やろう』と言ってね。まあ、そこまではよかったんだが、完成した時点でナショナル側が建設費用を支払ってくれと請求してきた。事前に契約書を交わさなかったことが問題だったんだが、中村さんは『これは寄付だろう』とね。要するに中村さんには『俺がやっていることは社会的に大事なことで、正しいことだ』という信念、正義感がある。それに『寄付するのは当然だ。それをしないのはけしからん』という論理だった。当時の太陽の家には、お金がないという事情もあったが、結果を言えば、最後まで中村さんは建設費を払おうとしなかった。そのために間に入ったナショナル側の担当者が悩み、苦しんだのだろう。会社を退職してしまった。

中村さんという人物は、怒鳴らないいんだが、やり方は強引だった。あの当時の私は、仏教哲学を勉強していてね。太陽の家の機関誌にコラムを書いていたんだが、それを中村さんは気に入らなかった。中村さんは、物質的なことで判断する人で、障がい者に対して『お前は両脚がないんだから、義足を付ければいい』という人。精神論は嫌いなんだな。こんなこともあった。あるとき理事長の中村さんは『精神障がい者は、太陽の家には必要ない』と言う。だから、理事の私は『それはないだろう。身体障がい者はよくて、精神障がい者はダメというのはおかしい。どちらも障がい者だ』と強く言った。最後には、精神障がい者も入所させることになったんだが、結果的に私は太陽の家の理事としては失格という烙印を押されてクビになった。そういうことですね」

そう言って森は一拍置き、ペンを手に持ってテーブルの上にあるメモ用紙に「三輪清浄《さんりんしょうじょう》」の四文字を書いた。続けて説明した。

「パソコンで検索すればわかるんだが、三輪清浄とは布施するときに、施《ほどこ》す人、施しを受ける人、施す物の三つすべてが汚れなく、清らかでなければならない。つまり、無心ということ。私は長いこと仏教哲学をやっていますからね。それを思えば、中村さんの行為には納得できなかった。寄付金を募るにしても、振込用紙を封筒に入れて相手に送り、出せと迫る。また、ボランティアをやっている者は、『俺は社会のためにいいことをしている』と思うのは、それはそれで人間的なんだが、自分を汚くすることもある。たしかに中村さんは、初めのうちは『障がい者のためだ』と言っていたが、徐々に『太陽の家のため』『自分のため』という感じになった。そう私には思えた」

そして、『仏教辞典』を手にしてこう言った。

「お金に関しての問題は、けっこうあったんじゃないかな、中村さんには。仏教でいちばん大事なことは無心。無心でないとどんなに美しくとも汚くなってしまう。中村さんのような人一倍の強引さがないと、たしかに太陽の家はできなかったかもしれないけどね。その強引さがないと事が進まないというのも大問題ですね」

　東工大の教え子の宿谷茂男が太陽の家に入る直前、七四年三月九日付で森政弘は理事を辞任した。その後は十四年間にわたり技術顧問を務める。だが、自ら太陽の家に出向くことはなかった。

めざせ、「コレクティブ・ハウス」

　一九七一（昭和四十六）年四月、太陽の家は隣接する国有地六千六百三十三平方メートル（約二千坪）を二千七百八十六万円で購入。六階建ての本館を完成させた。

　その前年夏、着工する前だ。六階建て本館建設計画に対し、厚生省が難色を示したため、規模を縮小して二階建てとした。ところが、着工間もなく中村裕は独断で四階建てに変更。さらに建設現場を見て「このまま足場を外すのはもったいない。四階にするのも六階にするのも同じだろう」という判断で、当初の計画通り六階建てにした。つまり、お上のお達しを無視したのだ。その理由を中村裕は、自著『太陽の仲間たちよ』に書いている。

《元来、厚生省は太陽の家を全面的に支持していなかった。太陽の家は異端児だった。私の考えは変わらない。やるべきときに一気にやるのが、私の主義である。国が面倒をみてくれず、補助金が駄目なら借金をすればいい。多額の借金を恐れていれば、大きなものはできない。

こうした私の考え方に危惧する人は多い。危ぶむのは常識である。施設運営に冒険は避けるべきだというのも常識である。しかし、誰かが、どこかで、常識を破らなければ前進はない。失敗したときの覚悟はできているし、常に私は命をかけてやっている。無理を承知で頭を突っ込み、無理でなくするのが私の唯一の趣味なのだ》

完成した六階建ての本館には、事務室、工場、診療室、保育室、宿舎、レストラン、出張郵便局、銀行、娯楽室などがあった。続いて翌年には、宿泊できる研修センターの「憩いの家」も設けた。全国各地から年間四千人を超える人たちが太陽の家を見学するために訪れていた。その見学者や研修者、入所者の家族たちが気軽に泊まれる、バリアフリー化した宿泊施設が必要だったからだ。

ところが、六階建て本館が完成しても、中村裕は満足しなかった。こう言っている。

「太陽の家は、日本一の『障がい者のショーウインドー』になった。しかし、まだ世界一の規模とはいえない。世界一をめざさなければならない」

デンマーク・コペンハーゲンの「コレクティブ・ハウス」が世界一の身障者施設といわれていたからだ。何しろ十三階建てのビルで、作業場と車いす使用可能の住居が百七十戸。それにレストラン、宴会場、娯楽室、電話室、洗濯室などもあり、自動ドア付のガレージまであった。

中村裕は、周りを一切気にせず思うまま突っ走った——。

もちろん、太陽の家を運営する理事をはじめ、評議員や運営委員、職員も、ときには反対した。

「一足飛びの飛躍は危険だ。もっと時間をかけるべきだ」

本館建設計画を協議した際も、多くの関係者は強く反対。異議を唱えたが、理事長の中村裕は無視した。独断で決行したのだった。

開所から七年目の一九七一年当時、六階建て本館が落成した太陽の家の入所者は二百名を超え、職員は約三十名の大所帯となった。事業収支予算は一億円の規模に達した。社会福祉事業振興会などからの借入金は六千万円以上あったが、その返済見込みも立っていたという。

太陽の家は草創期の厳しく、険しかった峠をようやく乗り越えようとしていた。

二百名を超える入所者の一日は、朝の六時半の廊下の掃除から始まる。掃除当番は、障がいの軽重を問わず順番制。車いす使用者も松葉杖使用者も同様に箒《ほうき》やモップを手にした。交替で共同使用の風呂やトイレ、廊下、洗面所などを掃除する。ラジオ体操の後、一段落した七時過ぎには、朝食のために食堂の厨房カウンターに長い列ができる。セルフサービスである。

そして、八時二十分までにタイムレコーダーに自分のカードを入れて押す。月曜日は全体の朝礼があるが、それ以外の日は作業場ごとに打合せ会をやる。その日の生産目標を決めるだけでなく、前日の仕事の遅滞の原因、その理由などを確認。指導員と班長の指示でそれぞれの持場につく。八時半ちょうどに電源スイッチが入り、モーターの音が鳴り響く。一日の作業が始まる。

正午からの昼休みは、すべてのモーターのスイッチが切られ、再び食堂は満員となる。一時間の昼休みは、本館前の広場の芝生に寝転がって昼寝する者、ギターを弾き、トランペットを吹く者、キャッチボールに興ずる者もいる。隣接する体育館では卓球やバドミントン、車いすバスケットボールで汗を流す者もいるし、温水プールに入る者もいる。

午後は三十分の休憩をはさんで、五時半で仕事を終える。一日実働七時間半、生産目標に達していなければ残業も課せられるが、ほとんどの部署は時間通りに終わる。再びタイムレコーダーに自分のカードを入れて押せば、その後は入所者の自由時間だ。タクシーを呼んでネオン街に出向く者もいれば、デートに出かける者もいた。一般のサラリーマンと何ら変わらない生活を送っている。当然のごとく太陽の家は入所者にスポーツを奨励していたため、いつも温水プールや体育館はスポーツを楽しむ者で賑わっていた。消灯は十時で、十五分前に点呼がある。

前出のオムロン太陽電機株式会社の元代表取締役社長の江藤秀信は、日体大四年の学生時代に車いす生活になった。江藤には二〇一七年十月に引き続き、一か月後の十一月にも会うことができた。二度目の取材場所は太陽の家の会議室ではなく、JR別府駅近くの彼の行きつけのスナックだった。ビールを飲みつつ、当時の生活を振り返って語る。

「太陽の家に入所した当時は、仕事が終わると先輩たちが『酒を飲みに行こう』と誘ってくる。当時は身障者が外に出る、それも夜に遊びに出るなんて考えられなかった。ところが、ついて行ったら、飲み屋に入るとみんなで飲みながら要求する。『入口をスロープにしてほしい』『トイレを洋式にしてくれ』とか、調子よく『これからはバリアフリーの時代だ』なんて言ってね。すると店も商売を考えて、階段をスロープにし、トイレも和式を取り外し、洋式に替えてくれた。このスナックもそうだったけどね。昔はこの近くに〝ぼんつる〟というグランドキャバレーがあって、車いすのまま入れて飲める席があったたし、ステージに上がれるスロープもあった。まあ、消灯前の点呼までには寮に帰ったけどね。消灯後に飲みに行く連中もいた。門限はあっても守衛はいなかったため、自由に出入りできたからね」

そのためだろう。別府のほとんどの飲食店には、少なくとも板製のスロープが用意してある。もちろん、間口の広いトイレは洋式だ。

太陽の家が開所して五年目、当時の入所者のなかには自家用車を所有するオーナードライバーもいて、江藤もその一人だった。懐かしむように続けて語った。

「私の場合は、スバル３６０を改造して乗っていた。改造費を入れて三十七万円で買ってね。太陽の家にはマツダから寄贈されたマツダクーペがあって、それにもみんなで乗ってた。警察署に行ったとき『大丈夫ですか？』と聞かれると、『絶対に大丈夫ですよ』なんて言ってた。警察官は『本当に運転できんの？』と不思議な顔をしていたけどね。

それに思い出といえば、昭和四十年代当時はＧＳ（グループサウンズ）ブームだったしね。私らも〝サニー・エコーズ〟というバンドを編成してやってた。大学時代からギターを弾いてた私は、主にサイドギター担当で、たまにソロもやったね。ドラムは手と足を使うため、手の方は同志社大出の脊損者が担当し、足の方は筋ジストロフィーの染川通さんがやってた。ウッドベースは片脚切断の障がい者、ピアノは車いすの者が弾いた。サックスは交通事故で脊損の吉松時義さんだった。お揃いのユニホームもあった。サニー・エコーズは十人編成で、そのうち八人が車いす使用者だったね。

曲目？　ベンチャーズのナンバーもやったし、布施明の『霧の摩周湖』なんかは得意にしていたし、坂本九ちゃんの『幸せなら手をたたこう』もやった。レパートリーは広かったよ。演奏会も定期的にやっていたし、日産自動車の販売店が日産サニーを新発売したときは、別府観光港のステージに立ったこともある。日産が主催だったため、サービスで日産サニーのＣＭソングも演奏したら喜んでいた。まあ、目いっぱい青春を謳歌していたね」

午後十一時近くまでスナックで取材に応じた江藤は、代行を呼んで帰宅した。車いすから車に乗りかえる際、苦笑しつつ言った。

「別府のネオン街には、家一軒建つくらい投資したよ」

六九年の時点で、自家用車を持つ入所者は十六名いたという。だが、駐車場の余地がなく、それに事故を心配したためだろう。理事長の中村裕は自家用車を持つことを禁止した。

「まずは貯金すべきだ。車はいつでも買える。貯金してから買えばいい。遊びよりも貯金をして、結婚することを考えろ！」

朝礼でそう言って、全員に預金口座を持たせた。将来の生活設計を考えるように促したのだ。

ともあれ、常に太陽の家はメディアで好意的に報じられるため、入所を希望する者が後を絶たなかった。

勤めていた福岡市の洋品店をやめ、太陽の家に入所した「歌が好きで、いつも朗らかな若ちゃん」と仲間から親しまれていた女性は、機関誌「むぎ」に寄稿している。

《ある日、テレビのニュースで太陽の家を見て、胸が熱くなりました。何だか救われたような気持ちで、今すぐにでもお会いしたい。いろんなお話をしたい。そして、一緒に働きたい。助け合って励まし合ったら、どんなにか毎日が楽しいだろうと思いました。

私はさっそく福祉事務所を訪ねました。担当者の方に「一度自分でたしかめて、納得したらいつでも手続きをしてあげます」と言われ、私は本当に嬉しくって涙が出ました。それから母と二人で太陽の家に見学に行きました。入所者のみなさんの明るさに感心しました。入所したい気持ちでいっぱいで家に帰り、父に相談しましたが反対されました。それで私は思わず「いくらお父さん、お母さんでも、障がい者じゃないから、私の気持ちなんかわからないのよ」と言ったんです。今までそんな言葉を両親に言ったことはない私でしたが、口走ってしまった。抑えていた涙が一気にあふれて流れました。入所通知は一週間後に届きました。

最近の私は朗らかになったし、毎日が楽しくてしかたありません。……私のただ一つの願いは、人並みに結婚して幸福になりたい。それが私の夢です。一般の人にくらべると平凡な願いかもしれません。でも、その平凡な願いが私たちにとっては大変なことなのです。私はこの道がどんなに遠くても辛くとも、幸せを求めて歩き続けます》

入所者の結婚と性

手元に一冊の本がある。書名は『ヨーロッパ車いすひとり旅』（石坂直行、日本放送出版協会、一九七三）――。

「取材の参考になるかもしれないわね。読んでみたら」と言って勧めてくれたのは、中島和だった。彼女は、日本女子大学卒業後に日本赤十字社の語学奉仕団に参加。パラリンピックをはじめ、多くの国際大会で日本選手団の通訳を務める一方、「日本障がい者スポーツ協会」や「日本障害者リハビリテーション協会」に勤務したこともある。もちろん、生前の中村裕やルートヴィヒ・グットマンとも交流があった。

さて、著者・石坂直行のプロフィールを記述し、話を進めたい。

一九二四（大正十三）年大分県生まれ。中央大学法学部卒業後、第一勧業銀行（現・みずほ銀行）に入社。サラリーマンとしての日々を送っていた。

そして、高度経済成長期時代の七〇年代に入り、働き盛りの四十代半ばを迎えたある朝、石坂は車で出勤途上の信号待ちで停車中のときだった。わき見運転のダンプカーに追突され、それが原因で車いす生活を余儀なくされた。

石坂の銀行での仕事は、いわゆる文書作成などのペーパーワークで、車いす使用でも支障なくできた。ところが、世間の眼を気にするお堅い銀行側は、行内に車いすを持ち込むだけでも難色を示した。それどころか、休職や退職を勧告してきたのだ。彼は悩んだ末に「せめて後世のために一石を投じよう」と考え、組合幹部から銀行側に掛け合ってもらった。著書に書かれた、その部分を抜粋して要約する。

《その結果、車いすに乗る私の姿をお客の眼に触れさせないこと、車いすのことで銀行側に迷惑をかけないように私自身が注意することを条件に、黙認されることになった。身障者は採用しない銀行の七十年の歴史を通じて、初めての車いすが登場することになった。私は毎朝、誰もまだ出勤しないうちに車で銀行に出向く。車いすで部屋に入り、昼はみんなの食事が終わってから食堂に行くことにした。しかし、銀行の建物内には七十余室の大便用のトイレはあっても、車いすで出入りできるトイレは一室もない。私は、トイレに用がないように　祈るしかなかった。

車いす出勤の最初の数日間は、恥ずかしさで周囲の人の顔が全然見えなかった。しかし、職員たちの中には、車いすをエレベーターまで押してくれたり、セルフサービス制の昼食の膳を運んでくれる人が、一人二人と増えて、私は励まされていた》

初の車いす使用の銀行マンとなった石坂直行。車いすでの海外旅行を思いついたのは、多くの海外で発行されている身障者専門誌や文献を購読し、海外旅行が可能であることを知ったからだ。購読していたアメリカの「リハビリテーション・ガゼット」誌編集長のギニー・ローリー夫人が、訪問国の身障者の友人たちを紹介してくれるという、幸運にも恵まれた。旅行の目的は「海外の身障者の日常生活を自分の眼で確かめ、自分が今後いかに生きるべきかの手がかりを得たい」からだった。

一九七一年の夏。ようやく太陽の家が経営的に軌道に乗りつつあった頃だ。出発は七月二十一日。石坂直行は、羽田空港からアンカレジ経由の北回りでデンマーク、オランダ、スウェーデン、フィンランド、イギリス、フランス、ドイツ、スイス、イタリア、バチカン市国を次つぎと訪問。出発前にアポを取っていた各国の小児麻痺協会、整形外科病院、身障者スポーツ協会、身障者研究所、リハビリテーションセンター、社会委員会、身障者施設などを三週間にわたって訪問し、精力的に視察、取材した。一方、身障者の自宅にも宿泊しつつ、車いすで街中も散策しながら、市民にも話を聞いた。いかに社会が身障者を受け入れ、チャンスを与えているかを肌で感じた。当然のごとく、日本の身障者に対する福祉行政の遅れを痛感した。

たとえば、石坂はデンマーク・コペンハーゲンに住む、ステッキに頼る身障者夫妻に逆に質問された。

「日本にはカメラやテレビやオートバイを輸出するほどの工業力があるのに、どうしてステッキの先端部分に付けるラバーチップをつくらないのですか?」

それに対して石坂はこう説明するほかなかった。

「儲けが最大で大量に売り込めるものしかつくらない。ステッキのラバーチップは、儲からないから誰もつくらないのです」

その言葉に夫妻は大笑いし、石坂は苦笑するしかなかった。

石坂直行が上梓した『ヨーロッパ車いすひとり旅』は、三週間にわたる海外旅行の体験をレポートしたものだ。石坂は書いている。

《私はとくにこの本を、これから社会人となり、個人の信念に従って自ら選択し主張し、新しい社会を構成することになる若い人たちに語りかける気持ちで書いた。人間性を無視した国家教育のために、型にはまってしまった古い人が、物の見方を変え、それを行動に移すことは、ほとんど絶望的に困難なことである。だから、偏見を持たない若い人に託したい。島国根性のない広い視野と国際感覚と、国のエゴも批判できる、若い人たちの素直な判断力に期待する以外にない。明治以来一貫してつくられた、日本社会の常識を変えることはできないと思うからである》

石坂を最も驚かせたのは、身障者の「セックス」に関しての認識の違いであった。

デンマーク・コペンハーゲンの身障者アパートを訪ねたときだ。あえて石坂は、若い身障者にセックスについて聞いた。不思議顔で彼は「何も問題はないです」と言いつつ、素直に話してくれた。

「ガールフレンドは友人に紹介してもらうこともある。好きになればセックスはするし、場所は鍵のかかる部屋があればいい。相性がよければ一緒に住み、愛し続けられると確信すれば結婚するのです」

彼は単なるフリーセックスではないと強調して言った。

スウェーデンでは、身障者に必要なものすべて、収入のあるなしに関係なく、無償で政府が提供していた。たとえば、歩けないが腕は強いという人には車いす三台。歩けず、その上に腕や手が不自由な者には電動車いすを三台まで提供する。身障者が自立し、社会進出できるように政府があらゆる方法を駆使し、サポートしているのだ。

スウェーデンは、デンマークと同様、身障者のセックスに関しても開放的だった。小学校入学と同時に強制的に性教育を受ける。石坂は、若い女性に質問した。どこでセックスをするのですか？

彼女は真顔で応えた。

「自動車の中は広いし、モーテルもあります。互いに抱き合い、身体に触れ、キスをするのもセックスですよね」

さらに石坂は質問した。重度の身障者はどうやって相手を見つけるのですか？　彼女は言った。

「病院やリハビリテーションセンターには、身障者でない職員もたくさんいます。その人たちは、私たち身障者を理解しています。そんな人たちのなかから好きな人を選び、意思表示すればいいんじゃないですか」

石坂は頷くほかなかった。

日本ではポルノ雑誌は発行されていないと言うと、これまた身障者の彼ら彼女らは「信じられない」と驚いた顔を見せ、日本に送ってあげると言った。

帰国後の石坂直行は、著書『ヨーロッパ車いすひとり旅』の執筆に入るとともに、さらに北欧を中心に身障者のセクシャル関連の資料や文献を取り寄せ、日本の身障者に発信することになる。

手元には『ヨーロッパ車いすひとり旅』のほかに、別な資料もある。それは『ヨーロッパの身障者のセックスと社会生活』（全国障害者問題研究会出版部発行『みんなのねがい』一九七二年七月号）と、スウェーデン人で身障者のセクシャル問題の世界的権威と称された、インゲル・ヌードクウイスト夫人編の『からだの不自由な人の明るい性生活①～④』（日本障害者リハビリテーション、一九七三）などのコピーである。いずれも石坂が寄稿、翻訳したものだ。

車いすに乗る銀行マン・石坂直行の著作が、セクシャル問題に悩む多くの日本人身障者に、勇気を与えたことは間違いない。

話を再び太陽の家に戻したい——。

太陽の家が開所した翌一九六六（昭和四十一）年に三組が同時に結婚した。中村裕と、「中村夫人公認のガールフレンド」と言われていた評論家の秋山ちえ子が仲人となり、結婚式を挙げた。翌年に太陽の家で初めて生まれた赤ちゃんは、「陽子」と名付けられた。もちろん、命名者は中村裕である。

以後、毎年のように入所者は結婚し、十年で五十組を超え、子どもは八人生まれた。そのため「太陽の家に入所すれば結婚できる」と、全国各地の授産施設から移ってくる者も少なくなかった。

しかし、問題がなかったわけではない。晴れて結婚し、社会復帰し、妊娠してもやむなく中絶することもあった。また、産科医と相談して不妊手術を受けた者もいる。

二人ともに脊髄損傷者の車いす使用のある若い夫婦は、思いがけず妊娠した。産科医はとくに出産に問題はないと言った。相談を受けた中村裕も祝福し、産むことを勧めたのだが、断念した。若い夫婦は、中村裕を前に悔しい胸の内を打ち明けた。

《本当は産みたいです。経済的には労災保険があるから、何とかやっていけると思います。実家で育ててもらうことも考えましたが、やはり、どんなに苦しくとも、自分たちの手で育てるべきだと思いました。でも、いろいろなことを考えると自信がないのです。子どもが幼稚園や小学校へ行って、ほかのお母さんたちが着飾って出かけますね。そんなとき、私たちは車いすで出かける勇気はありません。子どもがどう思うのでしょうか。そういうことを考えると辛くてたまりません。『太陽の仲間たちよ』》

やつれきった二人を見て、中村裕は何も言うことができなかった。子どもが小学校に入学する頃には福祉行政も進み、世間の身障者を見る目も変わってくるかもしれない。だが、障がいを持つ親の心は別だ。障がいを持った時点から、当事者は世間を見る眼が一変する。計り知れない悔しさ、労苦、悩みがあるからだ。

もう一つ。経済的な問題もあった。結婚して夫のほうが社会復帰を果たし、一般企業に就職できたとしても、二人で民間アパートを借りるだけの収入を得ることはできない。そのために結婚に踏み切れないカップルも多かった。

理事長の中村裕は、前述したように太陽の家開所七年目の一九七一年に夫婦も住める宿舎や保育室などがある六階建ての本館を、厚生省の行政指導を無視して完成させた。それは、身障者同士が結婚しても住める宿舎を確保しなければならないという理由もあったのだ。また、「車を持つよりも貯金をしろ！」と強く言ったのも、そういった意味が込められていた。

「絶対に中村裕先生から離れるな。九大の天児《あまこ》（民和）先生に可愛がられている先生だからな」

一九七一年四月、三年制の九州リハビリテーション大学校（北九州市、二〇〇四年閉校）を卒業。理学療法士として太陽の家に入った高橋寛は、卒業の際に担任の教員から言われた。

「九州リハビリテーション大学校は、当時の労働省が設立した大学校でね。三年間に学生一人に二百万円以上の経費を使うと言われていた。そのため卒業したら、ほとんどは国立の労災病院などで働くのが当然と言われていた。それなのに私は、在学中に何度か太陽の家を訪ねていた。中村先生がモデルになって登場する、水上勉さんの『くるま椅子の歌』を何度も読み返していたため、太陽の家で働きたいと主張した。初めは反対されたんだが、担任の教員は中村先生を知っていて、『入ったら絶対に離れるな』と言ってくれた。嬉しかったですね」

山口県宇部市で会った高橋寛は、懐かしむように太陽の家に勤務していた時代を語ってくれた。

「私は機能強化センターに在籍した。室長は中村先生の英会話の家庭教師だった野尻義孝さんで、中村先生がスカウトして太陽の家に入ったということだった。当時の私は未来の家の『テトラ・エース』ができたばかりで、見学者の説明役をやらされてね。見学者は驚いていたが、中で生活していたのは大学時代に鉄棒から落下して脊髄損傷を負った山下猛でね。『俺は住みたくない。夜中に車の振動で自動ドアが開くんだ』なんて愚痴ってた。

当時の中村先生は『障がいを科学《サイエンス》の力で補うんだ』『手がなくとも口でペンをくわえて書けばいい』が口癖だった。それに私にはうるさく『高橋、障がい者は患者じゃない。一人の人間なんだ』『障がい者はけっしてお涙頂戴ではないぞ』とも言っていた。中村先生を支えていたのは、河野（昭五）先生と畑田（和男）先生の二人で、とくに理学療法士の河野先生は裏方に徹していてね。私など若い理学療法士に、看護の仕方やリハビリについて実践的な方法を教えてくれた。今も感謝していますね」

そして、太陽の家の入所者たちのセクシャル問題に関しても語った。

「海外に出かけるたびに中村先生は、車いすや自助器具類は当然として、身障者のセクシャル関係の文献を手に入れてきた。当時の日本には『障がい者の性生活』関係の文献はほとんどなかったしね。それを室長の野尻さんが訳していたし、私たち職員にも先生は強く言っていた。『障がい者が結婚することを考え、お前たちはセックス、妊娠、出産についてきちんと伝授しなければならない。それも仕事だ』とね。中村先生は、単なる整形外科医ではなかった。障がい者のために尽力し、性生活まで面倒をみていた」

中村裕は、自著『太陽の仲間たちよ』で書いている。


《結婚予定者にはセックスの指導もする。これまで脊損者は性行為が不能と考えられてきたが、必ずしもそうではない。刺激を与えるある部分――私は〝ピストルの引金〟と呼んでいる――を発見すれば、数分間の行為は可能なことが少なくない。その部分は、仙骨や足の裏など、個人差はあるが、一度発見すればその部分を刺激することで反射神経が能力を与えてくれる。

また、注射によっても一時的に可能になる。もちろん、遺伝上の問題がある場合は、逆にコントロール方法の指導なり、手術をすることになる。こうした場合、理事長の私や常務理事の畑田君が医師であることは、非常に都合がいい。日常の健康管理は医務室で行っているが、診療・治療の態勢はいつでもとれるからである》

高橋は、真顔で続けて語った。

「私に関していえば、これは笑い話なんだが、年上の男性入所者に『高橋先生、セックスのやり方を教えてください』なんて相談を受けたことがある。私は若かったため、そのときはベテランのケースワーカーに頼んで、代わりに話してもらったけどね。

同年代の入所者とはよく飲みに出かけた。盛り上がってくると『寛ちゃん、やってんだろ。教えてくれよ』なんて言ってくる。若い入所者たちと別府市内の映画館に行って、日活ロマンポルノとかピンク映画を観たりもした。街中を車いすに乗っていても、別府では振り向く人はいない。自然でね、飲み屋に行くと健常者よりも身障者は歓迎されたよね。太陽の家の入所者は、他の施設の人たちよりも健常者の女性と知り合う機会は多かったんじゃないかな」

身障者同士、もしくは身障者と健常者が知り合い、愛し合ってめでたく結婚。さらに子宝に恵まれれば、この上なく幸せだろう。

しかし、身障者の結婚は、当然のごとく厳しかった。

とくに身障者と結婚する健常者側。健常者が女性の場合は、親も兄弟たちも、家族がこぞって猛反対することが多かった。太陽の家に勤務していた職員や入所者たちから聞いた実話を紹介する。

ある日、身障者である男性は有給休暇を提出。その理由を語りたがらないので不思議に思っていると、健常者の女性と駆け落ちしたのだ。女性の両親が反対したのが原因だった。結果として結婚することができたが、妻側の両親は実家への出入りを禁じた。解禁したのは、子どもが生まれてからである。
こんなこともあった。身障者の彼は、仕事を終えると体育館に直行。大好きな車いすバスケや卓球に夢中になっていた。その彼の姿を毎日のように体育館に来て、見学していた若い女性がいた。近くの保育士を養成する専門学校の学生で、体育館に通ううちに彼女は彼を好きになり、付き合うようになった。だが、それを知った彼女の両親が大反対。悩んだ彼女は自殺を図った。未遂に終わったものの、それを知った専門学校側は、学生が太陽の家へ出入りするのを禁止した。

昭和四十年代は雑誌の文通欄で男女が知り合い、結婚することも少なからずあった。文通は現在のＳＮＳ（ソーシャル・ネットワーク・サービス）で異性と知り合うのと同じようなものだろう。炭鉱の落盤事故で車いす生活になった男性は、仕事を終えると手紙を書き続け、それが縁で健常者の文通相手と結婚した。しかし、性生活においては悩んでいた。いざというときに勃起しないこともあったのだ。彼と親しかった元職員は証言した。

「何故か仕事中に勃起することもあって、事務所の私の元に駆け込んで来て、『勃《た》った。家に帰らせてくれ！』と言って、奥さんのいる自宅に走って行くこともあった。また、仕事を終えてから飲みに行くと、そういった下ネタの話になる。ある既婚者の脊髄損傷者は、『夜が怖いんじゃ』『寝るのが怖い』などと、悩みを打ち明けた。私自身は人間のつながりは、セックスだけじゃないだろうと思うこともあったけど、彼らの気持ちは理解できた」

一九三〇（昭和五）年五月五日生まれ。新元号施行四日後に満八十九歳、卒寿を迎えた河野昭五。

すでに述べたように、鬼籍に入るまでの中村裕の半生を知る「最後の生き証人の一人」の河野は、太陽の家で起きた出来事のほとんどを熟知している。

「太陽の家ができた当初は大変だった。障がい者同士が結婚すると言ってきたときだ。中村先生も『まだ早い。我慢しろ』『その前に貯金だ』などと言っていた。ところが、男のケースワーカーなんかは、『何事か、出て行け！』と怒った。それで出て行こうした入所者もいたが、私は『それは可哀相だ。クビにするのはよくない』と言って止めたこともある。脳性麻痺の女性は、遅刻ばかりしているために、『減給は当然だが、もう出て行け！』と言われて、自殺未遂をしたこともある。いろんな事が起きたね。私は中村先生に助言したことがある。太陽の家をつくるときに、『男女関係は難しいですよ』と言った。先生は『河野、それはお前の担当じゃ』と言ってた。

それに、入所者はけっして裕福ではないし、育ちもいいとは限らない。ずるい男は女性に言い寄ってお金を借りることもあった。女性は親切にされたことがないため、ついつい貸してしまうんだな。それで問題が起こる。当時の事務局長は、『困ったわ。頭が痛いわあ』とよく私に言ってた。『どうした？』と聞くと『ケンカがあってな。日誌を書き直さなきゃいかんわ。中村先生に知れたら困るんだ』なんてね。畑田先生も事務局長も、太陽の家で起きた悪いことは先生に報告しなかった。だから、私は中村先生に言ったことがある。『先生が来るときはみんなが知っとる。連絡せんで来たら太陽の家の実態がわかりますよ』ってね。先生は『そんなもんか』と言ってた。まあ、中村先生は忙しかったため、そういった問題は私らが解決しなければならなかった」

そう言って河野は、何度も頷いた。

第六章　飛翔

井深大とソニー・太陽株式会社

一九六〇（昭和三十五）年生まれの長男・太郎に続き、二年後の四月には次男の英次郎が誕生した。中村裕が二名の選手を引率し、初めて第十一回国際ストーク・マンデビル競技大会に参加した一九六二年。その年の十一月初旬に発売された「婦人公論」（中央公論）十二月号に、「精薄の子らに生きる光りを」のタイトルが付いた署名記事が掲載された。

寄稿したのは、ソニーの創業者として知られる社長の井深大《まさる》。五千七百余字に及ぶ記事には、二十二歳になる次女の多恵子が精神薄弱者（一九九九年四月から「知的障がい者」と呼称）であることを明かし、同年六月に財団法人「すぎな会」を設立したことを公表。一方、政府の福祉政策を鋭く批判している。

それまで次女の多恵子は、終生の面倒をみてくれるはずだった児童福祉施設で生活していた。しかし、児童福祉法の規定で十八歳以上は退所しなければならなかった。そのため父の井深は、同じ境遇の子どもを持つ父母たちと話し合い、すぎな会を設立したのだ。その一か月前の五月だった。社長の井深は、率いるソニーが独自に開発・販売した、テープレコーダーやトランジスタラジオなど電器製品の輸出振興の功績が高く評価され、総理大臣賞を受賞していた。

愛娘の将来を案じて切々と綴った、父親である井深大の記事を要約したい。

《娘の多恵子のような、十八歳以上の子どもたちはどこに生活の場を見つければいいのか。成人後は精神薄弱者福祉法で保護されるという。しかし、それらの法律が何をしただろうか。生活の場を失った子どもたちは浮浪者の群れに入ったり、犯罪者になったりすることもある。これでいいのだろうか。

　不幸な子を持つ親の一番の心配はこれだ。一人ひとりが独立して生活することはとてもできない。それならば皆が団結し、永遠のコロニーを設立しようじゃないか――。これが父母たちの一致した意見だった。子どもに生きがいを与え、親が亡くなったあとも安心して生活をしていける環境をつくることが悲願だった。そのためには全国の皆さんから援助を仰がなくてはならないが、とにかく自分たちの力でやれるところまでやろう、人に助けてもらう前に、自分の子どもは、自分たちの力で幸福にしなければならないのだ。子ども一人を育てあげるには学校、就職、結婚などの問題に対処しなければならないが、それには莫大な金がかかる。親にとっては、精薄であっても可愛い子どもの一人である。最愛の子どもなのだ。

　施設で生活する精薄の子どもたちに対し、政府が施設に支出している金額はどうか。月額わずか七千円である。これで食事はもちろん、日用品一切を賄わなくてはならない。風呂などもせいぜい週に一、二回しか入れない。これで福祉国家、文化国家といえるだろうか。そこで私たちは考えた。「すぎな会」では全員を食べ放題にした。精薄の子どもたちにとって、食べるという楽しさほど大きいものはないからだ。

　統計によると全国の精薄者の数は三百万人。そのうち学齢期（六〜十五歳）にある者は全体の約四・五パーセントで十三万五千人にのぼる。一般の義務教育は九十九・八パーセントの就学率だが、精薄児の就学率は四パーセントにも達していない。施設収容状況はどうだろうか。なんとたった百七十二か所、一万人の収容能力しかない。国立では、一か所（重症者収容）という現実である。収容されない者はどうすればいいのか。「予算の枠がない」のひと言で、放置しておいてよいのだろうか。

私たち親たちの精神的な強いつながりで、一生を共に生活しようという誓いで誕生させた「すぎな会」。九月十二日に施設として都庁の正式認可も下りた。大施設へ向けての独自の計画書もできた。資金の調達、土地の確保など、まだまだ苦労は絶えないだろうが、道筋は決まった。

こうしたことを考えるとき、いつも私を励ましてくれたのは、同じような子を持った、パール・バック女史の『母よ嘆くなかれ』だった。私は多年の事業で良き協力者、友人を数多く持っている。しかし、それにも増して、得がたい多くの友情を、同じ悩みを持つ父母たちの中に見出したことは貴重な体験である。多恵子は私の生涯の十字架であると同時に、私の生涯の光であることを最後に付記して筆を置きたい》

一九〇八（明治四十一）年、栃木県日光市生まれ。早稲田大学在学中に洗礼を受けた、クリスチャンでもある井深大。六五年には「心身障害児（者）コロニー懇談会」（現・心身障害者福祉協会運営協議会）委員に就任。六九年に、幼児の持つ無限の可能性に着目し、「幼稚園からでは遅すぎる」と考え、財団法人「幼児開発協会」を設立した。

そして、一九七三年二月。二年前の六月にソニー社長から会長に就任した井深大は、仕事が一段落したためだろう。念願の知的障がい者のための授産施設である社会福祉法人「希望の家」を設立。生まれ故郷、日光市に隣接する鹿沼市にあるこの施設の理事長に就き、次女の多恵子も入所した。

だが、その多恵子が一時的にせよ、「希望の家」から遠く離れた、大分県別府市の中村裕が理事長を務める「太陽の家」で生活していたことはあまり知られていない。入所したのは、希望の家が設立して五か月後の七三年夏だった。

井深大と中村裕。この二人を結び付けたものは何か。まずは、その経緯を辿りたい。

「なんだ、こんなもんくれやがって。こんな安もんはいらんわ」

太陽の家が開所する直前の一九六五（昭和四十）年九月だった。中村裕は、週刊誌記者の小林恒夫とともに東京・港区のソニー本社を訪問。社長の井深大と面談した。その帰り、ソニー本社の玄関を出たときだ。井深から来社記念にもらったトランジスターラジオを手に、中村裕は小林を傍らに吐き捨てるように言ったのだ。

第四章で記述したように、太陽の家が開所して四か月後の六六年一月。小林は水上勉が出資して設けた、東京・渋谷の太陽の家東京事務所を切盛りすることになる。

東京・新宿区四谷三丁目のホテルのレストラン。小林恒夫は、当時を語った。

「よく中村さんに同行してね、相手先を訪問していたが、相手が誰であろうと遠慮はしない。ひと回り以上も年上の井深さんと会ったときも同じだった。胸を張って一方的に喋る。『私は社会福祉のため、身障者のためにいろんなことをしている。あなたはお金を儲けているのだから、少しは社会のために協力すべきではないか』なんてね。もう強引ですよ。井深さんが寄稿した『婦人公論』の記事を読んでいたか、それとも水上さんに教えられたかもしれない。井深さんの娘さんが、知的障がい者であることを中村さんは知っていた。しかし、井深さんの前では娘さんの話はしなかったが、いろいろな著名人の親族には身障者がいるといった、さまざまな情報が中村さんの耳に入ってきていたからね。その辺は抜け目のない人だった。

とにかく、人に接したときの中村さんは『障がい者のためです』を殺し文句にしていた。まあ、井深さんに会って、断られたときは、かなり頭にきたんだろう。『こんな安物の携帯ラジオをくれやがって。いらねえよ』なんて、ぶつぶつ言ってた。憎めない人なんだが、そこまで言うことはないと思ったよね」

この一件について、中村よりも十九歳年上の井深大は『中村裕伝』で述懐している。当然、初対面の中村の態度に憤りを感じていた。

《誰の紹介だったか忘れてしまったが、ある時、ソニーの応接間に元気な人間が現れた。自分は大分で整形外科医を営んでいる者だが、外科手術をした身体障がい者に仕事をしながらリハビリを行う収容施設をこしらえようと思う。自分は慈善を求めに来たのではない。

ソニーは、たくさんの下請け企業を使っていると思うので、その仕事の一部を出してもらいたい、という要請だった。ただ、それが当然であるかのごとく、たて続けに喋りまくり、そして試作品の竹細工か何かを見せられたのである。随分厚かましい人もいるものだと、私はびっくりしてしまった。

どんな人かも、どんな技術がある人かも全くわからない。引っかかったのは、東京からはるかに遠い別府に、何の因縁で仕事を出さなければならない義理があるのかと思った。まずはがつんときた。それが先生との初対面の率直な印象であった》

ただし、ここで中村裕は素直に諦めて引き下がる人物ではない。十か月後、女房役の医師の畑田和男を井深の元に送り込んだ。二〇一七年十月に亡くなった畑田は生前、井深大の長男・井深亮《まこと》が上梓した『父　井深大』（ごま書房、一九九八）に井深大との思い出を寄稿している。抜粋したい。

《「太陽の家の障がい者に仕事をいただきたい」。太陽の家の創設にご協力していただいた作家・水上勉先生の親書を携えて、私がソニー本社の社長室で無謀にも初対面の井深さんにお願いしたのは、昭和四十一年の夏、ことさら暑い日でした。障がい者の福祉にご関心が高く、ご理解があった井深さんは、「ご立派な仕事をしていますね」と誉めてくださいました。

が、同時に、太陽の家の組織力と管理能力のある人について尋ねられ、私は即答できませんでした。また、「下請けの厳しさを知っていますか。ソニーといえども不況のときは発注を減らすときもあります。障がい者に仕事をしてもらっていると、そういう状況になったとき、私は耐えられない」とおっしゃいました。太陽の家を設立して一年足らずのときで、従業員はわずか三十二名でした。そして、最後に「組織と人が育ったらまた来なさい」とおっしゃられたのが、私にはせめてもの救いでした》

これまた畑田も、体よく断られたわけだが、太陽の家を開所した当時の中村裕は、あらゆるコネを駆使し、大企業にアプローチしていた。職員だった前出の伊方博義が証言する。

「私と丸山一郎が、中村先生に『これからはエレクトロニクスの時代です。家電メーカーと手を組んだ方がいいと思う』と言ったら、『お前ら二人でやるんじゃ』とね。そこで私と丸山は、指示通りに東芝や松下電器などに出向いたんだが、『太陽の家？　それがどうした』という感じで、すべて断わられた。

中村先生に『会長の松下幸之助に会えるようにしてこい』と言われ、大阪の松下電器には何度も行ったが、あまりにも松下幸之助の存在は大きかったよね。ただし、当時の日本リーグで活躍していた、松下電器のバスケットボールチームの部長の遊津《あそづ》（孟《たけし》）さんは協力的で、七五年に大分での第一回フェスピック（極東・南太平洋身体障害者スポーツ大会）開催前だった。車いすバスケ普及のため、人気選手の身長二㍍のジャンボ沼田（宏文）や（ジェローム・）フリーマンたちを九州に連れてきては、バスケットボール教室を開いてくれた」

井深大は、一九九七（平成九）年十二月に享年八十九で泉下の人となった。その後は、一九四五年生まれの長男・井深亮が「希望の家」の理事長に就いて現在に至り、五歳年上の姉・多恵子は、穏やかな生活を送っている。

二〇一八年四月中旬、好天に恵まれた日だった。栃木県鹿沼市の希望の家を訪ねると、理事長の井深亮は、柔和な表情で快く取材に応じてくれた。まずは「井深大記念館を見学してください」と言って館内を案内。三十分後に記念館の部屋で父・井深大と中村裕について語った。

「たしかに父にとって、中村裕さんの第一印象はよくなかった。かなり強引な方だったしね。それに協力を断ったのは、当時の太陽の家は竹細工などを作っていたため、その程度の技術ではソニーの製品を造るのは無理と考えて断ったんでしょう。

その後の父は、秋山ちえ子さんやオムロン社長の立石一真《かずま》さんとのつながりで、中村さんの人柄を信じるようになったと思う。それでソニー・太陽をスタートさせた。その際に父は身障者の社員に対し、『いかに障がい者でも仕事をやるからには、世の中で評価され、競争力のある製品を造ること。ハンディキャップのある皆さんが使用できる機械は揃えるが、特別扱いはしない。きちんとした製品を造り、ソニーグループの中でも評価される製品を造ることです』と言った。父は、ソニー・太陽を単なる下請けの工場ではなく、ソニーグループの企業と考えていましたね。

太陽の家が大きくなったのは、やはり立石一真さんのオムロンや本田宗一郎さんのホンダ、三菱商事、富士通、デンソーなどと協同出資会社を発足させたからでしょう。とくに父と本田宗一郎さんは深い信頼関係にあり、父が『俺は太陽の家と組んだんだから、お前もやれよ』と進言した。父と本田さんは、秋山ちえ子さんたちと一緒に身障者のため、政界にも積極的に働きかけていましたからね」

そして、姉の多恵子が希望の家を離れ、太陽の家に入所したことについてはこう語った。

「姉の多恵子は、昭和二十年の敗戦前後の食糧難のためかもしれない。原因は定かではないが、五歳のときに自閉症になり、その後に知的障がいを患った。弟の私は、姉に『兄さん』と呼ばれ、高校三年の頃まで一緒に遊んでは面倒を見ていた。その後、姉は父たちが設立した『すぎな会』に入った。

姉が太陽の家に行ったのは、父が知的障がい者でも他の障がい者と一緒に生活するのもいいんじゃないかと、そう考えたからだと思う。二年間ほど中村裕さんの家で預かっていただき、太陽の家に通っていた。私が別府の太陽の家に出向くと、中村さんの奥さんの廣子さんが『多恵子ちゃん、多恵子ちゃん』と言って可愛がっていた。今はここで姉は生活しているけど、太陽の家での生活はいい思い出でしょうね」

初めて中村裕と井深大が顔を合せてから八年後の一九七三年七月。ソニー会長の井深大は、長男の井深亮が語るように、評論家の秋山ちえ子とオムロン創業者の立石一真の勧めで太陽の家の会長に就任。同時に次女の多恵子は希望の家を離れ、太陽の家に移った。

このとき太陽の家の関係者たちは驚いたというが、同時にこう囁いたのも事実だった。

——中村先生は、天下のソニーの井深大の娘さんを〝人質〟にしてしまった。

取材後に理事長の井深亮は、知的障がい者と職員合わせて総勢六百名が働く希望の家の授産施設を案内してくれた。

「希望の家では、シイタケも栽培しているんですが、3・11の原発事故のために三年間は放射線量の影響で栽培できなくなった。キロ当たり百ベクレルの基準値を超えたためにね。福島や栃木、群馬の多くのシイタケ業者は撤退してしまった。だから、今でも栃木県内のクヌギやナラの原木は使えず、広島や大分産の原木を取り寄せている。原木は三万本あるために、シイタケの菌を木槌で原木に打ち込むときの音は、リズム感があって聞いていると心地よい。入所者の皆さんは、よくやってくれています。そういえば、だいぶ昔の話ですが、ソニーの研究所がマツタケ栽培を試みたことがある。結果的に上手くいかなかった。やはり、マツタケ栽培は難しいですね」

井深亮は、頷きながらそう言った。

希望の家では、井深大の設立方針「愛を持って利用者の生きがいづくりを援助します」を尊重。夏祭り、秋祭り、運動会、障がい者スポーツ大会などのイベントを開催し、あらゆる地域住民と共生するノーマライゼーションの社会を実践している。

井深大が太陽の家の会長に就任した一年後、一九七四（昭和四十九）年六月。「特機科ソニー」を発足し、主にラジオの組立てを始めた。翌年十月に開催されたアビリンピック（身障者技能競技大会）では、従業員の森伸吉がラジオ・テレビ修理部門で二位入賞。七八年一月には「株式会社サンインダストリー」を設立し、その三年後の九月に社名を「ソニー・太陽株式会社」に変更。名実ともにソニーグループの企業となったのだ。

井深亮が証言するように、父の井深大が中村裕を信用することになったのは、評論家の秋山ちえ子とオムロン創業者の立石一真の存在が大きかった。中村裕と秋山ちえ子と立石一真。この三人の関係を追いたい。

中村裕の政治力と忖度

一九七一（昭和四十六）年九月十九日。この日の中村裕は、「太陽の家応援団」を自認する評論家の秋山ちえ子とともに、京都市右京区御室《おむろ》の電気機器メーカーのオムロン（当時は立石電機、一九九〇年にオムロンに社名変更）本社を訪ねた。

時刻は午前九時過ぎ。秋山と親交のある、自民党田中（角栄）派の橋本登美三郎の紹介状を手に、オムロン社長の立石一真に面会を求めたのだ。ちなみに、秋山ちえ子から「立石一真」の名を聞くまで、中村裕はオムロンについては社名も業務内容も何も知らず、面会日が決まった際に太陽の家の職員に調べさせて知ったにすぎない。二〇一六年四月に秋山ちえ子は九十九歳で生涯を閉じているが、『中村裕伝』で述懐している。

《何としても新しい工場をつくりたい。ソニーなんかちょっと話しても、けんもほろろで駄目なのよね。立石社長ならいいだろうと橋本先生がおっしゃったので、大阪空港で中村先生と落ち合って、京都の御室に行ったのよ。

会社に入ったところ、玄関にあるエスカレーターが動いてないでしょ。この会社は業績が駄目で、それで動いていないのかと思ったの。社員の人に聞いたら、人が乗ると動き出すのだと教えてくれたので、びっくりしました。

朝の九時半頃から立石社長に会って、縷々説明して、『今日は〝うん〟と言っていただかなかったら、帰りません』と言ったの。夜の八時頃になって、『一緒に夕食をしましょう』ということになって、

とうとう良い返事をいただいたんです》

つまり、大物政治家・橋本登美三郎の紹介状を唯一の手掛かりに、丸一日かけて口説いたのだ。社長の立石一真も『中村裕伝』で回想している。要約したい。

《橋本登美三郎先生の紹介で、中村先生は秋山ちえ子さんと本社を訪ねてきた。そのとき先生は、福祉工場の建設計画を熱っぽく語り、その工場で重度身障者を雇い、近代産業方式を植えつけてくれと懇願してきた。

ずいぶんと突然の事ではあったが、私はこの仕事は我が社の〝社憲〟にも通じる事なので、その事業に協力することにした》

オムロンの社憲とは、「企業は利潤を追求することだけではなく、社会に貢献してこそ存在する意義がある」ということ。もちろん、このときも中村裕は井深大に会ったときと同様、一方的に喋ったと思われる。だが、最終的に社長・立石は納得した。ソニーとは違い、かろうじてオムロンの社憲が中村裕の主張を受け入れた。

その結果、太陽の家に新会社「オムロン太陽電機株式会社」が設立されることになった。社長は立石一真、副社長に中村裕が就き、工場長に入所者の吉松時義が選ばれた。

資本金は五百万円。オムロンが三百万円を出資し、二百万円を太陽の家と新従業員が出資することになった。株式は一口五百円で、太陽の家側の二百万円のうち、百三十万円を中村裕、畑田和男、秋山ちえ子、橋本登美三郎、その妻・橋本美也が分けて持ち、残り七十万円を身障者の新従業員で「太陽会」を結成させ、集団で株式を持たせることにした。個人出資による混乱やトラブルを避けるためだったという。

身障者が株主になり、社会福祉法人の太陽の家と、上場している民間企業が共同出資し、「福祉工場」を発足させたのは日本初だった。製造するのは電磁コイルや継電器で、発会式は東京・新宿区の厚生年金会館で行われ、副社長の中村裕は次のような抱負を述べた。

「全国の身障者のうち約六十パーセントが未雇用という状態であり、職業問題は最も大きな問題だ。だが、発足した我らの会社は、身障者自身が経営や管理に携わるという新しい形であり、会社の発展が身障者の職場増大と開拓につながることになる。是非とも成功させたい」

こうして、「オムロン太陽電機株式会社」は、一九七二年四月に操業を開始する。

工場長に抜てきされた、一九四三年生まれの吉松時義が当時を語った。大分県宇佐市出身の吉松は、北九州市の八幡製鐵所（現・新日鐵住金）勤務時代にバイク事故で脊髄を損傷。太陽の家に入所したのは六七年の五月で、五年後に二十九歳の若さで工場長に就任した。

「中村先生が立石社長に『車いすに乗ってる者を工場長にしたい』と言ったら『それはいいでしょう』ということで私が指名された。先生は私に『吉松君、いい製品を造ることだ。そうしないと本当の幸福はやってこないぞ。社会に信用される製品を造れ！』と、もうしつこく言う。入所当時の私に対しての先生の口癖は、『健常者と同じように仕事ができるチャンスがある』『管理職になれるチャンスがある』『スポーツができるチャンスがある』の〝三つのチャンス〟を力説していた。

もちろん、工場の環境はよかったですね。バリアフリー化され、身障者のハンディを補うため、たとえば机の高さを七十センチにし、車いすに座ったまま仕事ができる。車いすで動けるスペースもあって、何の不便も感じなかった。工場長の私は失敗だけは許されないため、いつも頭の中には『福祉工場を成功させろ！』という思いでいっぱいだった。先生は工場に来るたびに『吉松君、従業員の健康状態をチェックしろ！』と言い、気遣っていた。成功させないと後がないと考えていたんでしょうね。

まあ、初めて一流企業と手を組んだ株式会社の工場でしたからね。『身障者が造った製品だから大目に見てください』『身障者が造っているんですから納期を伸ばしてください』とは絶対に口にしたくない。その結果、初年度から黒字経営になった。私たち従業員も株主ですから、配当もある。身障者でも納税者ですから、もう最高の気分でしたね」

このオムロン太陽電機株式会社の成功が契機となり、後にソニー・太陽株式会社、ホンダ太陽株式会社、三菱商事太陽株式会社、デンソー太陽株式会社、富士通エフサス太陽株式会社といった、太陽の家との共同出資会社が次つぎと誕生した。

井深亮が語るように、父の井深大は本田宗一郎に「俺は太陽の家と組んだんだから、お前もやれよ」と言って、ホンダ太陽株式会社が一九八一年九月に設立される。だが、当時の太陽の家関係者によれば、井深大は「心の盟友」と呼ぶ本田宗一郎にズバリこう言っていた。

――本田さん、あなたがつくったバイクや車で事故を起こし、障がい者になったユーザーも多いはずだ。そういったことを考えても、太陽の家に協力すべきだろう。九州にあるホンダ熊本工場の仕事を出せばいいではないか。

この井深大の言葉に頷き、本田宗一郎は太陽の家に出資することを決めた。常日頃から本田宗一郎はこう口にしていたからだ。

——ホンダは、人の命を預かるクルマをつくっている会社だ。お客様の安全を守る活動は一生懸命やるのが当たり前だ。

橋本登美三郎夫妻と懇意にしていた評論家の秋山ちえ子によって、オムロン社長の立石一真を紹介され、それがオムロン太陽電機株式会社設立の大いなる動機となった。その立石は、その後ソニーの井深大に提案し、「ソニー・太陽株式会社」が発足する。

大物政治家を抱え込んで、「眼に見えない政治力」を使う——。

そのことを肌で感じた中村裕は、その後も自民党田中派の大物政治家・橋本登美三郎とのパイプをフル活用する。また、すでに大分二区選出のこれまた田中派の重鎮である西村英一とも交流を深めていた。西村は、中村裕の母・八重と同郷の大分の国東《くにさき》出身で、八重が応援する政治家でもあった。

中村裕は、二人の大物政治家を抱え込んだ。身障者を中心にした福祉行政を推進するには、厚生省をはじめとする中央官庁に陳情することも大事だが、まずは政治力が不可欠だと考えたのだ。

地元・別府市の人たちにも知られなかった、西村英一と橋本登美三郎が関係した「政治力」が奏功したこんな一件もあった。

一九七三年四月だ。昭和四十八年度に厚生省は、全国三か所に「身障者福祉モデル都市」を設け、身体障がい者が暮らしやすい環境づくりを勧める計画を発表した。このモデル都市に指定されると、国・県・市から補助金が出る。その補助金で、手で触れるだけで信号の色がわかる触知式信号機やオルゴール付信号機が設置される。さらに歩道と車道を緩やかなスロープで結び、公共施設の出入口はスロープ化し、身障者用のトイレを設置。また、リフトバスも運行させる。以上の構想を厚生省が打ち出した。

中村裕は、「別府市こそ福祉モデル都市に相応しいではないか」と考えて、もちろん、立候補することにした。ただし、立候補するには「人口二十万人以上の都市に限る」という条件があった。別府市は大分県で人口約四十七万人の大分市に次ぐ市ではあったが、人口は三分の一の約十二万人。これでは立候補すらできなかった。

しかし、中村裕は、ここでも諦めなかった。政治力に期待していたからだ。オムロン太陽の工場長の吉松時義に命じて「福祉都市を促進する会」を組織。太陽の家入所者二百七十名を会員にし、住民の支持を求める一方、県にも働きかけて厚生省に陳情した。だが、すでに九州では人口百万人の北九州市も立候補していたため、九州に二つは無理だろう、というのが大方の読みだった。

ところが、計画発表から三か月後の七月、厚生省は計画を大幅に軌道修正した。なんと指定モデル都市を三つから六つに増やし、別府市を加えた北九州市、下関市、京都市、高崎市、仙台市を選んだのだ。人口二十万人未満は別府市のみであった。

中村裕の意を汲んで、当時の自民党幹事長の橋本登美三郎、元厚生大臣の西村英一の政治力が裏で動いたのは間違いない。今でいう「忖度《そんたく》」が働いた。その結果、国が一千万円の補助金を出すことになり、大分県と別府市がそれぞれ二千万円の予算を組み、計五千万円で道路や公共施設が改善されることになった。

また、表沙汰にはならなかった、こんなこともあった。

オムロン太陽電機株式会社をはじめ、それ以前の共同出資会社のほとんどの工場は、社会福祉法人・太陽の家が建てたものであり、敷地内にあった。早い話が、工場を建設する資金の三分の二は国と県の税金が投じられたのだが、共同出資会社は工場使用料として〝家賃〟を太陽の家に支払っていた。もちろん、社会福祉法人が家賃などを徴収することは収益事業とみなされ、禁じられていた。

当時の大分県傷害福祉課の職員は、苦笑しつつこう説明した。

「太陽の家が開所して十年ほどは、〝家賃〟として徴収していたことは周知の事実で、知事も県庁の職員も厚生省の役人も知っていた。しかし、見て見ぬ振りをしていた。つまり、忖度ですね。別に悪いことをやっているわけではない。逆に身障者のためにいいことをやっているわけだから、突っ込んだ行政指導をしてもしょうがない」

いわば、太陽の家は治外法権の施設でもあったということだが、十年ほど経った頃に法的にまずいと思ったのだろう。それまでの〝家賃〟を〝寄付金〟という名目で徴収するようになった。この場合は、寄付行為ということで所得控除の対象となり、協同出資会社にとっては節税となる。つまり、太陽の家は、『社会福祉法人』と『企業』という二つの顔というか、看板を持っていた。『政治力』が動いたのかどうかは否定できないし、行政側とうまく付き合い、忖度されなければ太陽の家は潰れていたかもしれない。

ともあれ、歴代の大分県知事や県会議員たち、地元選出の衆議院議員の西村英一さんも、太陽の家の良き支援者だったことは誰もが知っていた。評論家の秋山ちえ子さんたち著名人もよく別府に来ていたからね。中村裕さんは政治家や財界人も上手く利用していた。それに天皇・皇后を筆頭とした皇族もよく太陽の家を視察に来ていた。そういったことが太陽の家にとっては幸いだった」

もちろん、中村裕に対して反感を抱いていた政治家や役人もいたこともたしかだ。七八年に厚生省を退官した井手精一郎によれば、その一人が、六〇年代後半から七〇年代の第二次佐藤(栄作)内閣と第三次佐藤内閣で厚生大臣を務めた、内務官僚出身の斎藤昇だった。井手はこう言う。

「私が社会局更生課課長補佐と大臣官房総務課広報室長時代に斎藤昇さんは厚生大臣だったけどね。太陽の家の運営には疑問を投げかけていた。『こんなに立派な建物を造るんなら、もっと貧しい人のために税金を使うべきだ』なんてね。まあ、中村さんがいろんな政治家を利用すると、そういった話も出てくる。私が日本障がい者スポーツ協会で常務理事をやっているときも、職員の連中は『中村裕がいくら皇族と親しいといっても、それは障がい者スポーツを統括する公益財団法人・日本障がい者スポーツ協会があるからだろう』ってね。役人や職員にとっては、そういうことですよ。

そういえば、二〇一五(平成二十七)年に太陽の家も日本障がい者スポーツ協会も創立五十周年を迎えてね。式典をやったときに天皇・皇后両陛下(上皇ご夫妻)は太陽の家に行幸をなさった。ところが、日本障がい者スポーツ協会の式典に両陛下はご臨席なさらなかった。そのため、ある関係者は『何でだ?』と不思議がったらしいけど、それはお呼びしなかっただけだと思うな」

一九七〇年代前半、創立十周年を迎えようとしていた太陽の家は、オムロン太陽電機株式会社を軌道に乗せたことで、一気に飛翔する時期にあった。

募金の推進と中央官庁などの連絡を目的とし、太陽の家開所三か月後の六六年一月、理事でもある作家・水上勉の出資で東京・渋谷に東京事務所を設置。先に述べたように小林恒夫が切盛りしていたが、二年後の六八年一月、その使命を果たし、閉鎖していた。そのため中村裕は、創立十周年を迎える太陽の家を全国にアピールするためにも、新たな東京事務所を構えなければならないと考えた。

七四年五月だった。東京・新宿の厚生年金会館に隣接する新宿Qフラットビル507号室に、自立情報センターである「サンインフォーメーション・センター」を開所した。ビルのオーナーは水上勉の知人で、作家の邱永漢《きゅうえいかん》だった。部屋の広さは十四坪ほどで、無償で提供してくれた。表出入口の看板には「サンインフォーメーション・センター」と書かれていたが、裏口の看板は「太陽の家東京事務所」となっていた。

サンインフォーメーション・センターは、理事長の中村裕をはじめとする職員が上京した際に日程などを調整する一方、一般の身障者に対してあらゆる情報を提供する案内所でもあった。理学療法士や作業療法士が相談に応じ、室内には内外の車いすや自助器具類が展示され、ICTA（身障者技術援助委員会）日本支部アジアセンターとして、ICTAのニュースや情報を載せた機関誌を発行していた。ここでも自民党の大物政治家・橋本登美三郎と西村英一が裏で動いたのだろう。日本初の身障者に対するサービス機関であるということで、厚生省から年間五百万円の補助金が出ていた。

そのサンインフォーメーション・センターの所長が近藤秀夫だった。第三章に記述したように近藤は、六四年の東京パラリンピックに出場した翌年に、国立別府保養所を退所。ジャスティン・ダートが社長を務める日本タッパーウェアに入社し、車いすバスケットボールチームのメンバーになった。チームは三年足らずで解散するが、当時の近藤は東京・町田市役所に請われ、福祉事務所で「福祉環境整備要項」作成に関わっていた。

高知県安芸市の自宅で、近藤は当時を振り返って言った。

「日本タッパーウェアは、虎ノ門のアメリカ大使館近くの第7森ビル内にあってね。私が在籍していたときは、中村先生がよく顔を見せていた。ダートさんに会いに来たと思うけど、『近ちゃん、元気かあ』なんてね。それで新宿に事務所を設けたときは、『こういった施設は日本ではここだけだが、欧米では珍しくないんだ。お前、所長になれ』と。まあ、当時の町田市長は身障者を理解していて『それは大事な仕事だ』と言って許してくれ、所長に就くことになった。

とにかく、中村先生としては、東京のど真ん中に身障者のための自立情報センターを設立したかった。この事務所の流れを引き継いでいるのが、今の公益財団法人テクノエイド協会だしね。中村先生は先見の明があった。事務所内には初めて見る、外国製の自助器具類がいっぱい展示されていた。中村先生が海外に行くたびに、新しい物を買ってきたからね。それに定期的に理学療法士たちが事務所に来て、身障者からかかってくる電話の相談に応じていた」

そう語る近藤は、その事務所でアルバイトをしていた女子大生の樋口恵子と知り合い、結婚することになる。

サンインフォーメーション・センターの設置により、さらに太陽の家の存在は全国に知れわたることになる。しかし、この当時の中村裕は、一部の間では胡散臭《うさんくさ》い人物に思われていたことも事実だった。

地下鉄御堂筋線の長居駅で下車して徒歩で約二分。大阪市東住吉区の「大阪市長居障がい者スポーツセンター」は、七四年に開館された日本初の身障者スポーツセンターである。

その初代指導課長で、後にパラリンピックに出場する日本選手団の総監督や団長を務めた、大阪在住の藤原進一郎に会った。一九三二（昭和七）年生まれの藤原は、次のような知られざる話をしてくれた。

「私が中村先生と会うようになったのは、このセンターが開館した頃ですが、当時の東京・新宿区戸山にあった国立障害者リハビリテーションセンターのスタッフ、とくに体育大出身のスタッフたちは、中村先生を批判していた。『大分の中村裕は、危険な思想の持ち主』だと言ってね。つまり、社会福祉法人の太陽の家を創設し、企業を巻き込んで身障者を働かせる一方、スポーツまでやらせる。批判する彼らは、単純にリハビリのためだけにスポーツを推進していたため、きっと許せなかったんじゃないかな。私に言わせれば、彼らは体育大出身のため、医師の立場を理解できなかった。少なくとも中村先生は、六四年の東京パラリンピックの日本選手団団長を務め、それ以後も障がい者スポーツを推進してきた。それらの中村先生の情熱、功績を知れば、気軽に批判することはできないはずだからね」

この話を河野昭五に伝えると、こんな話を披露した。

「中村先生がやってたことが危険な思想ですか？　まあ、東京の連中がそう言ってもおかしくない。太陽の家が開所された当時、私は理学療法士の資格を取得するため、何度も上京しては講義を受けていた。そんときに私を前に『九州の大分に中村という馬鹿な医者がいるみたいだ。太陽の家とかいう施設をつくり、障がい者を集めているらしい』と話していた者もおった。だから、私は『その馬鹿な医者の下で働いております』と言ってやった。連中は驚いていたけどね。

たぶん、中村先生は、そう言った批判の声は知ってたと思う。先生は負けず嫌いのため、そう言われると逆に『なにくそ！』と燃える性質《たち》だしね。いつも先生は『東京の連中にできないことをやってやる』と考えていた」

そして、太陽の家創立十周年を迎える一九七五年。さらに飛翔するイベントを企画する。もちろん、政治力もフル活用した。

第一回フェスピック開催

「吉永、選挙に出るか？　来年春の市議選に出んか？」

「選挙ですか？　いや、興味ないですね。まっぴらです」

素っ気なく応じる吉永栄治を前に、さらに中村裕は続けて言った。

「いや、お前は日本で初めての車いす議員になってな、身障者のために一生懸命働くんじゃ。そういうことをしないと、日本の福祉はよくならんのじゃ。太陽の家の入所者は、今は立派な納税者だ。新風を吹き込んでほしい。お前の双肩には何百万人もの身障者の希望がかかっている」

一九七四年の春、別府市議会議員選挙を一年後に控えた頃だった。太陽の家の企画広報室長だった吉永栄治は、「たまには大分の中村病院に遊びに来んか」と中村裕に電話で言われて訪ねると、いきなり以上のように説得された。

あれから四十年以上の歳月が経つ。太陽の家の会議室。吉永栄治は遠い日を振り返った。

「当時の私は、車いすでも街中を自由に動ける街づくり運動なんかをしていて、よく別府市役所に行っていた。そんなこともあって、中村先生は市議選に出ろと言ってきたと思う。でもね、あの頃の世間の眼は、車いすに乗る者は病人扱いだったため、政治に関わるなんてことは考えられなかった。時代が時代だったからね。

ところが、中村先生は顔を合せるたびに『出ろ！』と言ってくるし、私は『厭です！』と断っていた。第一に政治の世界は嫌いだったしね。まあ、しつこく言われたため根負けしたんだろうな。結果的に選挙に出ることになったんだが、決めたのは夏頃だったと思う。それで秋になると中村先生は、『国道沿いに選挙事務所を借りたから来い』とね。それで出向くと、何とキャンピングカーまである。『どうしたんですか？』と聞くと、『お前な、ここに寝泊まりして、頑張っている姿を有権者にアピールするんじゃや』とね。もう仕方がない。キャンピングカーに寝泊まりしていましたよ」

こうして七五年の新年を迎えると、「別府市市議会議員候補者・吉永栄治」の選挙公報用チラシ類が有権者に配布された。中村裕が書いたプロフィールにはこう記述されていた。

《吉永栄治は三十四歳。福岡大学経済学部を卒業し、就職中に急性脊髄炎を患い、一夜にして下半身不随となり、以来車いすの生活に入った。一時は人生に対する絶望と苦悩を体験したが、一念発起して「太陽の家」の授産生として入所し、その後多くの授産生の中から厳正な採用試験により、選ばれて職員として採用された人物である》

別府市市議選が行われる四月。別府市は身障者に理解を示す町といわれていたが、選挙スタッフは全員が素人のために苦戦が強いられるのは目に見えていた。車いすを使用する者が選挙に立候補するのは日本では初めてということで、地元メディアは好意的に報じてくれるものの、吉永自身は好奇の目にさらされている思いだった。「当選を信じる者はいなかったんじゃないのかな」と吉永は当時を語った。

ただし、勝ち目がなかったわけではない。二年前に別府市は、国の「身障者福祉モデル都市」に指定されていたし、マンネリ化していた別府市政に不満を抱いていた有権者も少なくなかったからだ。それに何といっても、連日のように作家の水上勉を筆頭に、秋山ちえ子、参議院議員の野末陳平、ねむの木学園園長の宮城まり子たち、著名人が応援に駆けつけていた。ともあれ、他の立候補者よりも目立ち、話題を提供していたことは事実だった。目標の獲得票数は、当落を分ける千二百票以上——。

そして、四月二十七日の投票日がやってきた。

結果を先に記せば、千八百六十八票を獲得した。四十八人が立候補し、当選者三十六名中、何と十四位の獲得票数で初出馬の新人・吉永栄治は、見事当選を果たす。一地方都市の市議選とはいえ、日本で初めての車いす議員が誕生したのだ。中村裕は手放しで喜び、吉永栄治を抱きしめて当選を祝福した。

ところが、である。「日本初の車いす議員にならなきゃ、身障者の福祉はよくならん!」などと言って、半ば強引に吉永栄治に市議選に立候補をすることを勧めた中村裕だったが、その思惑は実は別なところにあった。後に吉永は「そういうことだったのか」と、中村の思惑に苦笑するのだが、約一か月後の六月初旬に大分で開催される第一回フェスピック（極東・南太平洋身体障害者体育大会）を成功させるためにも、吉永を別府市議会議員に当選させなければならなかったのだ。その中村の思惑は後述する。

太陽の家の創立十周年を一年後に控えた一九七四年。中村裕は、記念行事として何をすべきかを考えていた。大物政治家や著名人を招待しての盛大な式典を挙行するのは当然として、記念文化祭などのイベントも開きたい。また、十周年記念誌も出版しなければならない。太陽の家の職員の吉永栄治を地元・別府市の市会議員に送り出すことも、その一つだった。

だが、何がなんでも実現しなくてはならないものがあった。それは、太陽の家創立十周年を契機に、アジア初の障がい者の国際スポーツ大会を開催することだった。

六四年の東京パラリンピック開催後。当時の皇太子・美智子妃殿下（上皇ご夫妻）の強い希望で、日本身体障害者スポーツ協会（現・日本障がい者スポーツ協会）が発足。毎年、国民体育大会終了後、に同地で「全国障害者スポーツ大会」が開催されていた。

しかし、障がい者スポーツをリードすべきであるルートヴィヒ・グットマンが提唱した、国際ストーク・マンデビル競技大会は、毎年開催（オリンピックが開催される年にはパラリンピックの名称が使われる）されるものの、参加国は欧米が中心で、それも車いす使用の脊髄損傷者に限られていた。

毎年のように中村裕は、グットマンと顔を合せるたびに進言した。

「ドクター・グットマン、脊髄損傷者以外の身障者も参加できる大会にすべきです。そうすればもっと注目され、参加国は増えます」

だが、その話になるとグットマンは不機嫌な顔になり、いつも強い口調で拒否した。

「I don't want!（私は望まない！）」

あくまでもグットマンは、脊髄損傷者のみが参加できる大会にこだわっていた。

そのため中村裕は、東京パラリンピック開催当時から、すべての身障者が参加できる国際大会をスタートさせることが急務である、と考えていた。だが、当時の東京パラリンピックは、脊髄損傷者が参加できる第一部の国際大会と、身障者が参加できる第二部の国内大会に別れて開かれていた。

さらに国際ストーク・マンデビル競技大会に参加できない国、とりわけ開発途上国の東南アジア各国とオセアニアの国々を加えた国際大会が必須である。実現させれば、太陽の家創立十周年記念行事に花を添える、最高のイベントになる。加えてアジア地区を中心に身障者問題啓蒙にも必ずや貢献できるはずだ。

中村裕の行動は素早かった。太陽の家創立十周年を迎える一年以上前から、東奔西走の毎日を送っている。その経緯を箇条書きで記したい。

・一九七四（昭和四十九）年二月五日、中村裕は大分県庁に出向いた。福祉生活部長と庶務課長に面会を求め、アジア・オセアニア各国が参加する国際障がい者スポーツ大会を開催する意義を詳細に説明。賛同を得る。
・続く二月十八日、再び大分県庁を訪問。福祉生活部長とともに知事の立木勝と県議会議長の芦刈蘭一に会い、打ち合わせをする。その結果、先ずは準備委員会を編成することになり、県庁内に事務局を設置。委員長に中村裕が指名され、副委員長には社会課長の林栄一が就いた。
・三月一日、準備委員会の名で厚生省や日本身体障害者スポーツ協会（現・日本障がい者スポーツ協会）など各方面に支援依頼文書を発送する。
・三月二十二日、中村裕は大分県社会課長補佐と上京。東京・鉄道弘済会館での準備打ち合わせ会に出席する。厚生省側は更生課長と課長補佐の二名。日本身体障害者スポーツ協会側は常務理事の氏家馨と理事の寺田宗義と堀場平八郎、大石一夫事務局長の四名。社会福祉事業振興会常務理事の瀬戸恒彦たちが出席した会合では、主催及び後援団体、開催地、開催期日、参加国などについて協議された。
・四月二十七日、準備委員長の中村裕はシンガポールに渡航。シンガポールとオーストラリアの代表者と開催日、理事国、競技種目、参加招請国、次期開催担当国などについて協議する。
・五月十五日、大分県身体障害者体育協会理事会は、最大限の支援をすることを表明。
・五月二十四日、中村裕が出席した日本身体障害者スポーツ協会理事会で正式にフェスピック（極東・南太平洋身体障害者体育大会、略称・FESPIC《フェスピック》＝Far Eastern and South Pacific Games for the Disabled）構想が承認される。開催地は大分市と別府市で、日程は一年後の六月一日から三日間の開催とする。
・六月一日、東南アジアと南太平洋地域二十一か国にインフォーメーションを発送。
・六月二日から七日まで、大分県と太陽の家は、予算を決める協議会を連日開き、総額八千八百万円として厚生省に提出することにした。
・八月七日、ニュージーランド代表者のドクター・ジェファーソンが来日。太陽の家で中村裕と意見交換する。
・十月八日、シンガポールで中村裕が、参加希望国の各国代表者を交えた打合せ会を開く。
・十月十二日、日本身体障害者スポーツ協会会長の葛西嘉資《よしすけ》、厚生省更生課長の井手精一郎の二人が大分県を訪問。フェスピック実行委員会を発足させ、第一回打合せ会開く。
・十月三十一日、参加各国にインフォーメーションを発送する。
滞ることなく着々と事は進められた。中村裕は、八面六臂《はちめんろっぴ》の行動を続けていた。

しかし、大きな問題が残されていた。十月八日のシンガポールでの打合せ会のときだ。主に東南アジアの発展途上国の参加希望国のほとんどの代表者は、中村裕を前に「日本に行きたいが、その資金調達の目途が立たない」と訴えてきたのだ。

その年の七月に開催された第二十三回国際ストーク・マンデビル競技大会は、二十九か国（五百七十人）参加で開催されていた。中村の提唱する国際大会にはその半分、少なくとも十五か国以上の国に参加してもらわなくては困る、と考えていた。そのためには、開発途上国の参加は必至だが、その渡航費をどうすれば捻出できるのか――。

だが、中村裕は怯《ひる》むことはなかった。幸いなことに、太陽の家の会長・井深大、評議員・秋山ちえ子が愛の手を差し伸べてくれたのだ。中村の話を聞いた二人は、早速「開発途上国をフェスピックに参加させる会」を発足。毎年十二月と一月の十五日と十六日に東京・世田谷区で開催されるボロ市で、代官屋敷を借りてバザーを開いたのだ。出品したのは二人と関係のある企業が寄付してくれた家庭用品や電化製品だった。このバザーは毎月開かれ、最終的に二千五百万円近くを集めた。

当時の日本身体障害者スポーツ協会会長で、フェスピック大会会長の葛西嘉資は、次のように『中村裕伝』で回想している。要約したい。

《フェスピックのときは、偉大な二人がいました。秋山ちえ子さんと井深大さん。この二人が金を集めてくれたのです。

それまでの日本の原則は、みんな勝手に来い、日本までの旅費などは自分で払え。『羽田に着いたら、その後は日本が面倒を見る。帰国の際も羽田までは面倒見ますよ』ということだった。そうしないと予算が立たないからです。

もちろん、秋山さんと井深さんが集めた約二千五百万円は、参加国の渡航費として十分すぎる額でした。ただし、調べてみると東南アジア各国の選手団は、一端、香港に集まって経由して羽田に向かうという。それだったら香港に日本の飛行機を飛ばし、そこから直接に大分入りすればいい。大分空港で税関などの手続きのすべてをやればいいんじゃないか、と。そう提案したのは中村裕君だった。大分空港は国内線専用で、税関もなかったにもかかわらずですよ。こんなアイデアは中村君でなければ考えつかない。

しかし、そうなると問題も起こる。何故なら法務省や大蔵省など、いろんな役所が引っかかってしまう。もちろん、そう簡単にはいかない。役所はなかなか大分空港に臨時の税関を設けるなど許さないからね。それでも中村君はやらなければならないという。そこで私は厚生省の事務次官をしていたということで、厚生省に『臨時の検疫所を設置して欲しい』と。いろいろ交渉をした結果、法務省も大蔵省も臨時の税関や両替所などを設けることになったんですね》

このときも中村裕は、政治力を最大限に活用する。早速、運輸大臣や自民党幹事長を歴任した橋本登美三郎に連絡。その中村の意を汲んで橋本は、運輸官僚から全日空社長に天下っていた若狭得治を説き伏せ、香港から大分空港までチャーター機を飛ばすことになった。

再び葛西の回想を続ける。

《ところが、香港から大分空港まで日本の飛行機で輸送すると伝えたところ、参加選手が集まり過ぎて、一機では乗り切れなくなった。全日空が選手団の輸送に協力することを約束していましたが、安いのを一機チャーターするのに、三百万円ほどかかる。

それじゃあ二機にしようと言ったら、全日空側が渋ってきた。初めは遊んでいる飛行機を回すということで三百万円でもいいと言ったが、二機となると話は別であるとね。他に向かって飛んでいるもう一機の都合をつけて、フェスピックのために回さなければならない。そういう理由で渋ってきたわけです。

ここでも中村君でないとできない芸当に頼るほかなかった。何と中村君は、大分から橋本登美三郎氏に電話をかけたわけです。橋本氏は運輸大臣もやったこともある。全日空に話をつけてくれて、最終的に二機でも六百万円でいいということになった》

こうして十七か国——オーストラリア（六十六名）、フィリピン（二十九名）、香港（二十八名）、インドネシア（二十五名）、ニュージーランド（二十一名）、インド・タイ（各十名）、韓国（八名）、バングラディシュ・ビルマ・フィジー・パキスタン・パプアニューギニア・シンガポール・スリランカ・マレーシア・ネパール（各三名）の総勢二百二十四名の選手団が来日することに決まった。

国内においては大分県から六百四十一名、県外（和歌山、茨城、千葉、長野、兵庫、山口、福岡）から百九名。実に十八か国九百七十四名（役員・エスコート役は二百八十三名）の選手団が、第一回フェスピック大分大会に参加することになった。

一九七五年を迎えた。相変わらず中村裕は、東奔西走の日々を送っていた。

一月から五月までの中村裕のスケジュールは、一日足りともオフはなかった。太陽の家を視察にくる内外の要人や団体への応対、整形外科学会やリハビリテーション学会・研究会などへの出席、各地での講演、専門誌に寄稿する論文の執筆などでスケジュールは詰まっていた。もちろん、本業の大分中村病院の院長として治療や手術、回診もある。それに三月に入ると、本格的に市議会議員に立候補した吉永栄治の選挙運動に奔走し、メディアの取材にも応じなければならなかった。

そのようなタイトなスケジュールをこなしつつ、中村裕は、地元・大分県でのフェスピック開催を成功させるため、全神経を尖らせていた。

日本を含め、十八か国の参加選手と役員総数約千人。それも地方都市で開催する大規模な国際大会である。競技場の一部に当てられる別府市身体障害者体育館を新設し、太陽の家の体育館も増築工事を進めなければならない。設計図の段階から中村裕は、関係者に指示を出した。また、地元の警察や自衛隊にも頭を下げ、警備を依頼した。

一方、上京するたびに関係省庁に出向き、宮内庁にも行った。是が非でも皇室の力を借りなくてはならなかったからだ。その結果、中村の思惑通りに、四月に入ると皇太子・美智子妃両殿下（上皇ご夫妻）の行啓が正式に発表された。また、日本赤十字社青少年課長の橋本祐子が率いるパラリンピック語学奉仕団が、各国選手団の通訳をボランティアで引き受けてくれることになった。

フェスピック開催三日前、五月二十九日午後四時ちょうど。オセアニア・アジア各国の選手団は、香港から全日空のチャーター便二機に分乗して大分空港に着いた。臨時の検疫官の制服姿で選手団を出迎えた中村裕は、そのまま羽田空港に向かった。翌三十日にイギリスから来日する恩師のルートヴィヒ・グットマンを迎えるためだ。

三十一日の午後。中村裕は、皇太子・美智子妃両殿下（上皇ご夫妻）とグットマンとともに、羽田空港から全日空のチャーター機で大分入りした。約二時間の空の旅、機内では東京パラリンピック以来、十一年ぶりに再会した皇太子・美智子妃両殿下とグットマンは、中村裕と葛西嘉資を交えながら笑顔で歓談した。通訳をしたのは、日本障がい者スポーツ協会の職員で、日赤の語学奉仕団のメンバーでもあった中島和だった。その一年後の六月に皇太子・美智子妃両殿下は、ヨーロッパ視察のためにイギリスも訪問。「パラリンピックの聖地」であるストーク・マンデビル病院を初めて視察することになるが、このときに約束したと思われる。

そして、太陽の家創立十周年記念最大のイベントである第一回フェスピックの開会式――。

六月一日の九州地方は好天に恵まれた。青空の下、大分市営陸上競技場スタンドは、二万五千人の大観衆で埋め尽くされた。貴賓席には大会名誉総裁の皇太子・美智子妃両殿下をはじめ、ルートヴィヒ・グットマン、大会会長の葛西嘉資、九州大学名誉教授の天児民和、参議院議長の河野謙三、厚生大臣の田中正巳、元厚生大臣の西村英一、大分県知事の立木勝、ソニー会長の井深大、オムロン（立石電機）社長の立石一真、早川電機社長の佐伯旭たち、さらに招待国の主賓が肩を並べて座った。

その貴賓席の隣には来賓席が設けられ、評論家の秋山ちえ子や中村裕の妻・廣子と子どもたち。それに、後に首相となる三十八歳の橋本龍太郎も姿を見せていた。橋本の父・龍伍は、幼児期に結核性骨関節炎を患ったためだろう。左下肢が右よりも七チセン《チセン》も短く、終生杖を必要とした政治家で、厚生大臣を務めたこともある。父の死後に政界入りした橋本龍太郎は、西村英一に師事する若手の「厚生族議員」として知られ、後に超党派の衆参二百人を超える国会議員と「障害者国際会議推進議員連盟」を結成し、自ら会長となって活動する。

午前十時、十発の花火が打ち上げられ、陸上自衛隊音楽隊が演奏するファンファーレが鳴り響き、三波春夫の「世界の国からこんにちは」のテーマ曲にのって、選手団の入場行進が始まった。大分県身体障害者体育協会会長で、大会副会長の中村裕が開会を宣言し、鼓笛隊の先導で盲学校生徒による大会旗が入場。東西二つのゲートから、スリランカの選手と大分県立ろうあ学校の生徒が炬火《きょか》を掲げてトラックを走り、炬火台に点火。「若い力」の演奏にのって、大会旗がメインポールに掲げられた。

グットマンの祝辞、皇太子の選手たちへの激励のお言葉に続いて、選手宣誓が行われた。日本初の車いす議員である、別府市市会議員の吉永栄治が右手を挙げ、力強く選手宣誓をした。

第１回フェスピックで皇太子・美智子妃殿下を案内する中村裕　太陽の家提供

「宣誓、私たち選手一同は、あらゆる障がいを自ら克服し、限りない前進を期して、競技することを誓います！」

開会式は十一時三十分に終わり、午後からは陸上、水泳、卓球などの競技が行われた。

二日、三日は会場を別府市に移し、アーチェリー、バスケットボール、重量挙げなどが太陽の家を中心に行われた。大会副会長の中村裕は、常に皇太子・美智子妃両殿下に同行し、説明役を果たした。大会二日目には、九年ぶりに太陽の家を訪ね、三時間にわたって視察した。その後は車いすバスケットボールをご観戦している。

陸上競技のスラロームで金メダルを獲得した江藤秀信は、苦笑しつつ語った。

「太陽の家の体育館での車いすバスケにも出場したんだが、一回戦の対フィリピン戦のときだね。スタメンの私は、結構活躍してね、ゴールを決めた。そのたびに両殿下のご説明役にも関わらず、中村先生は『エトー、もっと入れろ！』『ゴールだあ、勝てーっ！』と叫んでた。もちろん、フィリピンには大差で勝った。六四年の東京パラリンピックのときは、フィリピンに7対57のぼろ負けの惨敗だった。あのときも中村先生は、両殿下のご説明役をしていた。東京パラリンピックの憂さ晴らしができたためだろうな、もう試合後もはしゃいでた。まあ、車いすバスケ以外の競技でも、中村先生は勝てば子どものようにはしゃいでいましたけどね」

ともあれ、第一回フェスピックは無事に成功裡に終わった。

海外から出場した十七か国二百二十四名の選手・役員たち誰もが感激。帰国の際に語学奉仕団のメンバーを通じて、日本障がい者スポーツ協会のスタッフに感謝した。

韓国選手の車寅洪《チャーインホン》は、こう感想を述べた。

「私は十六歳のときに太陽の家に研修で来て、初めて障がい者スポーツがあることを知り、やってみました。ここ大分で開かれたフェスピックに韓国代表として参加できたことは名誉です。多くの身障者が、身体の健康のため、生活の楽しみのためにも、スポーツに励むことを私は希望します」

オーストラリア選手のR・J・オークシャットも語った。

「日本滞在中、我々チームに示してくださった素晴らしいおもてなしにお礼を申し上げます。我われチームは、大分・別府で楽しく過ごせました。我われは二年後の七七年にオーストラリアで、あなた方にお会いできることを楽しみにしています」

インド選手団役員のM・K・ゴエルは言った。

「身障者たちは、自分たちのための国際大会があると知った瞬間から、新しい生命の流れが身体中を走りました。彼らは自分たちがもう一度健常者のような生活を送りたい、こうした国際大会に出たい。そう思ったとき、彼らには自信が復活し、再び生きて行こうという望みが生まれてくると思います」

マレーシア選手団役員のH・I・チョングも話す。

「委員のみなさん、大分・別府市のみなさん、通訳のみなさんたちの友情と寛大さは忘れることはできません。歴史的な大会でした。皇太子・美智子妃両殿下の身障者に対するご関心の深さに感服いたしました。お二人は、とくにソーシャルワーカーにとって、大きな力になっていると思います。心より感謝いたします」

フィリピン選手団役員のＬ・Ｂ・イノスンテエは語る。

「フェスピックの成果は、国々の人びとの一致、友情、スポーツマンシップを促進させます。また、各国の身障者の全福祉を改善するなどの面においても、意義深いものです。とくに海外からの参加国選手団全員が気付かずにはおられなかった、日本人の教育訓練に関する知識と熱心さを再確認しました」

開催前、開催中、開催後も、メディアは中村裕に同じような質問をしていた。どうして東京のような大都市で開催しないのか。それに対して、中村はこう応えた。

「最近のオリンピックを観ればわかるように、非常に派手でお祭り騒ぎで開催している。一方、誰のためのフェスピックかと考えれば、メインゲストは身障者であることを忘れてはならない。とくに東南アジアやなどの経済的に恵まれない国で身障者の大会をやる場合は、ヤシの木のある浜辺などでもできる、身障者のスポーツ大会を開催したい。つまり、フェスピックのキャッチフレーズは『ヤシの木の下で、ヤシの実をすすりながらやる国際大会』。どんなに貧しい国で大会を開いても、ホストカントリーになれる大会にしなければならない。それであまり派手にやらず、大きくやらずということで大分のような田舎で開催したわけです」

第二回フェスピックは、二年後の一九七七年十一月にオーストラリア・シドニー郊外の町・パラマッタで開催することに決まった。

その後、フェスピックは、香港、スラカルタ（インドネシア）。神戸、北京（中国）、バンコク（タイ）、釜山（韓国）で開かれた。そして、二〇〇六年にクアラルンプール（マレーシア）で最後の大会が開催され、新設された「アジアパラリンピック競技大会」に、その歴史が引き継がれることになる。

フェスピックが終わり、一か月ほどが経った七月初旬。選手宣誓の大役を果たした吉永栄治は、中村裕から大分中村病院に来るように呼ばれた。早速出向くと中村は、真顔でこう言った。

「吉永、もう議員を辞めたほうがええと違うか」

「はあ……。あのお、市会議員を辞めろということですか？」

そういぶかる吉永に対し、中村は続けて言った。

「そういうことだ。太陽の家の仕事に専念するためには、議員を辞めるほかないだろう」

再び太陽の家の会議室。当時を振り返り、吉永は言った。

「それが当初から考えていた中村先生の思惑だったとしても、正直いって、あのときは『この人は、何を考えてんだ』と思った。呆れましたね。もちろん、『私には市民と約束をしたことがあります。辞めません！』と強く言いましたよ。要するに、フェスピックときの先生は、今の天皇・皇后両陛下、皇太子・美智子妃両殿下のご説明役。つまり、開会式の選手宣誓のときに、格好よく『太陽の家で働く吉永君は、今は日本で初めての車いすに乗る市会議員としても頑張っています』なんてね、そう言って威張りたかったんでしょう。そのために私は、強引に立候補させられてしまった。

まあ、笑える話ではあるんですけどね。昭和四十三年に太陽の家に入った当時の私は、痩せていて青びょうたんと言われてた。それで車いすバスケを始めたら変わった。周りの反対を押し切って、健常者の妻とも結婚できたしね。その辺を考えると中村先生には感謝しなければならない。でもねえ、当選したばかりなのに辞めろとは……。任期の四年が過ぎ、次の選挙のときは自ら進んで立候補したんですが、そのときも先生は言ってきた。『吉永、いい加減に辞めんか』とね。結局、三期十二年間市会議員として頑張りましたよ。街中もかなりバリアフリー化しましたからね」

苦笑いを浮かべながら語る吉永栄治。その二年後の七七年、タレントの車いす使用の八代英太が、三十六歳で参議院選挙全国区に出馬したときだ。「同年代の吉永君に話を聞くべきです」と秋山ちえ子に助言され、別府を訪ねた八代に、吉永は選挙に向けてのアドバイスを惜しまなかった。その結果、初めての車いす国会議員となり、身障者の福祉施策に取り組んだ。後に八代英太は郵政大臣にまで昇り詰める。

さらに、もう一つ。このことも記述しなければならない。

フェスピックが終わって一年も経たない翌年二月。日本中が震撼する政財界を巻き込んだ大スキャンダル、旅客機の受注をめぐる「ロッキード事件」が勃発する。元首相の田中角栄が逮捕され、元運輸官僚の全日空社長・若狭得治から五百万円を受け取った容疑で、橋本登美三郎も逮捕されたのだ。すでに述べたように橋本と若狭は、格安で全日空機をチャーターしてくれるという、フェスピックを成功に導いた〝陰の功労者〟でもあった。

その二人が容疑者になった際、中村裕はひと言だけ周囲に漏らしている。

「運が尽きたんだろう、可哀相だな……」

第七章　国際障害者年

2018大分国際車いすマラソン
2018 OITA INTERNATIONAL WHEELCHAIR MARATHON
HONDA

世界初、車いすマラソン大会開催へ

第一回フェスピックが開催された半年後、一九七五（昭和五十）年の十二月九日だった。ニューヨークの国際連合本部ビル。第三十回国連総会は、「障害者の権利宣言（Declaration on the Rights of Disabled Persons）」を採択し、次の三項目を掲げた。

①障がい者は、その傷がいの原因、特質及び程度にかかわらず、同年齢の市民と同等の基本的人権を有する。

②障がい者は、その能力に従い、保障を受け、雇用され、または有益で生産的かつ報酬を受ける職業に従事し、労働組合に参加する権利を有する。

③障がい者の団体は、障がい者の権利に関するあらゆる問題に、有用な協議を受けることができる。

さらに翌年の第三十一回国連総会は、一九八一年を「国際障害者年（International Year of Disabled Persons）」に制定することを決議した。

そして、七八年の第三十三回国連総会は、テーマを「完全参加と平等」とし、国際障害者年の行動計画の実施を提案。加盟国に求めた結果、三十二の加盟国が応じた。ところが、先進国であるはずの日本は応じなかった。敗戦から三十三年、六四年の東京パラリンピックから十四年の歳月を経ても、日本政府の身障者を中心とした福祉政策は、開発途上国並みだった。

ただし、何事に対しても強気な中村裕だけは、常に身障者と向き合って行動していた。

国連が決議した一九八一年の国際障害者年――。身障者にとって大いなるターニングポイントとなる年に、中村裕は七五年のフェスピックに続いて、二つの国際イベントを成功に導いている。一つは「大分国際車いすマラソン大会」の開催。もう一つは国際リハビリテーション協会（ＲＩ）に積極的に働きかけ、「国際アビリンピック（国際身体障害者技能競技大会）」を東京と千葉で開催したことである。

もちろん、この二つのイベントは世界から注目され、現在も続いている。

まずは、「大分国際車いすマラソン大会」について詳述してみたい。

一九八一年の国際障害者年にスタートした、大分国際車いすマラソン大会。すでに二〇一八年に開催された大会で、第三十八回大会を迎えている。

「サンタさーん、頑張ってー！」

赤いユニホーム姿に白い髭《ひげ》のためだろう。出場するたびに沿道の観衆から歓声が上がる。レース用車いすを疾走させる一九三七（昭和十二）年生まれの宇賀治孝一は、大分国際車いすマラソン大会の名物ランナーの一人だ。

二〇一八年十一月十八日、十六か国から

大分国際車いすマラソン名物ランナーのサンタさん

二百二十三名が参加した第三十八回大会。スタートは午前十時、大分県庁前。二時間前に会場に着いた宇賀治は、笑みを見せつつ語った。別府市役所に勤務する長男が付き添っている。

「沿道からの声援は、はっきりと聞こえるね。『むげねえなあ（可哀相だなあ）。家で寝ちょればいいのになあ』とか『まだ、走っちょる』なんて言われる。まあ、この髭も昔は真っ黒だったが、今は真っ白だし、よく外国人選手に聞かれる。『ユアー・カントリー？』なんてね。そのたびに『アイ・アム・ジャパニーズ！』なんて言ってるね」

生後二歳四か月を迎えた頃にポリオ（小児麻痺）と診断された宇賀治は、それ以来、八十年近く車いす生活を余儀なくされている。

「戦時中の幼い私の写真があってね。それを見るたびに『情けないなあ』と思う。戦前は車いすなんか無くて、乳母車に乗ってた。初めて自分専用の車いすが買えたのは、二十三歳のときかな。昭和三十五年に親に頼らず、自立したい一心で駄菓子屋を始めたときで、牛乳一本が十五円の時代だったが、三万九千円もした。そのために必死になって働いたね」

現在は別府市内で「青空模型店」を営み、店内にはレース用車いすがある。続けて語る。

「昔の車いすは重くって二十キロ以上あった。ハンドリム（手回し輪）なんかなくて、誰かに押してもらうか、自分でタイヤを掴んで漕ぐほかない。このレース用の車いすは重さが十キロ以下だけど、値段だけは高くなって二十五万円。改造するとさらに費用はかかるが、走れるだけでも幸せだよ。まあ、八年前の三十回大会までは完走していたんだが、アキレス腱を切る大けがをして、その後は五キロ地点で棄権する。一応、連続出場記録更新が目標だし、八十一歳の私は自他ともに認めるスポーツ馬鹿じゃないのかな」

　宇賀治孝一が、中村裕と知り合ったのは一九六五年だった。前年十一月に開催された東京パラリンピックをテレビニュースで観て感動。日本選手団団長の中村裕が、地元・別府市の国立別府病院の医師だと知ったからだ。

「東京パラリンピックをテレビで観てね。車いすの人間でもスポーツができると知って、そこで国立別府病院に行った。そしたら中村先生は、怖い医者で『どうして早く病院に来なかった。すぐに手術だ！』と言って怒るんだな。手術後は『リハビリのためにスポーツをやるんじゃ。言うことを聞かんと治りゃあせんぞ』とね。それからですよ、私は障がい者スポーツにハマってしまった。

　あの当時の国立別府病院は、神奈川県の国立箱根療養所と一緒に『医学スポーツ研究会』というのを年に一回やっていて、私は車いすで五千㍍を走った。中村先生に『これはマラソンだから頑張れ！』なんて言われ、車いすに重い測定器を付けさせられてね。早い話が、人体実験のモルモットですよ。ところが、当時の車いすはかなり重かったため、身障者にはきついと判断されたんだろうな。五千㍍走るマラソンは一回で終わった。公道を車いすで走るのは、私ら身障者にとっては気分がよかったけどね」

　その後の宇賀治は、国内の障がい者スポーツ大会に次つぎと出場。七五年に大分で開催されたフェスピックの際は、陸上競技の百㍍で金メダルを獲得している。

「フェスピックが開催された当時は、別府市が開催するマラソン大会があってね。昭和でいえば、五十二（一九七七）年頃かな。二年ほどは車いすでも参加できた。今のようなレース用の車いすはなかったんだが、生活用車いすでね。ところが、車いすで走る選手には、付添い役が必要なためだろうな。中止になった。私らにとっては『開催してくれ！』の思いが強く、とても残念だった。だから、大分国際車いすマラソン大会がスタートしたときは、もう嬉しかったよね」

多くの大会に出場した記念写真が収まるアルバムを広げ、宇賀治は感慨深げに語った。

大分国際車いすマラソン大会は、どのような経緯を経て開催されたのか――。

「国際障害者年」を翌年に控えた、一九八〇年の師走。十二月二十日前後の忘年会のときだ、と当時の太陽の家の職員、理学療法士の小林順一は記憶している。宴が始まる際、理事長の中村裕が挨拶のときに言った。

「来年は国連が決めた国際障害者年だ。太陽の家でも何か世間にアピールするイベントを開催せないかん。いいアイデアはないか。太陽の家が、さらに飛躍するチャンスだ。お前らの意見を聞かせてほしい」

そのときに「先生、車いすマラソン大会をやりましょう」と提案したのが、小林順一だった。ちなみにこの時点では、すでに翌年の国際障害者年の十月に東京と千葉で「第一回国際アビリンピック大会」が開催されることが決まっていた。つまり、中村裕は世界にアピールできる大きなイベントを地元・大分で開催したかったのだ。

東京・港区赤坂にある、「日本財団パラリンピックサポート事務局」を訪ねた。現・日本パラ陸上競技連盟強化委員会委員長であり、一九五一年生まれの小林順一が取材に応じ、当時を詳細に語ってくれた。

「私は、大分でのフェスピックが開催される二か月前、七五年四月に太陽の家に入った。五月には理学療法士の国家試験が控えていて、中村先生に『試験に集中しろ！』と言われてね。あまり、フェスピックには関わることはできなかった。私自身は、翌七六年に別府市が開催していたロードレース大会に、車いす部門を設けてほしいと考えた。そこで別府市陸上競技協会に出向いて、半ば無理やりに車いす部門を設けてもらった。太陽の家を中心に三十人ほどの障がい者が参加し、別府市内を一・五キロと三キロの二つのコースに分かれて走ってた。しかし、警備の問題もあり、二年間で中止になってしまった。選手をサポートするボランティアを確保しなければならないし、警察側も二十メートルおきに補助員を置かないと危険だという理由でね。

そういったことがあったため、忘年会のときに私が、『車いすマラソン大会を開催したい』と言ったら、中村先生が『面白い。じゃあ小林、何とかせい』と。そこで翌日すぐに、市会議員の吉永栄治さんと大分県陸上競技協会に出向いたら、審判長がいてね。私が『別府大分毎日マラソン大会に車いす部門を設けてください』と訴えた。

ところが、審判長は、『日本陸連が定めるマラソンは、両脚をたがいちがいに前方に出して走るのがルール。走るというのは、一瞬でも空中に浮いているということ。競歩の場合は、どちらかの足が地面に着いていなければならない』と説明した。つまり、『日本陸連公認の大会に車いすを走らせることはできない』と反対された」

大分県陸上競技協会の審判長の言葉に、小林は頷くほかなかったという。続けて語った。

「そこで審判長に『日本陸連公認以外の大会であれば、車いすは出れますか？ 協力してくれますか？』と聞くと、『それだったら問題ない。協力する』と言ってくれた。それを中村先生に伝えると、『わかった。私が何とかする』と言って、大分県庁に出向き、平松知事に直訴した。その後のことは詳しくは知らないが、結果的に中村先生は、『大分国際車いすマラソン大会』を単独で開催することにした。畑田（和男）先生が『電通にコネがある。バックアップしてもらう』と言っていたが、テレビ局の後援は得ることはできず、地元紙の大分合同新聞が協賛してくれることになった」

ともあれ、当初は歴史ある「別府大分毎日マラソン大会」に車いす部門を設ける、という思惑だったが、大分県陸上競技協会に「マラソンは二本の脚で走るのがルール。車いすではマラソンとは言えない」という理由で断られた。そのためカチンときた中村裕は、「独自の日本初の国際車いすマラソン大会を開催すればいいだろう」と頭を切り替え、すぐさま大分県庁に出向き、就任二年目の顔見知りの知事・平松守彦に直談判したのだ。

当時の大分県の福祉行政に目を向ければ、一年前の七九年度から他県に先駆け、単独事業として人口十万人未満の市町村を対象に、身体障害者福祉都市整備事業を展開。身障者が利用しやすいように公共施設のバリアフリー化を実施していた。

しかし、初めて耳にする車いすマラソンの話に、通産官僚出身の知事の平松守彦は戸惑った。

「車いすマラソン大会ですか？ 中村さん、それは無理じゃないですか。競技場だけならともかく、一般道路を車いすが走るとなると危険だし、第一に長い距離を走れますかね……」

だが、ここでも中村裕は素直に引き下がることはなかった。一方的に国際車いすマラソン大会を開催する意義を力説した。

「スポーツは、身障者の残存機能を活性化させ、社会復帰を促進させます。海外からも選手を呼んで、大分で車いすマラソンをやり、多くの人に感動を与えるんです！」

五年前に中村は、大分県身体障害者協会会長として、フェスピックを開催していた。また、六一年に中村自らが発足させた「大分県身体障害者体育大会」は、この年の八〇年に第二十回目を迎えたため、オーストラリアをはじめ、八か国の選手・役員二百九十六人を招待。記念大会として成功させていた。大会運営も熟知していたし、たとえば通訳などのボランティアを集める術《すべ》も心得ていた。

すでに中村裕は、障がい者スポーツのオピニオンリーダーとして確固たる地位を築いていた。障がい者スポーツを応援する皇室とも深い関係にあった。加えて太陽の家の理事長として、一流企業のオムロンとソニーとの共同出資会社を発足させ、翌年秋にはホンダ太陽株式会社設立も決定。院長を務める大分中村病院の経営も順調で、その年の一月には厚生省の増床認可が下りて二百床となっていた。

以上の中村裕の功績を考えれば、知事の平松も納得せずにはいられなかった。

一九八一年が明け、国際障害者年を迎えた。

後に「一村一品運動」の提唱者として名を馳せることになる、一九二四（大正十三）年生まれの知事の平松守彦。その行動は中村裕に劣らず速かった。中村の「新しいことをやるときは強気でやるべきです」のアドバイスに倣《なら》ったのだろう。平松は、県職員に「大分国際車いすマラソン大会」

を十一月に開催したい旨を上意下達《トップダウン》で通達。さらに新年度に入ると児童家庭課と障害者課を統合し、車いすマラソン大会開催に向けての運営部署となる「傷害福祉課」を新たに設置させた。

中村裕の障がい者スポーツへの熱き思いが知事を説得し、県職員を突き動かしたのだ。

もちろん、このときも周囲から「車いすマラソンは、障がい者にとっては過酷だ」「過剰な運動で逆に障がいが重くなるではないか」といった反対意見が相次いだ。しかし、ここでも中村裕は少しも怯まなかった。前出の宇賀治孝一が証言したように、国立別府病院勤務時代の中村は、東京パラリンピック後に神奈川県の国立箱根療養所とともに年に一回、小規模ながら障がい者スポーツ大会である「医学スポーツ研究会」を開催。その結果、ある程度の距離を車いすで走っても大丈夫だという医学的データを得ていた。そこでさらに医学的に証明するため、旧知の整形外科医や理学療法士たちの協力を得て、「マラソン医学研究会」を発足させた。

日本リハビリテーション医学会と日本整形外科学会の専門医の肩書を持つ医学博士の淺山滉《あさやまこう》。ときおり彼は、十歳年上だった中村裕を思い出す。

「亡くなって三十四年ですか。中村先生は、ひと言で〝人たらし〟の稀有な人間だったが、あのキャラクターは憎めないんだな。九大出身で天児(民和)先生の弟子ということもあったが、学会でも『九州には中村裕がいる』と言われるほど有名で、私自身も学会に出るたびに会っていた。『おい淺山、やってくれ』と頼まれれば、断ることはできなかった」

淺山が参与を務める、福岡市にある長尾病院の応接室。まずはそう言って続けた。

「国際障害者年の八一年の春頃だったと思う。当時、私は緒方甫《はじめ》先生と二人で、北九州市の産業医科大学リハビリテーション医学教室を仕切っていて、そこに中村先生から連絡が入った。『大分国際車いすマラソン大会を秋に開催する。フルマラソンじゃなく、ハーフマラソンなんだが、車いすで二十キロほどを走っても身体に支障があるかどうかを医学的に証明してほしい』とね。緒方先生の父親と天児先生は、旧制山口高校の同級生だったため、緒方先生と中村先生は旧知の仲だった。そういった関係があり、緒方先生も私も断れない。そこで中村先生の命令で、畑田（和男）先生たちも加わり、『マラソン医学研究会』を発足したわけだね」

その「マラソン医学研究会」とは——。淺山は説明した。

「私たちは、大学に勤務する理学療法士たちに車いすに乗ってもらい、トレッドミル（ランニングマシーン）の上を走らせた。スピードを時速三キロ、四キロ、五キロと徐々に上げ、同時に角度も坂道を想定して水平の0度から三度、五度と少しずつ上げる。トレッドミルに乗る実験台になってくれる者には、呼気を集める袋であるダグラスバッグを背負ってもらう。一方、心電図で呼吸器官も調べ、酸素や炭素の消費量、心拍数なども詳細に測った。また、車いすに乗り、長時間走っていると尻の部分にどのくらいの負担がかかるか、そういったことも実験した。車いす使用の脊髄損傷者の場合は、長い時間座っていると褥瘡《じょくそう》が心配だった。また、車いすのハンドリムを握って長時間漕《こ》いだ場合、たとえグローブをしていても手のひらにどのくらい摩擦が生じるかなども調べたね。

その結果、尿に関しては、収尿器を付けて走っても大丈夫だということもわかったし、マラソン後は自尿がよく、泌尿機能にも異常はなかった。スタッフにモルモットになってもらい、考えられる実験はすべてやったね。もちろん、障がい者が車いすに乗って、長距離走っても身体に支障はないという、医学的データを得た。それらのデータを随時、中村先生に報告していた」

そのモルモットを演じたのが、理学療法士の大川裕行（現・西九州大学教授）。二〇一八年一月、埼玉県所沢市の国立障害者リハビリテーションセンターで開催された「第二十七回日本障がい者スポーツ学会」に出席していた大川を訪ねると、快く取材に応じてくれた。

「緒方先生と淺山先生から車いすマラソンの話を聞いたときは、違和感はなかった。ただね、『二十キロ以上も車いすで走れるの？』とは思った。あの時代の障がい者スポーツ大会に出場する人たちは、病院にあるような生活用車いすを使用していたし、長い距離を走るのは無理じゃないかとね。

まあ、緒方先生と淺山先生たちの指示で、たとえば産業医科大のアスファルトの駐車場内を車いすに乗り、もう数えきれないほど走った。『もっと漕げ！』『もっと速く走るんだ！』などと叱咤されながらね。手がマメだらけになったが、『選手はグローブをする。大丈夫だろう』なんて言われた。トレッドミルにも乗り、心拍数や酸素の消費量なども調べられた。その結果、大分国際車いすマラソンが開催され、その後は全国に普及した。モルモット役で協力した私にとっては、懐かしい思い出ですよ」

また、同じ学会に出席していた、和歌山県立医科大学教授の田島文博も証言してくれた。

「八一年の国際障害者年のとき、私は産業医科大の学生でね。緒方先生の実習のときに太陽の家に行ったこともある。初めて会った中村先生の印象は、どんな人間でも魅了してしまうという感じだった。卒業後の私は、ソニー・太陽の従業員の健康管理をする産業医を務めたこともあり、中村先生には感謝している。

大分国際車いすマラソン大会をスタートさせることができたのは、中村先生のコンセプトに、緒方先生と淺山先生が理解を示した。さらに『マラソン医学研究会』の医学的データにより、車いすで長い距離を走っても大丈夫だということを証明した。それで大分国際車いすマラソン大会が開催された。中村先生は当然だが、緒方先生と淺山先生の功績が大きいと思う」

田島は毎年、大分国際車いすマラソン大会の会場に研究室の医大生たちと出向き、出場選手のメディカルチェックをしている。

第一回大分国際車いすマラソン大会

一八九七（明治三十）年に創設されたボストンマラソン。二〇一九年の大会で第百二十三回目を誇る大会で、世界で初めて車いす部門を設けたマラソン大会としても知られている。

一九七五年。参加資格を巡り、訴訟を起こして初めて参加した車いすランナーのボブ・ホールは、フルマラソンコースを二時間五十八分で完走し、観衆を驚かせた。以来、多くの障がい者が車いすマラソンに挑戦することになる。日本人では、副島正純が二〇〇七年と二〇一一年に優勝。一九七七年から参加が許された女子では、土田和歌子が、二〇〇七年から五連覇を果たしている。

ボストンマラソンに車いす部門が設けられてから六年後の一九八一年。世界初の単独の車いすマラソン大会「大分国際車いすマラソン大会」は開催されることになる。

国際障害者年の一九八一年。四月からの新年度を迎えると、大分県庁は、先に述べたように児童家庭課と障害者課を統合し、「傷害福祉課」を新設した。もちろん、十一月一日に開催する「第一回大分国際車いすマラソン大会」を運営する部署でもある。

八一年当時の大分県の人口は百二十三万四千余人で、身体障害者手帳交付台帳登載者数は四万五千六百三十七人。また、知的・精神障がい者数は約一万二千人と推計されていた。新設された傷害福祉課は、約五万八千人の障がい者のために行政を司らなければならなかったわけだが、とくに国際障害者年の八一年は多忙を極めた。

毎年秋に大分県身体障害者体育大会を開催していたが、この年は繰り上げて五月に開催。それを終えてから十一月開催の大分国際車いすマラソン大会に向け、本格的に準備に入った。

だが、それだけではなかった。その半月前の十月十七日と十八日の両日には、大分市大洲総合公園で「国際障害者年記念フェスティバル」を開催しなければならない。さらに大分国際車いすマラソン大会終了後の十一月半ばには、やはり国際障害者年の記念行事である、障がい者七十人とその家族、スタッフ計百五十一人が、アメリカ・ハワイに行く体験旅行「大分県福祉の翼―愛と光のたびだち」も控えていた。

二〇一七年の師走。三十六年前、傷害福祉課に在籍していた係長の神本紀武をはじめ、職員だった河野文宏と渡邊秀一の三人に話を聞くことができた。取材場所は、渡邊が専務理事を務めていた別府商工会議所。三人は、それぞれの思いを振り返った。

「結局、『大分国際車いすマラソン大会』は、中村先生が平松知事に直訴して開催することになったんだが、私たち職員誰もが『無理だ』と思い、中村先生に言っても『そうかなあ』と言うだけで、話をどんどん進める。県庁と大分中村病院は、隣同士のために中村先生はたびたび傷害福祉課に顔を出す。だから、職員はやるほかない。事務担当としては『こりゃあ、大変だ』の毎日でしたね」(神本)

「国際障害者年に行う記念イベントの予算は、八〇年度に組んだ。車いすマラソンの場合は、県の予算と民間企業や団体からの寄付金で賄うことになった。とくに地元紙の大分合同新聞社は、創立九十五周年ということもあり、積極的に協力してくれた。車いすマラソンは、やはりそれまでフェスピックなどの国際大会を開催していたため、海外選手を招待する手続きなども知っていたために苦労はなかった。早い話が、中村先生の伝《つて》に頼ればいいしね。ただし、それまで私たちは車いすマラソンを見たことがない。そのため、終わるまでは心配だった」(河野)

「いちばん苦労したのは、コースを決めるときだね。初めは別府大分毎日マラソンと同じコースにすればいいと思っていたが、十月から十一月は行楽シーズンのために警察は、『渋滞になるため、国道は止められない』と言う。そこで県庁前からスタートすることになったが、一車線だけしか走行してはダメだと言う。警察側はなかなか許可を出してくれなかったため、職員たちは頭を下げる毎日だった。今でもそうだが、自衛隊の協力は大きかったよね」(渡邊)

ともあれ、傷害福祉課の職員たちは、開催一か月前になるとさらに多忙を極めた。普段なら朝の八時半から午後五時半まで勤務すれば帰宅できたが、残業の毎日で徹夜も強いられた。渡邊は言った。

「いくら残業しても、実績評価はされずに残業代も出ない。今は出ているけど、当時はそういう時代だった。明け方に帰宅する際は、守衛さんに『はい、ご苦労さん』と言われるだけ。正直、『何で俺はこんなに働かなくてはならないの』なんて、自問自答することもあった」

そのためだろうか。残業する職員のなかには、息抜きのために県庁近くのネオン街に出没。「中村大先生、今夜もいただきます！」と言い、飲食費を大分中村病院のツケにする者もいた。

夏が過ぎ、穏やかな日々が続く十月末がやってきた。

大会開催二日前の三十日には、海外選手四十三名が来日した。さっそく産業医科大学リハビリテーション医学教室の緒方甫と淺山滉を中心とする「マラソン医学研究会」のメンバーが、メディカルチェックを開始した。淺山滉が語る。

「一応、出場しても支障はないかどうかの健康チェックは全員するわけだが、とくに有力選手の場合は、トレッドミルに乗せて詳しく酸素消費量などを計測した。当然、拒否する者もいたけど、『医学的な研究のためだ』と説明すると納得してくれた。ただし、本番のときは車いすの下に重さ一・五キロほどのメモリーボックスを取り付け、ストレステストをしたんだが、このときは走りづらいと言って、厭がる選手もいた。でも、『ドクター・ナカムラがデータを欲しがっている』『ドクター・ナカムラのためだ』なんて強く言うと、『じゃあ、協力する』と納得してくれた。〝ドクター・ナカムラ〟を知らない選手はいなかったし、招待選手の場合は渡航費を出してもらっていたから断れない。翌三十一日は国内選手全員のメディカルチェックをし、パスすれば受付でゼッケンナンバーをもらっていた」

その十月三十一日の午後、別府市の太陽の家で記念すべき開会式が行われた。アメリカ、スウェーデン、ノルウェー、ニュージーランド、フィジー、マカオ、クウェート、スリランカ、韓国などの海外選手、役員、日本選手たち約百三十名が出席。なんと急遽、三笠宮妃殿下もご臨席した。大分県知事の平松守彦に続いて、中村裕が英語で挨拶した。

「みなさんの意気込みで、明日は雨雲が吹き飛ばされるだろう。ベストを尽くしてください」

そして、「第一回大分国際車いすマラソン大会」が開催された、十一月一日の日曜日――。

天気は上々の秋空。単独で開催された世界初の車いすマラソン。十三か国百十七名の出場選手は、大分県庁前を午前十一時にスタート。ゴールの大分市営陸上競技場までの二一・〇九七五キロメートルを突っ走った。

傷害福祉課の渡邊秀一は、五キロの第一折り返し地点にいた。

「一般公道を車いすが走っているのを初めて見たときは、『これはもう車いすマラソンじゃない』と思った。とくに海外の選手の場合は、まるで自転車レースみたいに速い。近くにいた大分県陸上競技協会の人たちも『これはマラソンじゃない。競輪みたいなもんだ』と言ってた。『事故は起こらないでくれ！』とただただ祈っていたんだが、もちろん、事故は起こらず、職員誰もが胸を撫で下ろした」

坂道もある起伏のあるコースだったためだろう。途中で棄権する年配の選手もいたが、百十七名中百九名が完走した。優勝したのは、オーストリアのゲオルグ・フロイントだった。だが、優勝者が決まるまでは時間がかかった。何故なら二位のアメリカのジム・クナウブとゲオルグ・フロイントの二人は、スタート前に一緒に走ろうと約束し、ゴールの際は手をつないで駆け込み、同時優勝を主張したからだ。

しかし、審判団を務めた大分県陸上競技協会の競技委員は、ゴールラインを早く切ったのはゲオルグ・フロイントとし、躊躇《ためら》うことなく彼を勝者にした。主催者として中村裕は、不満顔を見せる二人を前に言った。

「車いすマラソンは競技であり、レクリエーションではない。審判団が下したジャッジに従うべきだ。それがフェアプレーを重んじるスポーツではないか」

この中村の言葉に二人は、反論することはできなかった。

前出の宇賀治孝一が、第一回大会の思い出を語った。

「第一回大会のときは、中村先生に『お前、絶対に出ろよ！』と命令されて『はい、出ます』と返答。二十キロ以上を走るのは初めてのため、家の周りを走ってトレーニングをした。当時は、車いすの場合は車道を走らなければならず、怖かった。

まあ、第一回大会の思い出はいっぱいある。脊髄損傷者の選手は、車いすのシートに穴を開け、ションベンを垂れ流してた。だから、後ろにつくとションベンがひっかかる。もう大変なのよ。前に入り込んで妨害行為をする選手もいたし、肩幅がある私の後ろについて風よけにする選手もいた。身体の大きい外国人選手は、『こいつ、風よけにならん』という感じで煽《あお》って追い越す。人間、いろいろだよ」

成績は総合と、障がいの程度に応じた六クラスに分けられ、順位を競った。だが、日本人選手の最高位は総合の部門では七位だった。ちなみに国内から出場した七十四名、ほとんどの選手が使用した車いすは、生活用の車いす。それに対して海外選手四十三名が使用した車いすは、アルミ製の軽いレース用のものだった。

大会終了後の夜、別府市の杉乃井ホテルでレセプションパーティーが行われた。会場の出入口で受付役を担当したのは、傷害福祉課の職員だった。

「私たち職員は、『ああ、終わったな』と、そう安堵していた。『記念大会だから、もうこんな苦労は二度としなくていいんだ』とね。ところが、平松知事が挨拶で『また来年会いましょう』と言ったのが聞こえた。そのときだね。受付をしていた職員誰もが『えっ、また来年もやるの?』って、驚いた。パーティーの後でポスターを確かめると、このように『第一回大分国際車いすマラソン大会』と書いてある。本当にすべて終わったと思っていたのにね。平松知事としては、自分が開催したという実績にしたかった」

そう言って、別府商工会議所で振り返る渡邊秀一。その傍らで神本紀武と河野文宏の二人は、記念すべき第一回大分国際車いすマラソン大会のポスターを手にし、苦笑いを浮かべていた。渡邊は語る。

「でも、毎年開催されることにより、身障者に対する県民の理解が進み、ノーマライゼーションの社会への契機となったし、ボランティアの輪も広がり、協賛企業も多くなった。もちろん、国際交流の促進、大分県のPRにも貢献した。また、車いすメーカーの開発にも役に立ったと思う」

それに、こんな効果もあった。八五年から同じ九州の福岡県飯塚市は、「飯塚国際車いすテニス大会」を毎年五月に開催。今ではジャパンオープンと称され、男女シングルス優勝者には天皇杯と皇后杯が授与される。その大会開催のきっかけになったのは、大分国際車いすマラソン大会に参加した海外選手が、すでに海外で行われていた「車いすテニス大会」の存在を伝えたからだった。

　そして、二年後の一九八三年。第三回大分国際車いすマラソン大会から、待望の四二・一九五キロメートルのフルマラソンの部門が設けられた。「マラソン医学研究会」メンバー、前出の浅山滉が証言する。

「八二年の第二回大分国際車いすマラソン大会が終わった後だったね。当時の中村先生は、体調を崩していたんだろうな。私に『浅山、お前は英語がペラペラだろう。アテネの国際パラプレジア医学会に代理で出席し、発表するんだ。車いすマラソンが医学的に問題のないことを証明して来い』と言って、渡航費として七十万円を手渡された。当時は格安の航空券はなかったため、往復だと七十万円ほどかかったからね。

　もちろん、断れないためにアテネに行き、第一回と第二回で調査した『マラソン医学研究会』の論文を学会で発表した。その結果、車いすでもフルマラソンを走ることが学会で認められ、翌年の第三回大分国際車いすマラソン大会からフルマラソンも始まった。中村先生が亡くなった八四年の国際パラプレジア医学会でも、私が発表した。たしかストーク・マンデビル競技大会やパラリンピックでも、医学的に証明されたということで、車いすマラソンが種目に入ったんじゃないかな」

　浅山滉が国際パラプレジア医学会で、中村裕の代理として発表した「マラソン医学研究会」の論文は、今でもインターネットで「Pub Med（Paraplegia）」を検索すると閲覧することができる。

第一回国際アビリンピック大会開催

もう一つ。八一年の国際障害者年に中村裕が中心となって新たに設けて、開催した「国際アビリンピック（国際身体障害者技能競技大会）」の場合は――。

東京・新宿区戸山の日本障害者リハビリテーション協会。副会長で、法政大学名誉教授・松井亮輔が取材に応じた。松井は中村裕とともに、日本での第一回国際アビリンピック大会開催のために奔走した一人である。

松井亮輔は、先ず「アビリンピック」という名称の由来について説明してくれた。

「七六年十二月の国連総会で国際障害者年が決議され、その翌年の三月でしたね。労働省（現・厚労省）が管轄する団体、身体障害者雇用促進協会（現・独立行政法人高齢・傷害・求職者雇用支援機構）が設立された。実は、その前身の団体が、すでに五年前の七二年から『全国障害者技能大会』という名称で、千葉県で開催していた。初めはアビリンピックとは呼んではいなかったんだが、当時の労働省の知恵袋で、〝人材銀行〟などのネーミングを考え、アイデアマンとして知られていた氏家麻夫さんが、『アビリンピック』という愛称を考えた。つまり、ability（能力、技量）とオリンピックを合わせた造語だね。それで広報活動の一環として、七七年からアビリンピックの愛称で『全国身体障害者技能競技大会』が新たに発足した」

そして、第一回国際アビリンピック大会開催までの経緯を語る前、松井亮輔は中村裕の人物像を次のように語った。両者が初めて顔を合せたのは、七七年の千葉市で開催されたアビリンピックのときだった。

「もちろん、中村さんについては知ってはいたが、実際に会って話をし、行動をともにした印象を語れば、『極めて強引な人間』、『引力がある強力な個性の持ち主』、『実行力と決断力がある人』、『自信家でアイデアマン』、『目立つことが好きな男』という感じだった。

それに中村さんは、人脈にも恵まれていると思った。話をしていると、有名作家の水上勉、評論家の秋山ちえ子などの名前だけでなく、財界人のソニーの井深大、ホンダの本田宗一郎、オムロンの立石一真などの名前も次つぎと出てくる。中村さんは、社会福祉法人太陽の家の理事長なんだが、社会的に信用される医師でもあるしね。大変な人物だと思ったよね」

日本障害者リハビリテーション協会の会議室。松井亮輔は続けて語った。

「八一年の国際障害者年に中村さんが、『アビリンピックの国際大会を開催したい』と考えたのは、七七年の千葉県でのアビリンピックのときだね。私とも親交があった、太陽の家で働いたこともある丸山一郎さん。当時は東京コロニーに在籍していた丸山さんが中村さんに入れ知恵したのがきっかけだった。『先生、アビリンピックの国際大会をやりましょう』と言い、中村さんが即座に『面白い。やろう』ということになった。それで、すぐに中村さんは行動に移した。この辺はもう、中村さん独特の動物的な勘じゃないのかな。早速、アビリンピックの主催者の身体障害者雇用促進協会会長の堀秀夫さんに会ってね、『国際障害者年に国際アビリンピックを開催すべきだ』と訴えた。労働省の事務次官OBでもあった堀さん自身も、八一年の国際障害者年にインパクトのあるイベントを開催したいと考えていたしね。中村さんの考えに同調し、『やりましょう』となった。

当時の私は、身体障害者雇用促進協会総務部の調査役で、よく大分の中村さんから電話が入った。

『海外とコンタクトを取るには、どんな団体がいいのか調べてくれ』なんてね。そこで『国際リハビリテーション協会（RI）です。本部はニューヨークにあります』と言うと、数日後に電話が入り、『七八年一月にRIの総会がマニラで開かれる。松井君、行ってアビリンピックをアピールして来い』とね。もう、そういう調子で話をどんどん進める。すごい人物でしたよ」

もちろん、中村裕も自ら積極的に行動を開始した。松井は続けて語る。

「七九年三月だった。ソウルでRIのアジア太平洋地域の会議が開かれるということで、中村さんと私が出向き、各国の出席者に『八一年の国際障害者年に日本でアビリンピックを開催したい。参加してほしい』と訴えた。もうそのときの中村さんの相手に対する態度、口調などは強気でね。運よくRIの事務局長のノーマン・アクトン氏も出席していて、中村さんが口説いた結果、『是非、実現させたい』と言ってくれた。彼は、GHQ（連合国軍最高司令官総司令部）の一員として日本に滞在していたこともあり、日本通だったことも幸いした。会議が終わると、ソウルから日本に来て、そのまま私の上司の堀秀夫さんに会ってくれた。

その後も私は、中村さんと一緒にマカオやオーストリアのウィーンに行った。もう中村さんは、やると決めたら諦めない性分だしね。どんどん突っ走る。ウィーンでのRIの会議のときは、参加者にパンフレットを配り、夜のパーティーのときは日本で開催しているアビリンピックの様子を収録した十六ミリフィルム映画を上映し、アピールしていた」

このときも中村裕のフットワークは軽かった。八〇年六月二十一日からオランダ・アーネムで開催された第六回パラリンピックにも日本選手団団長として出向いている。このときも四十二か国の参加国の代表役員を招いてパーティーを開き、パンフレットを配布し、アビリンピックの十六ミリフィルム映画を上映。参加することを強く呼びかけた。

そして、帰国すると、すぐに選手団とともに東宮御所に表敬訪問。皇太子・美智子妃両殿下（上皇ご夫妻）に、国際アビリンピック開催について説明した。これが契機となり、皇太子は大会名誉総裁に就任することになる。


パラリンピックの聖地、ストーク・マンデビル病院のあるエイルズベリー——。

七〇年から同地に居住している理学療法士の新藤信子は、中村裕が渡英するたびに同行し、サポート役を務めていた。彼女は第一回国際アビリンピック大会に参加した、イギリス選手団団長として来日している。

エイルズベリーの自宅で、新藤信子は当時の思い出を語った。

「中村先生とは、日本でのアビリンピック開催をアピールするためにウィーンにも行ったし、アイルランドのダブリンにもご一緒したわね。アイルランドの政府は、四年後の八五年に第二回国際アビリンピックの開催国に立候補してきたためにね。でも、先生は政府役人と会っても、確約書を要求しない。だから、私が言ったの。『先生、口約束でなく、きちんと確約書をいただかないとダメですよ』と。そしたら先生は『そうか』と言って、確約書をもらった。

でもね、あのときは大変だったの。中村先生は、私が勤務していたストーク・マンデビル病院にも来た。八〇年にドクター・グットマンは亡くなっているため、秘書だったジョアン・スクルトンに選手派遣を要請したけど、彼女は『スポーツ以外で選手を派遣することはできません』『働く身障者は長期間の休暇は無理よ』と言い、断ったのね。そしたら中村先生、私に『イギリスが参加しないのはおかしい。新藤さん、何とかしてよ』って。そこで私の患者だった印刷関係の仕事をしている人たちにお願いし、四人が来日することになった。私が選手団団長になってね。

ところが、開催一か月前に中村先生から電話があって、『新藤さん、もう来日しなくていい。六十か国ほど参加するからもう十分だ』って。だから、私は怒ったの。『冗談じゃないです。私は苦労して選手を集めたんですよ！』と。中村先生、そういったワンマンで自分勝手なところがあったのね。私にだってプライドがあるため怒ったけどね。結局、日本側が渡航費二人分を出すはずだったけど、いただかずに来日することになった。私も選手四人も自費でね」

新藤信子は苦笑いを浮かべて語り、こう付け加えて言った。

「中村先生は、すごい人物。でも、ときとして他人を無視する性格でしょ。だから、敵も多かったと思うの。普通の人ができないことをやるときは、たしかに人並み外れた強気の姿勢も大事だけどね。中村先生の場合は、ちょっと度が過ぎたの」

とくに欧州では、中村裕の強気の態度に反感もあり、「働く身障者の技術にランクを付けるのは差別ではないか！」という批判の声もあがり、参加を拒否する国もあった。

だが、中村裕は滅入ることなく奔走した。アジアをはじめとする環太平洋諸国や欧米は当然として、地球の裏側の中南米、アフリカにも出向いて参加を呼びかけた。

開催一か月前だった。八一年六月に国際リハビリテーション協会（ＲＩ）レジャー・レクリエーション・スポーツ委員会委員長に就任した中村裕は、事務局長のノーマン・アクトンと身体障害者雇用促進協会会長の堀秀夫の許可を得て、第一回国際アビリンピックの大会組織委員会の資金の一部を確保。その資金でアフリカのザンビア、中南米のコスタリカ、アルゼンチン、コロンビア、ブラジルの四か国、さらに開発途上国のネパール、ブータン、トンガ、フィジーの四か国、計九か国の選手と役員三十二名を招待。太陽の家に寝泊まりさせ、テレビやラジオ修理、印刷技術などの技能習得の特訓を受けさせた。つまり、中村裕としては、「インターナショナルイベント」を前面に掲げるためにも、アフリカと中南米などの国を参加させたかったのだ。

そして、八一年十月二十一日から三日間、第一回国際アビリンピック大会は開催された。大会名誉総裁には皇太子殿下（上皇）が就任。東京・千駄ヶ谷の東京体育館と千葉市の中央技能開発センターの二会場で、世界六十一か国から、役員を含めて八百五十名（選手三百三十五名）が参加。英文タイプ、テレビ修理、ラジオ修理、時計修理、木彫、洋裁、毛糸編物、建設製図、機械製図、写真植字、広告美術、木工塗装、家具、建具など十七種目に分かれて技能が競われた。

日本からは七十六名の選手が参加し、男女合わせて十一個の金メダルを獲得した。たった一個の金メダルしか獲得できなかった六四年の東京パラリンピックとは違い、日本選手が大活躍したためだろう。大会名誉総裁の皇太子と美智子妃両殿下（上皇ご夫妻）を前にしても、開催中の中村裕は終始、まるで子どものようにはしゃいでいた。

エイルズベリーの自宅。イギリス選手団を率いて来日した新藤信子は、頷きながら言った。

「あのときの中村先生、皇太子様と美智子さんがいらしても胸を張ってた。私も両殿下にお会いできて嬉しかったの。七六年に両殿下がストーク・マンデビル病院を視察した際、私はお会いしているしね。そのことを覚えていらっしゃった。私に気がついた皇太子様は、『あのときの人だよ』という仕草をなさって、美智子さんが私にお声をかけてくださった。ストーク・マンデビル病院でお会いしたときの美智子さんは『いつ日本にお帰りになるんですか?』と言ってくれましたから、まだ現地に止まっている私を見て驚かれたと思う。そうね、私たちイギリス選手団は自費で来日したけど、両殿下にお会いできただけでも感謝ね」

国連が決議した一九八一年の国際障害者年——。

中村裕は、大分国際車いすマラソン大会と国際アビリンピック大会の二つの国際大会を成功に導いた。その功績が認められた。

大分国際車いすマラソン大会が終わると中村裕は、大分県知事の平松守彦から「県功労者」として表彰された。表彰対象者は五十五歳以上という内規があったが、五十四歳の中村は「特例」として選出されたのだ。また、地元紙の大分合同新聞社からも「文化賞特別功労者賞」が贈られた。

さらに十一月二十八日だった。首相の鈴木善幸が本部長を務める厚生省国際障害者年推進本部は、日本武道館で国際障害者年を記念する式典「ひろがる希望のつどい」を開催。この章の冒頭に記述したように六年前の七五年十二月九日、第三十回国連総会で「障害者の権利宣言」を採択している。そのことにちなみ、毎年十二月九日を「障害者の日」に制定した。

その十二月九日。東京・紀尾井町のホテル・ニューオータニで行われた政府主催のレセプションで中村裕は、「あゆみの箱」など十団体とともに表彰されたのだ。

第一回国際アビリンピック、続いて開催された第一回大分国際車いすマラソン大会。二つの国際大会を控えた十月一日。中村裕が最も多忙を極めていた時期だ。別府市で第三回ハンググライディング世界選手権大会が開催されたときだった。開会式にご臨席した三笠宮寛仁殿下が太陽の家を視察。ソニーの井深大とホンダの本田宗一郎たちとともに中村裕は迎えた。そのとき案内した中村と三笠宮寛仁殿下は、次のような会話を交わしたと伝えられている。

「中村さん、あなたを別府に踏みとどまらせておくのは惜しい。何故、東京に出て来ないのですか?」

そう尋ねられる三笠宮寛仁殿下に、中村はこう応じた。

「東京で活動してみるというのも一つの考え方ですけど、きっと東京に行ったら潰されます。九州だからこそこうしてできたんじゃないでしょうか」

「案外、そういうものかも知れませんね」

三十五歳の三笠宮寛仁殿下の言葉に、五十四歳の中村裕は黙って頷いた。

太陽の家が創設された一年後の六六年十月に昭和天皇・皇后が行幸。続いて十一月には皇太子・美智子妃両殿下（上皇ご夫妻）が行啓

1981年10月、三笠宮寛仁殿下が太陽の家を視察　太陽の家提供

している。その後は、毎年のように常陸宮ご夫妻、秩父宮妃殿下、三笠宮妃殿下たちが視察に訪れている。この年の十月三十一日には、三笠宮寛仁殿下に続いて、太陽の家で行われた第一回大分国際車いすマラソン大会開会式には、三笠宮妃殿下がご臨席していた。

そのためだろう。この頃になると皇族や太陽の家関係者の間では「太陽の家を視察しなければ皇族とはいえない……」と、噂されるほどだった。多忙だった中村裕にとって、家族同様に皇族と接することが、心が穏やかになるときだったかもしれない。

先に述べたように大分国際車いすマラソンは、二〇一八年で第三十八回目を迎えている。

一方、国際アビリンピック大会は、八五年の第二回大会の開催国だったアイルランドがテロのために開催国を返上。急遽、ボゴタ（コロンビア）で開催されるなど不運の歴史を辿っているものの、その後も香港、パース（オーストラリア）、プラハ（チェコ）、ニューデリー（インド）、静岡、ソウルで開催され、二〇一六年には第九回大会がボルドー（フランス）で開催された。今も中村裕の魂は継承されている。

一九八一年の国際障害者年。中村裕はいつものように東奔西走の毎日を送っていた。ただし、五十代半ばを迎えた中村裕の体調は、決していい状態ではなかった。徐々に肝臓が悪化し、身体が蝕《むしば》まれていたのだ。

終　章　最期の狂奔

上皇ご夫妻と中村裕

「天皇・皇后を応援団にした男」――。

そう表現する関係者がいるが、ある意味で、中村裕は「皇族を利用した男」だった。

第二章で詳述したように一九六二年七月。初めて日本は、イギリスで開催された障がい者スポーツの国際大会「第十一回国際ストーク・マンデビル競技大会」に出場した。二十七歳の吉田勝也と、三十七歳の伊藤工《たくみ》の二名が参加。卓球と水泳に出場する元漁船員の吉田は、船から海に落ちて下半身麻痺。卓球に出場する元運転手の伊藤は、仕事中に土砂崩れに遭って脊髄を損傷した。車いすの二名をサポートする中村裕は、選手団副団長に選出された。

初めての国際大会。二人の成績は芳しくなく、かろうじて水泳で吉田が銅メダルを獲得したものの、卓球では吉田も伊藤も緒戦敗退に終わった。ただし、大会期間中に中村裕は、恩師である国際ストーク・マンデビル競技委員会会長のルートヴィヒ・グットマンを説得。さらに参加国の役員にアピールし、二年後の「第十三回国際ストーク・マンデビル競技大会」を、東京パラリンピックとして招致することをほぼ決めた。

八月五日、イギリスから帰国した日本選手団は、首相の池田勇人とともに記者会見に臨み、その後に三笠宮殿下に帰国を報告した。そして、四日後の八月九日に港区元赤坂二丁目の東宮御所に招かれ、中村裕は初めて皇太子時代の上皇ご夫妻にお会いしたのだ。

「二年後は、ぜひ東京で開催していただきたいものです」

そう笑顔で語られた上皇を前に、中村をはじめとする選手団は深く頭を下げた。その後、上皇ご夫妻は選手との卓球の対戦を希望された。引率した葛西嘉資《よしすけ》（東京パラリンピック運営委員会会長）によると、「吉田・伊藤両選手は、なかなか強く、皇太子様は勝たれましたけど、妃殿下は苦戦されました」とのことであった。

当時、日本赤十字社名誉副総裁でもあった上皇后は、とくに障がい者スポーツへの関心が高く、東京パラリンピック招致を希望していた。早速、懇意にする日本赤十字社青少年課課長の橋本祐子《さちこ》に障がい者スポーツについて詳細に説明。東京パラリンピックの際に海外選手の通訳を担う、大学生中心のボランティアグループ「語学奉仕団」を結成することを話し合った。

そして、東京パラリンピック開催一年前の一九六三年秋、語学奉仕団は結成される。その統括責任者となる橋本祐子こそが、上皇ご夫妻を筆頭とした皇室と中村裕を結び付けたキーパーソンである。

橋本祐子はいかなる人物なのか——。

一九〇九（明治四十二）年、汽船会社の重役を務めていた父の赴任先だった中国・上海《しゃんはい》で生まれた。日本女子大学英文科を首席で卒業し、三一（昭和六）年に外交官の橋本昴蔵と結婚した。国際赤十字社の創始者で、一九〇一年に初のノーベル平和賞受賞者となったスイス人実業家のアンリ・デュナンを、その頃から崇拝するようになったという。

そして、四五年の敗戦後。中国から日本に引き揚げ、住んだ住居が洋館であったため、進駐軍が接収にきた際に流暢な英語で追い返したという逸話がある。その三年後の四八年に日本赤十字社の嘱託職員となり、三つの目標「健康・安全」「奉仕」「国際理解・親善」を掲げ、青少年赤十字（ＪＲＣ）

を結成。青少年課課長時代には、語学奉仕団を結成した。一方、六八年に総理府主催で若者を乗船させ、東南アジアを回る国際交流企画「青年の船」を立ち上げた際には、副団長に任命された。ただし、このとき総理府は、乗船者の不純異性交遊を恐れて女性参加を拒否した。そのため、当時の首相・佐藤栄作をも恐れずに猛抗議。初めは聞く耳を持たなかった首相だったが、最後は説き伏せて納得させたという逸話もある。子どもに恵まれなかったためか、「子どもはいないけど、赤十字にたくさん子どもがいる」と語っていたという。

それらの実績が高く評価され、七二年に日本人として、アジアで、また女性として初めて「アンリ・デュナン記章」を受章した。橋本の語録は数あるが、とくに「奉仕は、人生の家賃」と明言し、《人は人に支えられて生きている。関わったすべての人に恩返しができない分、自分が住んでいる社会に還元するのだ。これがボランティアの本質である》が知られている。また、《語学は平和の武器》と言い、平和の実現には言葉が大事だとも説いていた。

皇太子妃時代の上皇后との付き合いは、一九五九（昭和三十四）年四月十日、皇太子とのご成婚とともに日本赤十字社名誉副総裁に就任して以来、東宮御所を度々訪ねていたといわれる。そのためだろう。周囲は「美智子妃殿下のプライベートなご相談相手」と噂していた。九五（平成九）年十月六日に享年八十六で泉下の人になるが、晩年は何度となく上皇后がお忍びで見舞っていたという。寝たきりになっても老人ホームを退所せずに居ることができたのは、上皇后との関係が奏効したといわれる。日本赤十字社講堂で偲ぶ会が行われた際、上皇后もご臨席している。

以上が橋本祐子の横顔である。

一九六四年十一月八日から開催された東京パラリンピック――。

日本赤十字社報道部に在籍していたカメラマンの山田重寿は、開催を前に、富士フィルムやコダックなどのフィルム会社を訪ねていた。オフィシャルの撮影班が使用するフィルム類を提供してもらうためだ。

「撮影班は、日大芸術学部写真学科の学生十二人に、『撮影した写真は、卒業制作に使用してもいい』という条件で結成し、ボランティアで手伝ってもらうことになった。私がチーフになってね。そこで日本赤十字社のお偉いさんの紹介状を持って、フィルム会社を訪ねたんだが、早い話がどこに行っても門前払い。『パラリンピック？　何それ？』『障がい者スポーツ？』といった調子で断られる。

そのために肝心のフィルムは自前となってしまった。そこで大会本部に頼んでね。選手村にプレハブの小屋を建ててもらい、暗室をつくり、写真を即売することにした。つまり、売上金をフィルム代などに当てたわけだね。思い出としては、日本の選手が宿泊する選手村の部屋に行くと、オシッコ臭かった。あの当時は、収尿器がなかったためだと思うが、とにかく臭かったよね。その点、来日した海外選手の部屋は、臭くない。収尿器を持参していたからね」

福岡市のホテルのレストラン。福岡市在住の山田重寿は、中村裕についても語った。

「中村先生が太陽の家を創設したときだね。日本赤十字社青少年課の課長の橋本祐子さんが、私に『太陽の家のカメラマンとして働いたら』と言ってきた。中村先生にも『お前、別府で働かないか』と誘われたんだが、結局は断った。若かったため、まだ東京で働きかったからね。

あの当時の日本赤十字社には、皇室に顔が利く上司がいたんだが、わざとらしく慇懃無礼《いんぎんぶれい》に『さようでございます』なんて言っていた。その点、橋本さんは違ってね。パラリンピックのために結成した語学奉仕団の若い学生たちからも信頼されていたし、美智子さん（上皇后）とも仲が良く、お二人とも中村先生については『素晴らしいお仕事をしていらっしゃる』と評価していた。中村先生と皇室を結び付けた橋本さんの役割は大きかったと思う。大分でのフェスピックのときは、橋本さんが語学奉仕団のメンバーとともに大分に出向いているし、皇太子様も美智子さんもご臨席しているからね」

その橋本祐子が統括責任者として率いた通訳部門の語学奉仕団。東京パラリンピックを、裏方として成功に導いた功績は大きい。その後も解散することなく、日本選手団が国際大会に出向くたびに同行し、障がい者スポーツを陰で支えた。もちろん、若きメンバーたちは、知られざる中村裕の側面を見ている。

「天皇・皇后両陛下を応援団にした男」。そう関係者に言わしめた中村裕。あらためて語学奉仕団のメンバーを取材し、その実像に迫ってみたい。

東京パラリンピックから四年後、イスラエル・テレアビブでの第三回パラリンピック――。

日本選手団団長の中村裕の通訳として同行したのが、大学を卒業したばかりの奥野英子だった。当時の彼女は、日本障がい者スポーツ協会の職員だったが、財政が厳しかったためだろう。給料は週二日分しか出ず、日本障害者リハビリテーション協会の仕事もこなしていた。

「テレアビブの空港に着いたら、建物の半分近くが爆破されている。現地のリハビリセンターを視察したとき、中村先生が『やはり、戦争をしている国のリハビリの技術は進んでいるなあ』と言ったのが印象的でしたね。機嫌のいいときの先生は、飲めないのにスタッフをバーに連れてってくれたり、十八歳も年下の私に『記念に指輪を買ってあげるよ』と言って、買っていただいた。でも、オモチャみたいな指輪だったため、みんなで笑いましたけどね。

先生とはテレアビブ後も付き合いましたが、とにかく傍にいたら、いつの間にか巻き込まれてしまうという感じ。強引でしたね。帰国後、私の自宅に電話をしてきて、いきなり両親に『お嬢さんを太陽の家で働かせたい。田舎でたいしたことはできないが、私の医者仲間を紹介します』なんて。一応、一週間ほど大分に行き、太陽の家や大分の中村病院を見学した。でも、病院で障がい者の褥《じょく》瘡《そう》を見たときは驚いて、私は目眩《めまい》で倒れた。そしたら先生は、『そんなんで倒れたらいかんよ』とね。結局、両親の反対もあって大分に行くことはお断りしたけど、今度は、『じゃあ、太陽の家の東京事務所を閉鎖したため、君は東京の連絡係をしなさい』と。それで二年ほど自宅の電話で連絡係をすることになった。毎月、電話代三千円いただいていてね」

その後の奥野は、社会福祉士となり、心理傷害学の博士号を取得。現在は、日本リハビリテーション連携科学学会顧問の肩書を持っている。一拍置き、さらに中村裕との思い出を語った。

「中村先生の功績は偉大なため、良くないことは書いてほしくないけど、強引だったため信頼関係を失うこともあったと思う。思い出すのは、ある会合のときですね。語学奉仕団の仲間の丸山一郎さんと一緒にいたら、中村先生が通りかかり、丸山さんが『先生、お久しぶりです』と言い、私も『先生、こんにちは』と挨拶した。ところが、見向きもせずに行ってしまう。たぶん、別なことを考えていたかもしれないけど、先生にはそういった面もあった。

たしかに中村先生は、日赤の橋本さんと美智子さん（上皇后）とは友好関係にあり、お互いに尊敬していたと思う。美智子さんは障がい者を支援していたため、橋本さんが海外から資料を取り寄せ、私が翻訳し、それに赤字を入れて美智子さんに手渡していた。とにかく、橋本さんと美智子さんが中心となり、みんなで協力しつつ、障がい者スポーツを支援、応援していた」

小学生時代から、橋本祐子が結成した青少年赤十字（ＪＲＣ）のメンバーだった高島渉。大学入学と同時に語学奉仕団入りしたのは一九七〇年春で、夏には日本赤十字社主催の世界十八か国が参加した「KONNICHIWA '70」の日本代表となり、太陽の家を視察したこともある。初めて中村裕を前にしたのは、二年後の七二年。ドイツ・ハイデルベルクでの第四回パラリンピックに同行したときだ。

茨城県稲敷郡在住の高島渉とは、つくば市で会った。まずは選手団団長の中村裕の第一印象は？

「外見は、身体が大きく見え、ずんぐりむっくりで、ちょっと出っ歯だった。見た目は医者というよりも、気さくなおじさんという感じ。それが第一印象ですね。ただ、仕事となると、まるでブルドーザーのごとく突き進むため、周りのスタッフはいつもぴりぴりしていた」

続いてハイデルベルクでの中村裕との思い出を語った。

「羽田空港からドイツに向かったんだが、中村先生は車いすの選手がバスに乗りやすいようにと、手づくりの折りたたみ式のレールを持ってきた。それがステンレス製で重くってね。私も手伝ったが、なかなか上手くいかない。スタッフは『また先生はヘンな物をつくってきた』という顔をしてたけど、私自身は『障がい者のためにいろいろと考えている。アイデアマンだなあ』と思った。

語学奉仕団のメンバーになった当時は、ボランティア精神で通訳をやっていればいいと思っていたんだが、選手たちをサポートするため、ときには力仕事をやらなければならない。車いすを持ち上げたり、選手をおんぶしたりね。でも、大変だったのは、何といっても団長の中村先生だった。休んでいる姿なんて見たことはなかったし、ハイデルベルクではたしか、大会開催中に選手の一人がやけどをした。何故かというと寒くって、バスタブにお湯を張ったんだが、熱くなりすぎてね。選手は下半身麻痺だったため、そのまま入ってしまった。

それで急遽、その選手を帰国させることになったんだが、スタッフの誰もが一緒に帰国したくない。せっかくドイツに来たということで、観光もしたいしね。そのために団長の先生が帰国することになり、私に『高島君、フランクフルトまで付き合ってくれ』と言われ、ハイデルベルクの選手村からフランクフルトの空港までレンタカーで行くことになった。ところが、先生の車の運転はすごいというか、アクセルを踏みっぱなしで、アウトバーンを時速二百㌔以上のスピードで飛ばす。もう怖くてね。空港に着いたら先生は、涼しい顔で『ありがとう。じゃあ、帰国したら東京で会おう』と言って、さっさと飛行機に乗ってしまった。ホント、今思い出しても怖かった。でも、あのときのことを思い出すと、あれがまさに『日本パラリンピックの父』と呼ばれる、中村裕の生き様を象徴していたんだなあ。そう私は思うな」

遠い日を語る高島に、さらに尋ねた。障がい者スポーツを支援する皇室との思い出は？

「ハイデルベルクから帰国後、団長の中村先生を筆頭に東宮御所に出向いたら、皇太子様と美智子さん（上皇ご夫妻）が一人ひとりにお声をかけてくれた。嬉しかったですね。とくに美智子さんは、その後もずっと語学奉仕団には気遣ってくれて、『語学奉仕団活動五十周年記念パーティー』を芝公園（品川区）近くのフレンチレストランで開いたときも、護衛の人はいたけど、ご臨席してくれた。それに八一年の国際障害者年の頃、私は日本車いすバスケットボール連盟の会長だった浜本勝行さんに頼まれ、ボランティアとして大会事務局長をしていた。そういった付き合いがあった浜本さんが亡くなり（二〇〇八年六月）、偲ぶ会が行われた。そのときも美智子さんは、やはりお忍びでいらっしゃった。たとえお忍びでも、美智子さん自身も公務と同じように、宮内庁や皇宮警察、警視庁と打ち合わせをしなければならないと思う。感謝の気持ちでいっぱいでした」

読者の方たちも気づいたと思うが、山田も奥野も高島も、取材に応じてくれた人たち誰もが気軽に上皇后を「美智子さん」と呼んだ。それほど民間から嫁いだ上皇后の存在を身近に感じていたのだろう。

ちなみに上皇后は、浜本勝行に会った際は腰を低くし、親しみを込めて「浜ちゃん」と呼び、その傍らで上皇は微笑んでいたという。日本車いすバスケットボール選手権大会の男女優勝チームには、二〇一八（平成三十）年から待望の天皇・皇后杯が授与されている。天皇退位を決意された後、ご夫妻からの心あるプレゼントだったかもしれない。

ハイデルベルクのパラリンピックから三年後の七五年六月。第六章で詳述したように中村裕は、太陽の家創立十周年を迎えた年に現在の「アジアパラリンピック競技大会」の前身となる、「第一回フェスピック（極東・南太平洋身体障害者体育大会）」を大分で開催した。このときも橋本祐子率いる語学奉仕団は、中村裕への全面的な協力を惜しまなかった。

横浜駅近くの静かな喫茶店。高校時代から青少年赤十字（ＪＲＣ）で活動していた、東京生まれの森山晶子。彼女も快く取材に応じてくれた。

「七五年は私が大学を卒業した年で、日航に就職が決まっていたんですが、不景気ということで入社は十月まで待たなければならなかった。そこで橋本先生の引率で、私と高島渉さんの奥さん、和子さんの三人で大分に行ったんです。中村先生の要請を橋本祐子さんが快く引き受けたと思う。六月初旬に開催するフェスピックをサポートする語学ボランティアグループを大分で立ち上げるためにね。

大分の中村病院の屋上が中村先生のご自宅で、そこに滞在して大分県庁や県立高校に出向いた。高校ではボランティアに興味のある生徒を募り、勉強会を開きましたね。当時はまだまだボランティアという言葉が定着していなかったため、橋本先生は大変だったと思う。ボランティアの精神や意義を語ったり。私と高島和子さんは、通訳の仕方やスポーツの専門用語やルールなどを説明した。

もう何回も大分に行きましたね。太陽の家にも泊まり込み、中村先生から車を借り、もう駆けずり回った。本番のフェスピックのときは、東京から私たち語学奉仕団のメンバー十人ほどが行ってヘルプし、延べで六百人ほどがボランティアとして活動しましたね。もちろん、忘れられない、若き日のいい思い出です」

そして、「中村裕は、強引な人でしたか？」という問いに、森山は頭《かぶり》を振ってこう言った。

「いいえ、そうは思わなかった。優しくて、慈悲深く、使命感に燃えている。人を魅了し、ひと言でやる気を起こさせる人。『信念のある人だなあ』と、そう感じましたね。二年後の七七年にオーストラリアで第二回フェスピックが開催された。そのときも私は、日航から休暇をいただいて現地に出向きました。開催前に中村先生がパースで講演をするということで、私が通訳をしたんですが、そのときも感じた。『理想を追う、信念のある人だなあ』って。

東京パラリンピックまでの日本の障がい者は、サービスを受ける側で、生産するという発想はなかった。それを先生は太陽の家を創設して変えた。障がい者でもタックスペイヤー（納税者）になるべきだとね。私が接した限りでは、中村先生は強引な人というよりも、信念のある人でした」

もう一人。語学奉仕団のメンバーで、日本障がい者スポーツ協会に勤務していた中島和。彼女とは、東京・新宿の喫茶店で会った。大分での第一回フェスピックの際は、来日したルートヴィヒ・グットマンの通訳を担当している。

「このアルバムを見ればわかるように、七五年の五月三十日に中村先生、葛西嘉資さんと一緒に羽田空港で来日するグットマン博士を出迎え、翌日に全日空のチャーター機で大分に行っている。チャーター機の前半分には、皇太子様と美智子さん（上皇ご夫妻）と宮内庁関係者も乗ってね。飛行機の中で両殿下は、グットマン博士からお話を伺いたいということで、私も呼んでいただき通訳をした。それで大分空港に着くと、パトカーに先導されて宿舎まで行った。

六月一日から三日まで、両殿下とともにグットマン博士も各競技会場を回った。もう、どの会場に行っても、両殿下は選手全員にお声をかける。開会式やパーティーでもそうだったけど、とくに美智子さんは、県のお偉いさんたちに挨拶して話すことよりも、障がい者の選手たちとお話をしていたわね。あくまでも主役は障がい者という考えからでしょう」

中島が持参したアルバムには、同行したストーク・マンデビル競技大会やオーストラリアで開催した第二回フェスピック、七六年のカナダ・トロントでの第五回パラリンピック、また選手とともに東宮御所に出向いたときの貴重な記念写真が収められていた。もちろん、中村裕の写真もある。

中島はアルバムを手に続けて語った。

「中村先生、中村裕の印象は、いつもやる気満々で『今度はこれをやるぞ！』という感じ。強引だったけど、信念がある。そのためみんなが巻き込まれてしまう。それに厳しい人で『あいつは使えない』と決めたら使わない。厚生省の事務次官にもなった官僚出身の葛西（義資）さんもその辺は同じだったわね。

それに常に中村先生の頭の中には、『障がい者のため』という大義名分があったため、周りを見ないし、気にしない。そういった一種の鈍感さがないと目的を達成することはできなかったと思う。とにかく、マイペース。オーストラリアでの第二回フェスピックのときは、大分中村病院の看護師部長が一緒に来ていて、中村先生の世話をしていた。いつも大好きだという水ようかんを持参してね。でも、中村先生は、誰にもあげないで自分一人で食べていた。その辺も鈍感というか、中村先生らしかったわね。

付け加えていえば、せっかち。これもオーストラリアでのことだったけど、あちらの人が日本選手団に、ウエルカムスピーチをしているときね。中村先生は私に『今、なんと話した。通訳しなさい』

と。そこで通訳すると、頷きながら『もういい』と言う。つまり、長々と通訳することを嫌っていた。だから、オーストラリア人に後で皮肉を言われた。『英語を日本語に訳すと短いね』と。中村裕先生って、そういう人物でした」

そして、中島は、上皇ご夫妻と中村裕の関係をこう言った。

「医師の中村先生は、障がい者スポーツを通じて身障者の社会復帰のために尽力した。天皇・皇后両陛下（上皇ご夫妻）は、常に障がい者に愛の手を差し伸べてきた。お互いが心を許し、結び付いたのは自然の成り行きだったと思う」

七五年に開催された第一回フェスピック。その際に橋本祐子率いる語学奉仕団は、中村裕に対し、全面的に協力した。何度も大分に出向き、地方都市に語学ボランティアグループを結成した。それはその後も解散することなく、一九八一年の国際障害者年に開催された「大分国際車いすマラソン大会」でも裏方として活動した。現在も語学ボランティアグループは、教師、会社員、ＯＬたち約八十人で構成され、受け継がれている。

一九八四年七月二十三日、中村裕は享年五十七で泉下の人となる。皇太子・美智子妃両殿下時代の上皇ご夫妻が、最後に中村裕に会ったのは、その三年前の国際障害者年の八一年九月二十九日だった。

この日の上皇ご夫妻は、大分県佐伯市で開催された「第一回全国豊かな海づくり大会」にご臨席した後、六年ぶりに太陽の家を視察することを強く希望した。もちろん、大分入りをする前に宮内庁を通じて大分県に打診した。ところが、県側が難色を示した。とくに知事の平松守彦や県議会幹部たちが、「同じところに何回も皇族が行くのはおかしいではないか」と言って反対したのだ。

そのことについて詳細に、当時の太陽の家の関係者が語ってくれた。

「たしかに大分に皇族がいらっしゃると、必ずといっていいほど太陽の家を視察しますからね。知事たちの言い分は理解できた。そこで中村先生をはじめ、ソニーの井深大さん、オムロンの立石一真さん、ホンダの本田宗一郎さん、評論家の秋山ちえ子さんたちが話し合ってね。苦肉の策というか、皇太子様と美智子さん（上皇ご夫妻）を招き、両殿下がお泊りになる別府市のホテルで『障がい者の雇用』をテーマにした懇談会を開くことにした。もちろん、太陽の家の近況を両殿下に知っていただきたいということで、井深さんの指示で、ソニーのスタッフが太陽の家に来て、身障者たちが働く姿をビデオに収録。五分間に編集したビデオを二セット用意し、会場で上映することにした。二セット用意したのは、万が一故障した場合のことを考えてのことです。皇族の方たちは、分刻みのスケジュールで行動しますから、故障したらすぐに別のビデオを上映できるようにね。

それで当日の懇談会の会場には、中村先生は当然として、井深さん、立石さん、本田さん、秋山さんも駆けつけた。あのときの中村先生は、終始笑顔だった。もちろん、皇太子様も美智子さんも、たった五分間のビデオでしたが、太陽の家の近況を知ることができたためでしょう。喜んでおられました」

懇談会にご臨席した、そのときの上皇の発言が記録に残っている。

《学校の教育だけでは、身障者と健常者が仲良く暮らしていける気持ちを育てるのは難しい。学校教育と家庭が一緒になって区別のない社会を作り出すことが大切ではないでしょうか……》

また、この懇談会後の記者会見では、出席した井深大と本田宗一郎が独自の「教育論」を披露するなど、拍手を浴びたという。

皇太子時代の上皇ご夫妻は、四年後の八五年十月開催の第四回大分国際車いすマラソン大会のときも行啓している。だが、中村裕はすでに前年七月に亡くなっていた。大分に出向いても中村裕にお会いできなかった上皇ご夫妻。その心中はいかがだったのだろうか。

中村裕がまいた種

一九七三（昭和四十八）年六月三日、三十六歳のときだ。タレントだった八代英太は、歌謡ショーの司会者として出演中に、舞台下に転落。脊髄損傷の重症を負い、車いす生活を余儀なくされた。だが、四年後の七七年七月の参議院選挙全国区に立候補して当選。その後、二十八年間にわたり、車いす第一号国会議員として国政に携わった。

その元郵政大臣の八代英太とは、東京・板橋区板橋三丁目の事務所で会った。訪ねると要領を得た対応をしてくれた。

「太陽の家の職員で別府市議を務めた吉永栄治さんは、地方議員の車いす第一号。ぼくは国会議員車いす第一号だね」

先ずは、そう言ってから中村裕について語った。

「中村裕さんに会ったのは、七七年夏に参議院選挙に出馬する前、その年の二月かな。評論家の秋山ちえ子さんに『中村裕さんという素晴らしい人がいる。お会いしなさい』と言われ、秋山さんと一緒に別府の太陽の家に行って会った。吉永さんもいて、会うなり中村さんは『あなたは障がい者の啓発者になれ！』と言ってきた。『政治がすべてを決めるんだから、政治家になって障がい者の福祉行政を変えてくれ！』ってね。

そこで出馬することにしたんだが、私が身障者になった当時の社会は、車いすに乗ってもバリアだらけ。横断歩道には段差があって、車いすでは渡れない。国会議事堂に行くと『車いすの人は傍聴できません』と。階段だらけのためにね。議員会館に入ろうとすると『裏口の荷物用のエレベーターに乗ってください』と言われた。立候補して二十三日間も全国を回ったときは、排便をどこでするかまで決めなければならなかった。第一に車いすで入れるトイレなんかないんだから。もう大変でしたよ。この状況を変えるためにも、中村さんに言われたように、障がい者の啓発者にならなければと思った」

先に述べたように、七三年六月に脊髄を損傷した八代は、半年後に退院し、レギュラーのテレビ番組「お昼のワイドショー」（日本テレビ）に復帰した。

「もちろん、車いすに乗って出演したんだが、ある週刊誌はテレビに出てる私を『善意の押し売りだ』と書いたし、視聴者からも投書がきた。『障がい者なのにテレビに出て恥ずかしくないのか』なんてね。また、あるテレビ番組に出たらいつものギャラの半分。『何故ですか？』と理由を聞くと、

『下半身が麻痺しているから』と。喋ることに関しては何の障がいもないのにね。時代の先端を行くテレビ局だって、そんな調子。七〇年、八〇年代は、そんな感じの時代だったね」

スローガン「車いすを国会へ！」を掲げて参議院議員に当選した八代は、さらに当時の話を披露した。

「東京・世田谷区にある小田急線の梅ヶ丘駅。初めて小田急が車いす用のエレベーターを設置し、改札口も広くした。そのときに私は、テープカットに呼ばれて出向いたんだが、これはもう笑い話というよりも呆れた。駅長が『八代さん、喜んでください』と言う。だから、聞いたわけ。『じゃあ、小田急線の駅はすべてエレベーターを設置し、改札口も広くしたんですね？』って。そしたら駅長は『はあ？』と。『ここだけやっても無駄ですよ。他の駅で乗降するときはどうするんですか？』と言った。障がい者をまったく理解していなかったわけですよ。

ぼくは二十八年間議員をやって、バリアフリー法をつくった。欧米に追いつき、追い越せと、いろんなことをやった。繁華街で引っくり返り、周りはどんな反応を示すかなんてこともね。すぐに救急車を呼ぼうとしたのは、外国人だった。日本人はどうしていいかわからないし、見てみない振りをする。いろんなことをやったけど、さまざまな局面で福祉関係の予算は削られる。現在、障害者手帳所持者数は七百万人を超えて、人口の約六％だけど、決して少なくはない。三十年前、百歳以上は三千人ほどだったが、今は二十倍以上の七万人弱と増えている。そのうち健康なお年寄りが何％を占めているかが問題だが、今の日本は、超高齢化社会になっていることは間違いない。高齢者も障がい者もね、健常者とともに生活できる、いわゆるノーマライゼーションの社会をめざさなければならない」

そして、八代は最後にこう言った。

「中村さんは、私に『障がい者の啓発者になれ！』と叱咤激励をした。それに従って国会議員になった。六四年の東京パラリンピック当時の日本の障がい者は、『病院依存型』か『長期療養型』の二通りで、病院などの施設でおとなしく暮らすか、黙って自宅にいるかのどっちかだった。そこに中村さんが登場して、障がい者福祉のために種をまいた。社会復帰させるためにね。もう偉大な人でしたよ」

――卯《う》年の三月生まれの男には、「兎《うさぎ》の登り坂」という言葉がある。行動を起こせば周囲に恵まれ、思い通りになるという意味である。兎は前足が短く、後足が長いため、具合よく坂道を登れるからだ。インターネットで「卯年」を検索すると、以上のような内容の運勢が記述されていた。

一九二七（昭和二）年三月三十一日、卯年生まれの中村裕――。

その妻である叔母の廣子は、一回り年下の卯年。中村よりも二十四歳年下の中村英助も同じく卯年。その英助は、幼い頃からよく叔父の家に遊びに行った。

小学生時代の夏休み、暑い日だった。叔父が言った。

「英助、お前はかき氷、食べたくないか？」

「食べたい！」

そう素直に応えた甥に「待ってろ」と言って、叔父は叔母とともに車で出かけた。約一時間後、帰宅した叔父は氷とシロップ、それに何と、かき氷機までも買い込んできた。同じ卯年生まれの三人は、一緒にかき氷を食べた。

ＪＲ別府駅から徒歩で五分ほど。別府中村病院の理事長室で中村英助は取材に応じてくれた。

「叔父の中村裕と叔母の三人で会うときは、『ウサギの会』と言っていた。叔父は、とにかく思いついたら、すぐに行動する。かき氷機まで買ってきたときは驚いたが、叔父は驚かせることが好きだった。車も二台持っていたし、ぼくにとっては憧れの存在だった。ただ、ワンマンの叔父と十九歳で結婚した叔母は、もう大変だったと思う。たとえば、『湯布院に行くぞ！』と言えば、すぐに車に乗らなくてはならない。せっかちだから、化粧なんかしていたら怒るしね。

ぼくの父の信博は、どちらかといえば性格は穏やかだった。しかし、同じ兄弟でも、叔父の場合は正反対で、祖母の八重に似ていた。お婆ちゃんは、庄屋の四人兄弟の一番年上の長女で、下の三人の面倒を見ていた。よその子どもが遊びに来ると、食事をさせて土産まで持たせたというしね。自分で決めたら引き下がらなかった。その辺は、叔父も同じだった。

取材をしていればわかると思うが、叔父は稀有な人だった。医者の世界は閉鎖的だし、失った友も多いんじゃないかな。その反面、他人ができないことをやったため、新たな仲間もできた。皇室までも味方にしてしまったしね。よく菊の御紋入りの恩賜《おんし》のタバコを持ってきてくれた。太陽の家創設五十周年の式典のときは、表向きにはプライベートということで、天皇・皇后両陛下（上皇ご夫妻）が行幸なさった。叔父が亡くなって三十年以上も経っていたのにね。中村裕は五十七歳で逝ったけど、まあ、悔いのない人生を送ったと思うな」

理事長室に置いてある父・信博の胸像にときおり視線を送り、中村英助は語った。

太陽の家が創設された一年後の一九六六年十二月、大分中村病院は開院した。父の亀市と母の八重が、次男・裕のために開院したのだが、当時の中村裕は、国立別府病院の国家公務員医師であり、自分の病院といえども治療することはできなかった。そのため兄の信博が院長であった別府中村病院から、医師や看護師が派遣されていた。

中村裕が国立別府病院を退職し、自分の病院経営に専念できるようになったのは、六八年四月からだった。医師の畑田和男と理学療法士の河野昭五も後を追うように国立別府病院を退職。三人で大分中村病院を切盛りしていた。だが、太陽の家の理事長を兼ねていた中村は、まさに東奔西走の毎日であり、畑田と河野の二人も太陽の家の仕事を手伝わなくてはならなかった。

そのような状況にあった大分中村病院を陰で支えていたのが、中村よりも八歳年下、一九三五年生まれの医師・井口竹彦だった。現在は、福岡県久留米市の整形外科病院に勤務している。訪ねると穏やかな口調で取材に応じてくれた。

「私は、和歌山県立医大を卒業した後、九大の天児（民和）先生がいる整形外科に入局した。そこでインターンをしていたら、もう命令で『国立別府病院で勉強して来い』と。太陽の家が創設された頃でしたね。そこで初めて中村先生に会ったんだが、いつも走っているような忙しい人だった。よく東京に行っていたんだが、日帰りのときもあった。当時の先生は、口癖のように『俺は障がい者を見世物にしているんじゃない。そう言う連中は何も考えていないんじゃや』なんて言ってた。もう障がい者のためなら、何がなんでも突き進む人だった。あの行動力は真似ができない、普通の人間はね。自宅にいてもすぐに外出できるように、車のエンジンはかけっぱなしにしていると言っていた。

私が国立別府病院を退職し、大分中村病院に行ったのは昭和でいえば、四十六年頃かな。たしかに医師は中村先生と畑田先生がいて、私を入れて三人だけだった。しかし、二人は忙しい。一時は外科医の平岡弘先生がいたんだが、開業するために辞めてしまい、再び三人になってしまった。私は週に三日は当直していたよね。

まあ、何度か辞めようと思った。父が福岡の博多で歯科医をやっていたからね。私も開業したいため、中村先生に言った。『そろそろ開業したいです』とね。すると中村先生は『そうか。じゃあ、開業するための勉強をしなきゃいかんな』と。それでしばらくして私が『開業したいので、そろそろ辞めます』と言ったら、中村先生は『井口先生は、開業医に向かんなあ』と言う。『はあ、何でですか?』と聞くと、『井口先生は、儲け方を知らんからなあ』と。そう言われると、私も『そうかなあ』といった感じで、結果的にずるずると大分中村病院にいてしまった。最後は中村先生の次男の英次郎君が理事長をしている、同じ大分市の明野中央病院に移りましたけどね」

井口は、「私の性格は、中村先生とは正反対だったね」と頬を緩めて言い、こう続けた。

「中村先生は、五十七歳で亡くなった。若すぎたけど、一生分は働いた。ただ、二〇二〇年の東京パラリンピックを見せてあげたかった。そのことだけは残念だね」

太陽の家の法人本部長・四ツ谷奈津子が、太陽の家に職を求めたのは一九八三年三月。大分国際車いすマラソン大会にフルマラソン部門が設けられる年で、英語の通訳兼任で勤務することになった。だが、教員だった彼女は、中村裕のことはまったく知らなかったという。

太陽の家の理事長室。取材に応じた四ツ谷は、職員になった当時を振り返り語った。

「中村先生は忙しい人だったため、テープに録音してね。『これを訳せ』と言ってくる。それでタイプライターを打ちながら訳していると、『それは違う。俺はこう言いたいんだ』と怒る。たとえば、『I am thinking』、『今、私は考えている』と。ところが、彼は大分弁丸出しで喋るため、『I am sinking』、つまり『今、私は沈んでいる』になってしまう。けっして流暢な英話ではなかったけど、外国の方には結果として通じてしまう。それで渡り歩いてきたんだから、すごい人ですよ。私も若かったため、たまには『このオヤジめ！』と思ったことはありましたけどね。

それに電話魔でした。八〇年代でも自動車電話があったため、休みの日もかかってくる。年上の職員たちは夜中に呼び出されるし、海外に行ってるときなんか、こっちの時間帯を考えないで真夜中でもかけてくる。だから、『飛行機に乗ってるときがいちばん安心できる』と言ってた。仕事をしていて『あと五分で着く』と電話がかかると、私たちは『台風がくるぞ！』と緊張しましたけどね。それでいて気配りができる人でもあった。血液型がO型なんでしょうね。奥様の廣子さんは〝男芸者〟と言ってたし、繊細でしたね。ただし、子どものような面もあった。たまに残業していて、誰かいる気配がするなあと思うと、ドアの隙間から覗いていましたから」

四ツ谷は肩をすくめ、続けて言った。

「とにかく、中村先生は前例のないことをやりましたから、周りの人の半分は敵だったと思う。とくに官公庁のお役人はね。でも、慣れてくると楽しい人だったし、たぶん、天皇陛下も美智子さんも中村先生とご一緒のときは楽しかったんじゃないかしら」

四ツ谷が職員になった一年後の八四年の四月。二十七歳のときに太陽の家の職員になった堀川裕二。現在、日本卓球バレー連盟普及委員長・大分県障害者スポーツ指導者協議会相談役などの肩書を持つ堀川裕二は、「卓球バレー」の普及のために全国を飛び回っている。仕事が忙しい堀川に太陽の家の事務局で会ったのは、夜の八時過ぎだった。

ときおり彼は独《ひと》り呟くことがあったという。

（中村裕は昭和二年三月三十一日生まれ。ぼくは三十年後の昭和三十二年の同じ三月三十一日に生まれた。名前は裕二だから「裕二世」かもしれない。ぼくも頑張らないといけない……）

彼は語った。

「偶然といえば偶然だけど、ここに入った当時は誕生日が同じで名前も似ているため、『頑張ろう！』と思った。でも、それだけではなく、大正十（一九二一）年生まれの父の堀川龍一の場合も、中村先生と共通点があるんですよ。同じ九州大学医学部卒業で、同じ整形外科医。それも九大時代の恩師は同じ天児(民和)先生だった。さらに父は社会福祉法人の肢体不自由児施設『旭川荘』(岡山市)の園長をしていたし、中村先生は『太陽の家』の理事長でしたから。

そのうえ、これも面白い偶然なんだが、中村先生は岡山市にある川崎医科大学の創立者の川崎祐宜《ひろのぶ》を尊敬していて、息子の太郎さんと英次郎さんを入学させましたよね。その川崎祐宜は、ぼくの母・昭子の叔父さん。つまり、ぼくの祖母の長兄が川﨑祐宣。その昔、ぼくの大学時代だったかな。中村先生と川﨑祐宣が知り合い、湯布院の中村先生の別荘で意気投合したという話を聞いたことがある。二人とも医療と福祉を追究していたため、気が合ったんじゃないかな。父の堀川龍一も叔父の川﨑祐宣に求められ、旭川荘の創設に参画を決意したと聞いていますから。まあ、中村先生とは不思議な繋がりがあったよね」

表情を崩して堀川は語り、ペットボトルの水を飲み、続けた。

「当時は、七〇年代までは医療系や福祉系の人たちが中心となり、障がい者スポーツを普及させていた。ところが、七四年に岡山大の保健体育学科出身の藤原進一郎さんたちが、大阪に『長居障がい者スポーツセンター』を開館させてね。それが契機となって徐々にではあったけど、全国各地に障がい者スポーツセンターが設立され、そういった施設で体育大や国立大で保健体育を学んだ人たちが働くようになった。

中村先生とぼくの家族は付き合いがあった。そのぼくは、大学で誰もができるユニバーサルスポーツの普及活動をしていた。だから、中村先生は、『一緒に障がい者スポーツをやろう』と声をかけてくれ、太陽の家に入ったわけ。ぼく自身も『障がい者スポーツを普及させるには教育的な考えがないとダメだ』という考えを持っていたしね。当時の太陽の家は有名だったし、中村先生の下で仕事ができる。嬉しかったですね」

しかし、それから三か月後の七月二十三日だった。「さあ、頑張ろう！」という時期に、中村裕が亡くなるとは思いもかけぬことだった。堀川は当時を語った。

「五月に実家に帰り、ここに戻ってくるとき父に『喪服を持って行け』と言われ、『何で?』と思った。ぼくに限らず、太陽の家の職員たちも中村先生の体調が酷い状態になっているということは知らなかったしね。突然、七月二十三日の朝に亡くなったとき、ぼくは蟬の鳴く声を聞きながら、『夏までもったんだあ』と思った……」

あの蟬の鳴く日から、すでに三十年以上の星霜を経た。堀川はしんみり語った。

「二〇一四年の三月三十一日、ぼくは五十七歳になった。先生が元気ならば八十七歳。四か月後の先生の命日の七月二十三日を迎えるときは、胸がどきどきした。だって、中村先生が亡くなったのは、ぼくと同じ五十七歳のときだったからね。でも、こうして無事に還暦を迎えることができた。ぼくが七十歳になる二〇二七年は、中村裕の生誕百年の年だよね」

時計の針は、とうに夜の九時を回っていた。

奔走しつづけた中村裕

一九八一年の国際障害者年。中村裕は、「第一回国際アビリンピック」と「第一回大分国際車いすマラソン大会」を成功に導いた。

明けた翌八二年。五十五歳を迎える中村裕は、さらに加速するがごとく奔走した。止まることなく、ブルドーザーのように突き進んだ。それは狂奔といったほうがいい。すべては弱者である障がい者のためだ。

八二年一月、太陽の家理事長・中村裕宛に、南太平洋の島国のトンガ国王夫人から、「トンガにも太陽の家を設立してほしい」との手紙が届いた。前年夏に中米のコスタリカが「太陽の家コスタリカ」を設立していた。そのためトンガも太陽の家設立を望んだのだ。七五年の大分でのフェスピック出場以来、トンガは毎回フェスピックに参加。中村裕との親交を深めていた。

この時期、世界から中村裕は注目されていた。アフリカのザンビアは在日大使館を通じ、やはり太陽の家の建設を要請。香港は土地を確保し、早く進出してほしいと言ってきた。その他、コロンビア、パキスタン、インドネシア、ブラジルなどから身障者施設を建設するための資料を送ってほしい、という申し込みが相次いだ。

もちろん、中村裕は協力を惜しまなかった。たとえば、フィジーには東京パラリンピックの際に使用し、その後に太陽の家に寄付されたリフトバス「パラリン号（乗車定員二十一名）」をプレゼントしている。当時の太陽の家の職員が語った。

「フィジーまで、たとえ中古のリフトバスといえども、輸送するには百万円以上かかる。ところが、中村先生は海上輸送を専門とするコンテナ船の会社に話を持ちかけ、運賃無料でフィジーに送ることができた。あのときはフィジー政府の外務観光省やフィジー日本大使館から感謝状をいただきました」

そのフィジー日本大使館のJ・コトバラブ大使は、次のような感謝の書状を中村裕に送っている。

《私はフィジーの青少年教育終身大臣から、太陽の家から贈ってくださったリフトバスが、フィジーの身障者普及及び対麻痺患者の子どもたちの輸送に、非常な助けになっているという手紙を受け取ったところです。

リフトバスは同省、保健社会福祉省により、車いすの子どもたちの輸送に、またフィジーパラプレジア協会によっても、恒常的に使われています。（略）政府及びフィジー国民に代わり、この便宜をお与えくださったご寛大な行為に対し、博士と太陽の家に重ねて感謝いたしたいと思います。

身障者福祉を推進しようとする博士のご努力が実りますようにお祈りします。

また、この機会をお借りし、博士が楽しいクリスマスと幸多い新年を迎えられますようにお祈りします。

一九八二年十二月十四日　中村博士殿　≫

また、太陽の家を参考に、身障者が働く施設「ニューライフセンター」を設立したネパールは、第二回フェスピックのときだった。参加した選手の手術をはじめ、物心両面で援助した中村裕に対し感謝し、国王が「スパラパル・グルカ・ダクシン・バフ」勲章を贈った。この勲章は外国人に贈られる最高位のものである。

太陽の家の創設から十七年。波乱の歴史を刻みつつも、この十年は順調な道を進んできた。その要になったのが、立石一真の全面的な協力を得て設立した、共同出資会社のオムロン太陽だった。

八二年六月三十日。オムロン太陽電機株式会社創立十周年を迎え「創業十周年記念式典」が挙行された。約九十名の身障者と健常者がともに働き、前年度の売上げは約十一億円。たとえ身障者といえども、全員が社会に向けて胸の張れるタックスペイヤーになった。オムロン太陽電機会長の立石一真が祝辞を述べ、続いて中村裕が挨拶した。

「身障者が近代産業に取り組むことで、職場の拡大を計ろうと設立されたオムロン太陽は、立派な実績をあげ、重度障がい者でも十分にやっていけることを証明した。これからも身障者工場のモデルとして頑張ろう!」

この力強い言葉に全員が拍手を送った。涙を流し、拳で拭う者もいた。

オムロン太陽に続いて、七八年にはソニー・太陽を設立。その三年後の八一年にはホンダ太陽がスタートした。しかし、それでも中村裕は満足することはなかった。奔走しつづけていた。

八二年七月だった。中村裕は、東京・千代田区丸の内に本社を構える三菱商事に出向き、常務の馬渕秀夫に会っていた。当時の太陽の家の職員によれば、以前から中村はコンピューターのソフト部門の仕事は、身障者に向いていると判断。上京するたびに三菱商事に働きかけていたという。

ともあれ、常務の馬渕秀夫を前に、中村裕は太陽の家を設立した動機、オムロン、ソニー、ホンダとの共同出資会社の業績を熱っぽく語った。障がい者スポーツのフェスピック、車いすマラソン大会、アビリンピック(身障者技能競技大会)の開催などについても説明。もちろん、いかに身障者にとってコンピューター業務が適しているかを力説した。

その熱意と、これまでの共同出資会社の実績が奏功した。翌八三年十一月には共同出資会社「三菱商事太陽株式会社」が設立され、馬渕秀夫が会長となり、中村裕は社長に就任。三菱商事の関連会社から情報処理関係業務の委託を受け、情報処理のシステム設計やプログラミングを行うことになった。三菱商事から出向する三人を加え、従業員は二十四名であった。

翌八四年二月六日の太陽の家で行われた開所式には、三菱商事の重役も出席。中村裕がコンピューターの始動スイッチを入れた。取材に来た地元紙の記者を前に中村は言った。

「身障者たちの作業の質を高めるのに六年かかった。身障者が最近の先端産業で、堂々と仕事ができる日がようやく来たのです。

作業内容は健常者といささかも変わらない。身障者であることを忘れて、能率を上げてほしい。今後は目が不自由な人たちも仕事できるようにしたい。また、将来は移動が難しい重度身障者が自宅で仕事ができるようにもしたい。そうすれば在宅の重度身障者にも光があたることになる」

中村裕という人間には、「満足」という言葉はなかった。三菱商事太陽の設立に向けて奔走しつつ、同時期には「世界のトヨタ」にもアプローチしていたのだ。

創設当時に太陽の家の職員となり、一貫して事業部門に携わってきた伊方博義。第五章に記述したように、太陽の家が創設され、まだ軌道に乗らない頃だ。具体的な運営方針を示さない中村裕に対し、伊方は苛立ち「殺してやりたい！」「こんちきしょうめ！」と、何度も太陽の家を辞めようと考えた。しかし、そんな伊方でさえ、定年退職まで仕事をまっとうした。

その伊方には、中村裕が口にした忘れられない言葉がある。中村裕が泉下の人となる一年前、八三年の夏頃。初めて太陽の家は、大分県外に進出することになり、愛知県蒲郡市に「愛知太陽の家」

を完成。その敷地内にトヨタ自動車の系列会社「日本電装（本社、愛知県刈谷市）」との共同出資会社「デンソー太陽株式会社」の設立に向け、「愛知太陽の家建設準備室」ができた。その頃だ。事業部長で準備室長の伊方を前に、中村はこう言った。

《車に乗らん人でもトヨタは知っとるけど、車に乗っとる人でもデンソーは知らんぞ》

太陽の家の会議室。伊方博義は、その当時を詳細に語った。

「結果として、八四年四月に『愛知太陽の家』が設立され、同時に『デンソー太陽株式会社』がスタートしたんだが、中村先生は最後までデンソーではなく、親会社の『トヨタ』のネームバリューにこだわっていた。つまり、『トヨタ太陽株式会社』にしたかった。デンソーには失礼だけど、たしかに一般的には知られていない。その点、トヨタは『世界のトヨタ』だしね。なるほど、名言だと思った。とにかく、先生はトヨタの名前を欲しがっていて、当時の愛知県の県議会議長に会い、『何とかトヨタを出してくれ』と頼み込んだ。その結果、愛知県知事とトヨタの社長、中村先生の三人で話し合うことになった。まあ、トヨタ側は渋々副社長が出てきた。そこで中村先生はトヨタの名前を出すことを主張した。ところが、トヨタの副社長は『生憎《あいにく》だが、トヨタには障がい者ができる仕事はない』と即答してきた。そのときはそれで諦めたんだが……。

でも、中村先生はしぶといというか、後日、私に『伊方、デンソーと仕事をするのはいいが、名前だけでもトヨタにしたいんじゃや』と。それで私は、『先生、それは無理です。デンソーの仕事をするんですよ』と言うと『そうか。しょうがねえなあ』とね。ようやく諦めた」

八四年四月九日、愛知県蒲郡市に設立された「愛知太陽の家」の開所式が行われた。鉄筋四階建ての福祉工場、ほかに授産場、寮、三階建ての作業所、管理棟、宿舎など六棟で、総工費は約十二億円。国からの社会福祉施設整備補助金が五億円、愛知県が三億円、蒲郡市が約五千万円を出し、足りない分は地元の篤志家の寄付や募金で賄った。同時に「デンソー太陽株式会社」も設立され、軽自動車の速度計、温度計などのコンビネーションメーターの生産を手がけ、月産四万個を目標にした。

その設立記念行事として、中村裕は「第一回国際障害者レジャー・レクリエーション・スポーツ大会」（略称・レスポ。RESPO）を新たに提案。自ら実行委員長に就き、国際リハビリテーション協会（RI）、日本障害者リハビリテーション協会、愛知県身体障害者福祉団体連合会の主催で、四月二十一日から二日間にわたり開催された。

この第一回レスポには、二十五か国から約千七百人が参加。蒲郡市を中心に、豊橋市、幡豆郡幡豆町（現・西尾市）、額田郡幸田町などが会場となり、潮干狩り、ヨット、キャンプ、バドミントン、テニス、モーターボート、ボウリング、オリエンテーリング、ウォークラリー、卓球、ダンス、映写会、カラオケ大会など十四種目が行われた。競技よりもむしろ国を超えた身障者の交流に重点が置かれた。開催前日の二十日夜には、常陸宮殿下がご臨席し歓迎レセプションが盛大に開かれた。

再び太陽の家の会議室。伊方博義は続けて語った。

「たしか八三年の春頃だった。中村先生がマレーシアで開かれた国際リハビリテーション会議に出席した際、レスポを開催することを決めてきた。それで先生は、第一回のレスポには『皇太子・美智子妃両殿下（上皇ご夫妻）をお呼びする』と言っていた。それで先ほどの話に戻るんですが、どうしてもデンソーではなく、トヨタの冠がほしい先生は、デンソー側に『設立の際は、皇太子様（上皇）がいらっしゃるかもしれませんよ』と言った。そしたら、もうデンソー側は驚いた。何故なら親会社の世界のトヨタにさえも皇族はいらっしゃっていないということでね。中村先生は『皇太子様が見てもわからないような物を造っていては失礼じゃないか』とも言っていた。私もそう思ったけど、まあ、結果として皇太子様ではなく、常陸宮殿下がいらっしゃったんですがね。八四年四月にデンソー太陽をスタートさせ、レスポを開催した。あれが最期の仕事になってしまった。中村先生は何事においても満足せず、走りっぱなしだった……」

そう言って伊方博義は、小さく頷いた。

遺された時間がわずかであると予期していたのだろうか。晩年の中村裕は、己の身体に鞭打つがごとく精力的に仕事をこなした。海外にも出かけている。

人生を決めることになった、恩師のルートヴィヒ・グットマンが眠る墓に出向いたのは、鬼籍に入る一年二か月前の八三年の五月だった。妻の廣子とともに墓参している。ストーク・マンデビル病院のあるエイルズベリーから車で小一時間、ブッシイという村にグットマンの墓はあった。墓石には没年月日が刻まれ、何故か敷石の上に小石がいくつもあった。中村裕は、不思議に思いながらも、一つずつ拾って取除こうとした。すると、案内した者が言った。

「これはユダヤ人の風習で、お参りに来た人が一つずつ、石をここに置くのです」

「それは、うかつであった」

そう言って小石を元のところに戻した中村裕は、改めて両手を合わせた。目をつむり、グットマンに何を問いかけたのであろうか……。中村裕が亡くなって十三年後の一九九七年十二月。妻の廣子は長男の太郎とともに渡英し、再び墓参している。


伊方博義が取材に応じてくれた、太陽の家の同じ会議室。

初めて出会った国立別府病院時代から鬼籍に入るまでの、四半世紀にわたる中村裕の半生を語れる「最後の生き証人の一人」、理学療法士の河野昭五。二度目の取材に応じた彼は、微かに潤む目を見せつつ、晩年の中村裕について語った。

「初め先生は、九大の病院に入院していた。私が見舞いに行くと、『皇太子様（上皇）から見舞いのお菓子が届けられた。河野、食ってけ』とね。菊の御紋が入ったお菓子でね。せっかくだからいただくと、先生は、『河野、それを食うとな、長生きできるぞ』と言って何度も頷いていた。

その後だね。九大から自宅の大分中村病院に移って、静養しているときは、毎日のように行ったんだが、その頃は起きていても正座ができずに『河野、お客が来たとき座れないとみっともないんじゃ。俺を患者だと思って足を曲げてくれ』と言う。それで、ゆっくりと膝を曲げていると、笑いながら『お前、患者をそんな風に扱っていたのか。痛いんじゃや』と言う。私は『やってますよ。商売ですから』と言ってやった。

それで、亡くなる一週間前頃だった。『河野、頼むぞ。お前は俺と一緒に頑張ってきたんだからな』って。だから、私も言った。『先生がいなくなったら、私の夢も終わりますよ』って。初めて先生がストーク・マンデビル病院に行って、戻ってきたときの言葉は『俺と一緒に〝第三の医学〟のリハビリテーションをやるんだ』だからね。それでずっと一緒にやってきた」

昭和五年生まれ。中村裕よりも三つ年下の河野は、ゆっくりとした口調で話を続けた。

「亡くなるときは、畑田先生から電話がきた。『もう河野さんに会わせなきゃ大変だ。怒られる』と言ってね。それで病院に行ったら、すでに亡くなっていた……。

先生との思い出はいっぱいある。太陽の家を創立させるときは、もう毎日会ってた。朝方まで話して、車で家まで送ってくれてね。私の家を見て、『河野、俺が乗ってる車よりも、この家は安いな』なんて言って笑ってた。とにかく、車が好きでね。『ちょっと来い』と言われて車に乗ると、もう飛ばしてね。『ここに中村病院を造るんじゃ』と言ってた。それが今の大分中村病院ですよ。

先生の夢はいっぱいあったと思う。最期は、別荘のある湯布院に施設を建てるつもりだった。青写真もできていてね、設計図を見せてくれた。『河野、俺は重度障がい者の施設を造るぞ』と言ってね。まあ、早いもんで先生が亡くなって、もう三十年以上経つ。五十七歳だったしね。あんな人はもう出てこんと思う……」

ときおり河野は、目頭を人差し指で押さえつつ語った。

一九八四（昭和五十九）年七月二十三日午前七時三十分、中村裕はあの世に旅立った――。

通夜には、作家の水上勉夫妻、恩師の九大名誉教授の天児民和をはじめ、大分中村病院と別府中村病院の職員、太陽の家の身障者たちが、次つぎと顔を見せた。生前の中村裕は、「逝くときは、霧の中に消えて行くようにいきたい」と言っていたという。最期まで元気だった中村の死を、誰もが信じられない思いで受け止め、その死を悼んだ。

その頃、パラリンピックの「聖地」、エイルズベリーのストーク・マンデビル病院では第七回パラリンピック（第三十三回国際ストーク・マンデビル競技大会）が開催されていた。エイルズベリー在住で、日本人理学療法士登録第一号の新藤信子が証言した。

「中村先生の訃報が届けられたときは、誰もが悲しんだわね。選手とスタッフ全員が二分間の黙とうを捧げ、ジョン・グラント氏（国際ストーク・マンデビル競技連盟会長）が追悼の言葉を述べたんじゃないかしら……。

たしかあの年の大会からストーク・マンデビル競技大会に車いすマラソンが種目に入ったと思う。私とドクター・グットマンの秘書だったジョアン・スクルトンがゴール地点にいてね、ゴールする選手たちを見ながら抱き合って喜んでいた。車いすマラソンが障がい者スポーツの種目になったのも、中村先生の遺産というか功績ね」

葬儀は、五日後の七月二十八日午後一時から別府市の中央葬儀社中央会館で行われた。序章でも記述したように、祭壇には東宮御所から届けられた皇太子妃殿下（上皇后）のお手摘みの生花が並べられ、昭和天皇からは「正五位勲三等瑞宝章」が授与された。皇太子・美智子妃両殿下（上后ご夫妻）からのお言葉をはじめ、常陸宮殿下、総理大臣など政財界、官界、医学界のほか、海外を含めて三千四百十二通の弔電が寄せられた。参列者は三千人を数えた。大分県内の生花店から白い菊の花が消えたと言われたほどだった。

葬儀委員長を務めたソニーの名誉会長で、太陽の家会長の井深大が、哀悼の辞を述べた。

《中村先生の本当の価値を知り、高く評価して今日、本当に残念に思っているのは、世界中の身体障がい者の方々ではないかと、私は信じております。障がい者というものが何かしら庇護を受けるものだという今までの考え方をまるっきり変えられたのが、中村先生の偉大なところではないかと思います。

本日は正五位勲三等というような大変な栄誉を得られましたけれども、中村先生はこの栄誉にもっともっと倍する非常に大きな働きを人類に与えてくださった方だと、私は信じております》

中村裕は泉下の人になるまで走り続けた、闘う医師だった。

ＪＲ日豊本線、別府市の亀川駅から徒歩で五分ほどの社会福祉法人「太陽の家」――。

現在、太陽の家の傘下には、電子印刷センター、大分銀行、大分タキ、大分ロボケアセンターなどの協力企業。オムロン太陽電機、ソニー・太陽、ホンダ太陽、三菱商事太陽、デンソー太陽などの共同出資会社。その他、障がい者支援施設、特別養護老人ホーム、高齢者向け住宅、スーパーマーケットなども運営し、事業本部は大分県に三か所（大分市、日出町、杵築市）、京都市と愛知県蒲郡市にもある。総従業員は約千九百人で、そのうち身障者は約千六百六十人。世界に誇れる福祉施設である。

中村裕が鬼籍に入ってから三十三年目、二〇一七年十月三日。就業前の午前八時から太陽の家創立五十二周年式典がささやかに行われた。正面玄関前の広場に集まった従業員は約百名。献花された中村裕の銅像に向かって、一分間の黙とう。車いすに乗る副理事長の山下達夫を傍らに、中村裕の長男・中村太郎が挨拶した。太郎は大分中村病院の理事長で、太陽の家の理事長でもあった。

「三年後の二〇二〇年の東京パラリンピックは、真夏の八月二十五日に開幕します。太陽の家は、パラリンピックを迎えるにあたり、とくにアジアの国々をサポートしたいと考えています。開催前はラオスとベトナムの選手団がキャンプをすることがほぼ決まり、今月中に調印することになっています。みなさんの協力で、太陽の家をアジア選手のトレーニングセンターにしたいです。

一九六五年に創設された太陽の家は、この十月で五十二周年を迎えました。今や障がい者は街に出ています。これは誇れることです。これからも多様性を持った街にすることを勧めたいです。五十二周年を迎えた太陽の家は、今後も変わらずに『仕事』と『スポーツ』の二本柱を掲げてやっていきます。

来年の夏にはＮＨＫテレビが中村裕を主人公にした一時間十分のドラマを放映することが決まりました。誰が中村裕役を演じるか楽しみです（一八年八月二十二日放映、中村裕役・向井理、中村廣子役・上戸彩）。また、現在の太陽の家歴史資料館を移転し、新たな名称でオープンしたいと考えています（『太陽ミュージアム』の名称で二〇年三月オープン予定）。みなさんとともに太陽の家を盛り上げていきましょう……」

二十分ほどで太陽の家の五十二周年式典は終わった。

午前九時ちょうど。秋の柔らかな陽射しが差し込む理事長室。中村太郎は、気軽に取材に応じてくれた。壁には白衣姿の父・中村裕の写真が掛けられている。

「父との思い出についていえば、私の子ども時代は父と母は一台ずつ車を持っていたし、庭は芝生でスプリンクラーがあり、朝はパンとエッグ。ま、平和な家庭だった。普通の家庭と違っていたのは、障がいを持った人たちが当たり前のように、わが家に出入りしていた。水上勉先生の娘の直子ちゃんもいたしね。日本人と結婚していた、車いすに乗る日本タッパーウェア社長のジャスティン・ダートさんとかもいた。障がい者との生活は、私の日常でもあった。

ただし、太陽の家ができた頃から、父が苛立つようになった。忙しいこともあったが、私の顔を見ると『勉強しろ！』『医学部に行け！』と言う。私は文系で、懐中電灯を持って布団の中で本を読むほど読書好きだった。しかし、父は『お前はサラリーマンの競争社会では食っていけない。医者になれ！』とね。父は身障者にスポーツを勧めていたが、私がスポーツをすると『そんな時間があるんなら勉強しろ！』。高校時代、わざと父を嫌がらせるために山岳部に入部したら、校長の元にＰＴＡ会長の父が行って、『退部させろ！』と脅すように言う。もう私は恥ずかしかった。友だちに言ったよね。『医者の息子は医者にしかなれないのか。じゃあ、陸上選手の息子は水泳をやってはダメなのか』ってね。とにかく、父は強引だった。まあ、私は医者になったけど」

遠い昔の父との思い出のためだろう。長男の太郎は、微笑みを宿しながら続けて語った。

「父は太陽の家を創設し、障がい者スポーツを奨励するなど、よく新聞に出ていたため、有名人だった。でも、医師仲間からの評価は低かった。事業家でもあったからね。父が亡くなった後に仲間だった医師が来て、私に『君のお父さんは、医師になっていなかったらダイエーの中内（功）さんのようになっていたよ』と。中内さんは金儲けに徹したというか、いろんな人と闘ったと思う。父も同じで、思ったことをやり遂げるために、人を騙したこともあると思う。政治家の西村英一さんや橋本登美三郎さんの政治力を使ったり、水上先生、秋山ちえ子さん、オムロンの立石一真さん、ソニーの井深さん、ホンダの本田さんなど。力を利用したというか、力にすがったというかね。ある面は凄いけど……。

父は私に、『有名になるにつれて仲間が減っていくんだ』と言ったこともある。そのため飛行機で隣合せた人を家に連れてきたこともあるしね。湯布院の別荘に一人で行って、福岡の仲間に『すぐに遊びに来い』と言ったりね。寂しかったと思う」

そして、晩年の闘病中の父の最期を語った。

「今は感染症患者を手術する際は、とくに細心の注意を払う。手袋を二枚にするとか。でも、父の時代は素手で手術をすることもあった。そのためかもしれない。患者さんに使用した注射器の針が刺さって、肝炎ウイルスが移り、がんになった可能性も否定できない。

大分県立病院で治療を始めた当初は、父の弟（中村泰也）、叔父さんが外科部長をしていて、がんセンターの所長でもあった。そのときの父は腹水が溜まっていて、末期のがんだった。それで叔父さんは自分の血液を採って、『異常はないよ』と父に言ってた。本当は悪かったけど、『大丈夫だよ』と言って、父を安心させた。私は叔父さんに呼ばれ、『お父さんはがんで余命いくばくもない』と宣告されていた。母がどう思っていたかは知らないけど……。

父の最期は大分の中村病院の自宅で迎えることになり、今は院長室になってるけど、当時はお客さん用のゲストルームでね。ホームバーもあり、東京から来ていた秋山ちえ子さんたちが泊まる部屋だった。そこで父は治療を受けていた。最期は畑田先生が『ご臨終です』と言って、号泣しながら私の弟の英次郎に『心肺蘇生しなさい』とね。当時の私は岡山の川崎医科大学の学生で、臨終の場には立ち会えなかった。家に帰ると母が『お父さんは死んだ』と……」

中村太郎は、そう言いつつ理事長室の壁に掛けられた父の写真をじっと見た。一拍置いてから続けた。

「先月の九月十六日、私は父が五十七歳で亡くなった同じ歳になった。五十七になるときは、ものすごく意識した。そのために脳や心臓、あらゆる検査を受けた。禁酒禁煙してね。とにかく、がんは怖かったが、すべて異常ナシだった」

そう語った中村太郎は、五十八歳を迎える三か月前の一八年六月十九日付で太陽の家の理事長を退任した。「いずれ理事長には身障者がなるべきだ」と言っていた父の言葉を尊重。一九五九（昭和三十四）年生まれで、一歳二か月でポリオ（急性灰随炎・小児麻痺）を患い、それ以来車いすに乗る副理事長の山下達夫にバトンをつないだ。

六四年の東京パラリンピックから五十六年。二回目の東京パラリンピックは、二〇二〇年の八月二十五日に開幕する――。

あとがき

その国の弱者がどう扱われているかによって、その国の文化水準を測ることができる――

そう言い続け、盲女性の社会進出のために生涯を捧げた、同じ境遇の斎藤百合。彼女の存在を私に伝えてくれたのが、日本映画界の女性監督の先駆者の一人である渋谷昶子《のぶこ》さんでした。

三年前の二〇一六年二月、無念にも渋谷さんは享年八十四で亡くなりましたが、東京オリンピックと東京パラリンピックが開催された年に、〝東洋の魔女〟と呼ばれた日紡貝塚女子バレーボール部を撮った「挑戦(Le Prix de la Victoire)」をカンヌ映画祭に出品し、短編部門でグランプリを受賞。総監督を務めた市川崑の下で、唯一の女性監督として記録映画「東京オリンピック」製作に携わったことでも知られています。

もちろん、それだけではありません。フリーランスの立場でメガホンを取ってきた渋谷さんの真骨頂は、常に弱者に光を当て、映像で表現し続けたことです。広島をテーマにした「ひろしまはいま1987」、中国残留孤児の養父母を訪ねた「おっぱい謝謝」、ベトナム戦争の傷痕を辿った「恩は石に刻め、恨みは水に流せ」などがあり、なかでも斎藤百合の生涯を撮った「鏡のない家に光あふれ」は貴重な短編映画。これらの作品が私の胸に響いたことが、渋谷さんに取材を申し込んだ理由です。

「斎藤百合については、劇団民藝の団員だった娘さんの斎藤美和さんに『母の映画を撮ってほしい』と言われてね。もちろん、斎藤百合の存在を知ったときは、同じ女性の私にしか撮れない題材と思ったわね。『盲女子の社会的地位を高めるために高等教育を受けたい！』と学監に直訴して、大正七（一九一八）年に開校した東京女子大の第一期生として入学している。盲女性でありながら四人の子どもを育て、末娘の美和さんを演劇の世界に導いているしね、すごい女性。あの言葉は、身障者のみなさんを代表してね、社会に向けて発信した内なる声。障がい者ならではの見事な科白《せりふ》、表現ですよ」

あの言葉とは、冒頭に記した――その国の弱者がどう扱われているかによって、その国の文化水準を測ることができる――のことです。頷く私を前に渋谷さんは続けて語りました。

「それで斎藤百合が盲女性の社会教育と社会進出のため、雑司が谷（東京・豊島区）に〝陽光会〟を創設（一九三五＝昭和十年）したことを知ってね。美和さんと一緒に池袋の豊島区役所に出向き、『斎藤百合の映画を製作したいので援助してください』と頭を下げたら、運よく二百万円を調達することができ、『鏡のない家に光あふれ』を撮ることができた。結果として一九九六年の短編教育映画祭優秀作品賞に選ばれ、文部省選定にもなった。嬉しかったわね」

都下の八王子市の老人ホーム。陽当りのよい車いすのある小さな部屋で、渋谷さんは当時を懐かしむように語ってくれました。

渋谷昶子さんに出会い、先ずは斎藤百合の存在を知ったのです。

そして、さらに「日本パラリンピックの父」と称される中村裕を書くことを私に強く勧めたのが、東京パラリンピックの語学奉仕団のメンバー、バリアフリー住宅の建築家として知られる吉田紗栄子さんでした。本書の第三章に登場していただいた吉田さんを前にしたのは二年前の夏、私が二十年ほど前から連載している月刊誌「体育科教育」（大修館書店）の取材のときです。

「東京パラリンピックのときに知り合った中村裕《ゆたか》さん、医師の中村先生はすごい人物ですね。中村先生がいなかったら、たぶん日本の障がい者スポーツは発展しなかった。グットマン博士が唱えていた『失ったものを数えるな。残されたものを最大限に生かせ！』を口癖のように言って、障がい者スポーツを推進していた。太陽の家を開所する前に別府に招待されて行ったら、中村先生は『この土地を買って身障者の施設を造るんだ』『身障者は社会の厄介者ではない』『身障者でも税金を払える人間になるべきだ』と言っていた。中村先生の理想は常に高かったけど、燃えるような情熱で実現させてしまう。中村先生の生涯を書くべきだと思うわ」

渋谷昶子さんが伝えてくれた斎藤百合の言葉。さらに吉田紗栄子さんが教えてくれた中村裕の存在。そのことが、私が「中村裕　東京パラリンピックをつくった男」を書く契機になったのです。

本書を脱稿した六月中旬。久しぶりに私は、全日本大学野球選手権大会を観戦するため、会場である明治神宮野球場と東京ドームに行きました。

その際に車いすで観戦できるバリアフリーの席が気になって調べたのですが、約三万五千人収容の明治神宮野球場は十四席（割合０・０４パーセント）、約四万六千人の東京ドームは十二席（０・０３パーセント）で、この七月二十六日から八席増えて二十席になったとはいえ、あまりにもお粗末です。

その数日後、私は兵庫県西宮市の阪神甲子園球場に出向く一方、芦屋市役所を訪ねました。昨年の八月、第百回目を迎えた夏の高校野球甲子園大会のとき、地元紙の神戸新聞が「夏の甲子園　車いすに欠ける配慮　当日券のみ、代理購入認めず」の記事を報じたからです。

その記事にいち早く反応したのが、西宮市に隣接する芦屋市の車いす市議会議員の長谷基弘さんで、さらに実態を調査。主催者の日本高等学校野球連盟に公開質問状を送ったのです。

芦屋市役所南館三階の市議控室。車いす使用の長谷さんは、一年前を振り返りました。

「昨年の夏の甲子園大会は、総入場者数が史上初めて百万人を超えたんです。しかし、約五万人収容できる甲子園球場でも車いす席は三十一席（０・０７パーセント）しかなく、当日券しかない。その上に障がい者本人が球場窓口に並ぶことが条件なんですね。一般の観客は一人五枚まで当日券を購入できるんですが、私たち障がい者は並んだ人しか購入できない。介助する付添人が『障害者手帳を持って行くから代理購入を認めて』と懇願しても認めない。障がい者に対して、あまりにも理不尽。公開質問状に対し、主催者側は『前売り方式の導入、障害者手帳の提示があれば、付添人に当日券を販売するなど改善策を検討する』と回答してきましたが、この夏にならなければわかりません」

難病のため、車いす生活を送る長谷さん。続けて語ります。

「私はタイガースファンのために頻繁《ひんぱん》に甲子園に行くんですが、とくに高齢者は『車いす席を増やしてほしい』と言ってる。メジャー（アメリカ）の場合は、車いす席が千席以上ある球場もありますからね。それで法律的にはどうかと調べたら、大阪市は二百席に対して一席のバリアフリーの席を設けること。つまり、座席数の０・５パーセントですね。ところが、驚いたことに兵庫県の条例では、座席数が四万だろうが五万だろうが一席あればいいと。そういう条例になっている。これはもう障がい者を人間扱いしていないというか、情けないです」

長谷さんの言葉に、私は大きく頷きました。

四年前の二〇一五年七月に国土交通省は、スタジアムや劇場の車いす席について、総客席数の０・５㌫から１・０㌫を目安とするガイドラインを公表しました。しかし、先に述べた東京ドームの例を知るまでもなく、増設してもたかが知れています。

さらにこんなこともありました。今年中にオープンされるオリンピックとパラリンピックのメイン会場になる新国立競技場。八万人収容にもかかわらず当初の設計案での車いす席は、たったの百二十席（０・１５㌫）でした。しかし、ＩＯＣ（国際オリンピック委員会）が規定する０・７５㌫以上、さらにＩＰＣ（国際パラリンピック委員会）が規定する１㌫以上のバリアフリー席設置の国際指針を知ったからでしょう。急遽、四百から八百席（０・５から１・０㌫）に変更すると発表しましたが、これまた情けない話です。

昨年夏、中央省庁による障がい者雇用の水増し問題が発覚しました。障がい者雇用を促進すべき中央省庁ですら、こんな状況です。たとえ今年六月に、「改正障害者雇用促進法」が参議院本会議で可決・成立しても期待できません。そう思うのは私だけではないでしょう。

一九四五（昭和二十）年八月十五日の敗戦後の日本は、アメリカの顔色をうかがい、経済発展優先で突き進んできました。現在の政権も同じであり、未だに福祉政策は機能せずにおざなりです。

一年後に日本は、二回目の東京パラリンピックを開催します。気温三十度を超す真夏に開催することに関しても大いなる疑問を抱きますが、今の日本は、健常者と障がい者が共生できる社会をめざす「ノーマライゼーション」の理念が広がっていると言えるでしょうか。東京パラリンピック開催後に日本は、一気に超高齢化社会を迎えます。二〇二五年、七十五歳以上の後期高齢者数は人口の五人に一人にあたる約二千二百万人になります。この十一月で古希を迎える私を含め、どんなに健康で元気でも近い将来、車いす生活や寝たきり生活を余儀なくされるかもしれません。そのことを肝に命じるべきで、二〇二〇年の東京パラリンピックのレガシーはそこにあると思います。

本書を書き終えた今、私がつくづく思うのは中村裕の思想がもっと生かさなければならないということです。この国は弱者を無視しています。それが現実であるのなら、少しでもいい。中村裕の生涯を学ぶべきではないでしょうか。

昨年秋に執筆に取りかかり、同時に版元探しを始めました。しかし、悲しいかな今回も題材が地味なためでしょう。「中村裕？　何者ですか？」が現実でした。

ところが、捨てる神あれば拾う神あり。十年前に『伊勢湾台風　水害前線の村』を世に出してくれた名古屋市の出版社「ゆいぽおと」の山本直子さんは違いました。「中村裕さん？　障がい者スポーツを推進したお医者さんでしょ」と言い、さらにこう言ったのです。「版元を決めるのは、出版の神さまだと思います」。この究極の殺し文句に私は素直に頭を下げ、十年の歳月を超えて山本さんとタッグを組むことになりました。

六四年東京オリンピック日本選手団団長の大島鎌吉を書いた『大島鎌吉の東京オリンピック』（東

海教育研究所、二〇一三）同様に、東京パラリンピック日本選手団団長だった中村裕の存在を世に問うことができました。最後になりましたが、本書の取材に快く応じてくれた多くのみなさんに感謝します。ありがとうございます。

二〇一九年七月

岡　邦行

西暦	昭和	年齢	事項	国内・外の動き
一九二七	二		大分県別府市に父・中村亀市、母・ヤエ（八重）の次男として生まれる。	
一九二九	四	二		国際リハビリテーション協会（RＩ）第一回リハビリテーション世界会議開催（スイス・ジュネーブ）
一九三一	六	四		RＩ　第二回リハビリテーション世界会議開催（オランダ・ハーグ）
一九三三	八	六	別府市野口尋常小学校に入学	
一九三五	十	八		斎藤百合が盲女子の社会進出のため東京・豊島区に「陽光会」を開設
一九三六	十一	九		RＩ　第三回リハビリテーション世界会議開催（ハンガリー・ブタペスト）
一九三九	十四	十二	福岡県立福岡中学に入学	RＩ　第四回リハビリテーション世界会議開催（イギリス・ロンドン）
一九四〇	十五	十三	大分県立大分中学に転校	
一九四二	十七	十五		整枝療護園開設（高木憲次　東京・板橋区）イギリス、「障害者（雇用）法」制定（第二次大戦の負傷者にリハビリテーションを実施し、職業復帰を促進するため）／イギリス、ストーク・マンデビル病院に国立脊椎損傷センターを開設するため、ルートヴィヒ・グットマン博士を招聘
一九四四	十九	十七		

大分中学校時代

西暦	昭和	年齢	事項	国内・外の動き
一九四五	二十	十八	大分中学を卒業／小倉医学専門学校に入学	十二月「生活困窮者緊急生活援護要綱」閣議決定
一九四六	二十一	十九	九州大学附属医学専門部に編入	九月　生活保護法公布（十月施行）／イギリス、政府が非営利企業としてシェルタード・ワークショップ、レンプロイ公社設立（世界初の保護工場）
一九四七	二十二	二十		全日本ろうあ連盟結成／生活保護費三十六億円。身体障害者の生活扶助のため全国十二か所に収容授産施設設置
一九四八	二十三	二十一	 九州大学附属医学専門部時代	日本盲人連合会結成／十二月十日　第三回国連総会「人権に関する世界宣言」採択「すべての人間は、生まれながら自由で、尊厳と権利とについて平等である」「何人も、労働し職業を自由に選択し、公営かつ有利な労働条件を得、失業に対する保護を受ける権利を有する。何人も、いかなる差別を受けないで、同等の労働に対し同等の報酬を受ける権利を有する」（二十三条）／イギリス、ストーク・マンデビル病院内でスポーツ大会開催
一九四九	二十四	二十二		十二月　身体障害者福祉法公布（一九五〇年四月施行）／身体障害者数八十万人
一九五〇	二十五	二十三	九州大学附属医学専門部特待生となる	

西暦	昭和	年齢	事項	社会
一九五一	二十六	二十四		全国ハンセン氏病患者協議会設立／一月　東京中親寮設立（現・東京コロニー）／RI　第五回リハビリテーション世界会議開催（スウェーデン・ストックホルム）
一九五二	二十七	二十五	九州大学医学部整形外科医局に入局 十月　医師免許取得（第一四五八八五号）	全日本精神薄弱者育成会設立（平成七年全日本手をつなぐ育成会に改名）／米国、アビリティーズ社創立「保護ではなく、機会を」と、創立者であるヘンリー・ビスカーディ氏
一九五三	二十八	二十六	 九州大学医学部時代に指導を受けた天児民和教授	日本リハビリテーション協会設立（東京都）／世界障害者関係団体協議会（CWOIH）設立。RIが世界盲人協議会等の国際的な障害者関係組織と連携して結成（CWOIHは現在四十九の世界組織が加盟し、国連における障害者の代弁を行っている）
一九五四	二十九	二十七		全国肢体不自由児施設長会設立／RI　第六回リハビリテーション世界会議開催（オランダ・ハーグ）
一九五五	三十	二十八		生活保護費　四百三十六億円／身体障害者数　七十八万五千人（うち、肢体不自由が四十七万六千人）
一九五六	三十一	二十九	二月「手指運動の筋電図学的研究」により九州大学より医学博士の学位を授与される	経済白書「もはや戦後ではない」
一九五七	三十二	三十	六月　文部教官（九州大学助手、医学部附属	RI　第七回リハビリテーション世界会議開催（イギリス・ロンドン）テーマ「障害克服への計画」

西暦	昭和	年齢	事項	国内・外の動き
一九五八 一九五九	三十三 三十四	三十一 三十二	病院）に採用され、九州大学医学部整形外科リハビリテーション係を命ぜられる 二月　国立別府病院整形外科科長となる 三月　小林廣子と結婚	全国脊髄損傷者連合設立／デンマーク「一九五九年法」で「ノーマリゼーション（ノーマライゼーション）が初めて法律に盛り込まれる（提唱者はＮ・Ｅ・バンク―ミケルセン　一九一九年生まれ）
一九六〇	三十五	三十三	『リハビリテイション～医学的更生指導と理学的療法～』を天児民和九州大学教授と共著で南江堂より刊行 約六か月間、リハビリテーション研究のため欧米に出張。グットマン博士と出逢う 九月　長男・太郎生まれる	身体障害者促進法制定（ただし雇用は努力義務）／三月　精神薄弱者福祉法（現・知的障害者福祉法）公布／国際ストーク・マンデビル大会委員会設立／ローマオリンピック開催／第一回パラリンピック開催
一九六一	三十六	三十四	六月　大分県身体障害者体育協会を設立、理事及び副会長となる 十月　第一回大分県身体障害者体育大会を開催し大会副会長となる	十月　全国コロニー協議会（現・一般社団法人ゼンコロ）発足
一九六二	三十七	三十五	四月　次男・英次郎生まれる 七月　第十一回国際ストーク・マンデビル競技大会（ＩＳＭＧ）に選手団副団長として選手二人を連れて参加	
一九六三	三十八	三十六	七月　第一回国際身障者競技大会（オーストリア）ならびに第十二回国際ストーク・マン	全国心身障害児をもつ兄弟姉妹の会設立

一九六四	三十九	三十七	デビル競技大会（イギリス）に日本選手団団長として参加 十一月　長女・万里子生まれる 六月　第四回大分県身体障害者体育大会にグットマン博士（初来日）を招く 八月　社会福祉法人別府整肢園園長となる（十月に理事になる） 十一月　東京パラリンピック（第十三回国際ストーク・マンデビル競技大会）の日本選手団団長をつとめる 『身体障害者スポーツ』を佐々木忠重と共著で南江堂より刊行	一月　東京パラリンピックに向けて、日本赤十字社語学奉仕団結成。学生を中心に百五十六名で構成／福祉六法の時代（生活保護法、児童福祉法、身体障害者福祉法、精神薄弱者福祉法、老人福祉法、母子福祉法）／九月二十九日　日本肢体不自由者リハビリテーション協会（現・日本障害者リハビリテーション協会）設立
一九六五	四十	三十八	五月　「日本身体障害者スポーツ協会」評議員となる 九月　「太陽の家」をつくるため、小野田セメントと土地建物売買契約を結ぶ 十月　「太陽の家」開所 第一回全国身体障害者スポーツ大会参与となる	日本身体障害者スポーツ協会設立／全国言語障害児をもつ親の会設立／全国精神障害者家族会設立／理学療法士・作業療法士法の施行／第一回全国身体障害者スポーツ大会（岐阜）
一九六六	四十一	三十九	一月　水上勉の支援により「太陽の家」東京事務所を開く 二月　「太陽の家」が社会福祉法人として認可される 三月　大分中村病院の建設に着工／世界で最も代表的な身体障害者の企業「アビリティーズ社」を訪問 五月　アビリティーズ社社長ヘンリー・ビス	第一回理学療法士・作業療法士国家試験実施 四月　国立コロニー設置についての具体的構想発表。評論家の秋山ちえ子氏が、西ドイツのコロニー「ベーテルの街」を見学し、わが国にもこのようなコロニーをつくるべきだと訴えたことが構想のきっかけになったといわれる

西暦	昭和	年齢	事項	国内・外の動き
			カーディ氏来訪 九月　「太陽の家」第一工場、宿舎、食堂、浴場などが完工 十月　「太陽の家」プール、第二・第三工場が完工／「太陽の家」天皇、皇后両陛下の行幸 十一月　「太陽の家」皇太子殿下ご夫妻の行啓 十二月　大分中村病院（許可病床六十五床）開院	
一九六七	四十二	四十	五月　「太陽の家」木工科（早川電機）、クリーニング科（綿久寝具）を創業 八月　社会福祉法人別府整肢園園長を辞任 十二月　「太陽の家」体育館（佐佐木記念体育館）完工	自閉症児親の会全国協議会設立／全国障害者問題研究会設立／障害者の生活と権利を守る全国連絡協議会設立／全国精神薄弱養護学校ＰＴＡ連合会設立／全日本視力障害者競技会設立
一九六八	四十三	四十一	三月　「太陽の家」理事長となる／大分中村病院増床し八十床となる 五月　第五回日本リハビリテーション医学会で「身体障害者の工場、太陽の家」を発表 九月　身体障害者の雇用促進協力により労働大臣表彰を受ける 十月　第三回パラリンピック（イスラエル）の日本選手団団長をつとめる 十一月　常陸宮殿下ご夫妻が「太陽の家」をご視察	国際スペシャルオリンピックス（知的障害者のための大会）開催 一月　総理府が「青年の船」実施（明治１００年記念事業）
一九六九	四十四	四十二	四月　日本リハビリテーション医学会の評議員となる 五月　第六回日本リハビリテーション医学会	全国聴覚障害者親の会連合会設立 ベーチェット病友の会設立 ゆたか福祉会設立（日本で最初の共同

			で「重度障害者の労働能力（第四報）」「重度障害者に対するエレクトロニクスの応用」を発表 七月　国立別府病院を退職。大分中村病院の院長となる 九月　第四回日本パラプレジア医学会にて「重度障害者のドライバーテスト」「重度身体障害者の労働医学的研究」「身障者に対する各種機器改造について」を発表 十月　全国肢体不自由児福祉大会にて「高年齢肢体不自由児の生活と職業自立について」講演／「太陽の家」入所者百五十四名となる 十一月　日本肢体不自由児協会から「太陽の家」を創設し、身体障害者スポーツの振興に寄与したことにより「高木賞」を受ける	作業所） 第二十四回国連総会「社会的発展と開発に関する宣言」採択 ＲＩ　第十一回リハビリテーション世界会議（アイルランド・ダブリン）テーマはリハビリテーションへの地域社会の責任。身障者が安心して利用できる施設を表示する世界共通のマークが決まった
一九七〇	四十五	四十三	一月　大分中村病院が労働省より「リハビリテーション医療実施施設」として指定を受ける 四月　大分県医師会労災審議委員となる／九州リハビリテーション医学懇話会事務局を「太陽の家」におく 七月　野原労働大臣「太陽の家」視察 九月　医療法人恵愛会（大分中村病院）の理事長となる 十月　「太陽の家」金工科（田島製作所）創業／国際パラプレジア医学会（イギリス）にて「The Prsent-Condition on the Sports for the Disabled in Japan and the study	日本車椅子バスケット連盟設立 五月二十一日　心身障害者対策基本法公布・施行 障害者施策に関する国・地方公共団体、国民の責務を明らかにし、障害者の自立と社会参加のための施策の基本となる事項を定め、施策の総合的かつ計画的推進を図る

西暦	昭和	年齢	事項	国内・外の動き
			on sports about Paraplegia」を講演 十二月　「太陽の家」にテトラ・エース（四肢マヒ者用モデル住宅）が完工	
一九七一	四十六	四十四	四月　「太陽の家」本館（鉄筋六階建）が完工、創立五周年祝典を兼ねて落成式を行う 五月　「太陽の家」に天皇陛下より御下賜金を賜る／全国肢体不自由児父母の会にて「重度障害者の労働」について講演 六月　「太陽の家」が重度身体障害者授産施設に指定される／「太陽の家」がアジア・リハビリテーションセンター」に指定される 九月　立石電機社長立石一真を秋山ちえ子と訪ねる 十月　社会福祉法人大分県社会福祉事業団の理事となる／秩父宮妃殿下が「太陽の家」をご視察 十二月　「オムロン太陽電機株式会社」設立	十二月二十日　第二十六回国連総会「精神遅滞者（知的障害者）の権利宣言」採択。障害者問題に関する最初の国連総会決議。「ノーマライゼーション」が初めて公式に用いられた
一九七二	四十七	四十五	四月　身体障害者福祉工場並びに「オムロン太陽電機」創業 七月　第四回パラリンピック（ハイデルベルク）の日本選手団団長をつとめる 八月　国際パラプレジア医学会（ハイデルベルク）にて、「Working Ability of the Paraplegia」を講演 十月　第七回日本パラプレジア医学会にて、「国際脊損学会並びにパラリンピック報告」	腎炎・ネフローゼ児を守る会設立 国連人間環境会議開催（提案はスウェーデン） CIL（生活自立センター　Center for Indipendent Living　生活自立運動の拠点）設立。重度な肢体不自由の人々と全盲のグループによって始められた消費者運動（リハビリテーション・サービスの消費者の立場）

西暦	昭和	年齢	事項	社会
			を発表／「太陽の家」研修センター完工 十一月　「太陽の家」を創設し身体障害者対策に新局面を開いたことにより別府市長より表彰／「太陽の家」において身障者のダンスパーティー及び身障者ファッションショーを催す 十二月　アフリカ諸国を旅行	
一九七三	四十八	四十六	二月　「太陽の家」第二次募金東京発起人会を開く（橋本登美三郎、井深大、秋山ちえ子、水上勉ら出席） 三月　全「太陽の家」自治組織「むぎの会」発足 五月　第十回日本リハビリテーション医学会にて「重度障害者の就労のための人間工学的研究」を発表 七月　別府市が「身体障害者福祉モデル都市」に指定される 九月　オーストラリアのセンター・インダストリーズの理事長及び支配人が「太陽の家」を訪れる 十一月　第八回日本パラプレジア医学会にて「頸髄損傷の初期治療」を発表	小児てんかんの子供をもつ親の会設立 未熟児網膜症から子供を守る会設立 九月　全国青い芝の会総連合会結成
一九七四	四十九	四十七	二月　中国スポーツ視察団一行が来訪 三月　大分県整形外科医会の副会長となる／大分県心身障害者雇用促進協会の副会長となる 四月　第一回フェスピック（FESPIC）準備委員会（シンガポール）に委員長として出席 五月　「太陽の家」東京事務所及びサンイン	日本精神薄弱者福祉連盟設立 ひかり協会（森永ミルク中毒事件の被害児救済団体）設立 東京都身障運転者協会設立

西暦	昭和	年齢	事項	国内・外の動き
一九七五	五十	四十八	フォメージョン・センター開設、披露 六月　「太陽の家」特機科「ソニー」（ラジオ組立）創業 七月　「太陽の家」に保育室を開設／大分中村病院の増築（西館）完成 九月　国際リハビリテーション協会の身障者技術援助委員会（リスボン）に出席 十月　フェスピック（FESPIC）準備委員会（シンガポール）に委員長として出席 十一月　第九回日本パラプレジア医学会にて「脊損者の就労実態と社会復帰の問題点について」発表 十二月　韓国から五人が「太陽の家」に研修に来る（一年間） 一月　中国婦人代表団六名が「太陽の家」見学のため来訪 二月　宮城まり子「太陽の家」見学のため来訪／参議院議長河野謙三「太陽の家」を視察／第四回九州リハビリテーション医学懇話会にて「人間工学的自助具製作」「車いすの考察」「北欧のリハについて」発表 三月　水上勉の文化講演会を開く（別府市民会館） 四月　社会福祉法人「太陽の家」を創設し、身体障害者のスポーツ振興につとめ、身体障害者の社会復帰に貢献した功績により「吉川	先天性四肢障害児父母の会設立 障害者の生活保障を要求する連絡会議設立 全国患者団体連絡協議会設立 ＲＩ　汎太平洋リハビリテーション会議（第5回　シンガポール）

			英治文化賞」を受賞／「太陽の家」の吉永栄治が車いすでは全国で初めての市議として別府市議会議員に当選／大分県身体障害者体育協会の会長となる 五月　「太陽の家」機能強化センター改築／第一回フェスピック（極東・南太平洋身体障害者スポーツ大会）事務局長に就任 六月　第一回フェスピックを大分・別府両市にて開催（大会副会長）／皇太子殿下ご夫妻「太陽の家」ご訪問／フェスピック・リハビリテーション基金を創設 七月　大分中村病院の保養所を湯布院町佐土原に設ける 十月　「太陽の家」十周年。一般授産生百三十二名、重度授産生百九名、福祉工場従業員八十二名、職員五十七名となる 十一月　『太陽の仲間たちよ』を講談社より刊行／身体障害者の機能回復と社会復帰に永年力を尽くし、第一回フェスピックを成功させたことにより「大分合同新聞文化賞」を受賞 十二月　「太陽の家」にインドネシア研修生二名を受け入れる	五月六日　国連・経済社会理事会「障害の予防と障害者のリハビリテーション」決議 六月　ＩＬＯ「心身障害者の職業更生及び社会復帰に関する決議」採択 十二月九日　第三十回国連総会「障害者の権利宣言」採択。「障害者は、その障害の原因、特質および程度にかかわらず、同年齢の市民と同等の基本的人権を有する」「障害者は、その能力に従い、保障を受け、雇用され、または有益で生産的かつ報酬を受ける職業に従事し、労働組合に参加する権利をする」「障害者の団体は、障害者の権利に関するあらゆる問題に有用な協議を受けることができる」
一九七六	五十一	四十九	四月　「太陽の家」にて電動式車いす一号車が完成 六月　第八回国際障害者リハビリテーション協会世界会議（テルアビブ）にて「重度障害者の労働能力」について講演（電動式車い	七月　身体障害者雇用促進法改正（十月施行）　雇用率アップ、雇用は法的義務、納付金制度の導入、雇用計画策定の義務付け

西暦	昭和	年齢	事項	国内・外の動き
			す一号車を展示） 七月　大分県「福祉のための町づくり懇談会」の委員となる 八月　第五回パラリンピック（カナダ・トロント）の日本選手団団長をつとめる 十月　第十三回九州地区肢体不自由教育研究大会にて「新しい時代の福祉」について講演	
一九七七	五十二	五十	三月　社団法人日本整形外科学会の評議員となる 五月　第十四回日本リハビリテーション医学会にて「電動車いすについての研究」を発表 六月　「太陽の家」にスリランカの研修生を受け入れる 七月　「太陽の家」にトンガの研修生二名を受け入れる 九月　皇太子殿下に謁見 十一月　第二回フェスピック（オーストラリア）の日本選手団団長をつとめる／第二回フェスピック大会にて「太陽の家と身障スポーツについて」の特別講演を行う 十二月　「太陽の家」第二作業棟を改築、一階部分にスーパーマーケット「サンストア」開店／西日本整形災害外科学会の評議員となる	三月　身体障害者雇用促進協会設立／身体障害者技能競技大会（アビリンピック）開催（千葉） 十二月二十日　国連第三十二回総会「国際障害者年」決議／諮問委員会の設置を決定
一九七八	五十三	五十一	四月　大分県臨床整形外科医会会長となる 六月　オムロン太陽電機株式会社代表取締役社長に就任	

			七月　第二十七回国際ストーク・マンデビル競技大会（イギリス）の日本選手団団長をつとめる／「太陽の家」精機科創業（本田技研工業と日本精機の協力によりオートバイ用スピードメーターとタコメーターを製造） 八月　財団法人日本障害者リハビリテーション協会の理事及び国際リハビリテーション協会日本代表となる 十一月　三笠宮妃殿下が「太陽の家」をご視察／国際リハビリテーション協会職業委員会の委員となる	十二月二十日　国連第三十二回総会「国際障害者年」決議。テーマを「完全参加と平等」に拡大、一九七八—七九年を準備作業期間とした。一九七七年八月末までに障害者年の行動計画への提案の求めに応じ、提案を出したのは三十二の加盟国。日本は提案しなかった。総会には三十九か国の共同提案「国際障害者年」が出されたが、日本は入っていない。
一九七九	五十四	五十二	一月　国際パラプレジア医学会の副会長となる（昭和五十八年まで） 六月　国立職業リハビリテーションセンターの運営委員となる 八月　第三回フェスピック香港大会実行委員会に出席 九月　第五十三回日本整形外科学会にて「脊損者の労働について」を発表 十月　第十四回日本パラプレジア医学会の会長となり別府市で医学会を開く／「第七回職業リハビリテーション研究会」を「太陽の家」で行う	RI　汎太平洋リハビリテーション会議（第六回　ソウル） 一月　国際児童年 十二月十七日　国連第三十四回総会「国際障害者年」を決議 障害者年に対する「行動プラン」を採択。行動プランに沿った国内レベルの活動の検討と各国文化、慣習や伝統と合致した方法の検討を求めた。
一九八〇	五十五	五十三	三月　グットマン博士没す 四月　大分県心身障害者雇用促進協会顧問となる 五月　身体障害者スポーツ創立二十周年記念	十二月十一日　第三十五回国連総会「国際障害者年行動計画」採択。各国に「国内長期計画」策定等を勧告。

西暦	昭和	年齢	事項	国内・外の動き
			大分県身体障害者競技大会に技能部門を設け開催（初の国際技能技術大会）。大会副会長をつとめる 六月　第六回パラリンピック（オランダ）日本選手団団長をつとめる 七月　国際ストーク・マンデビル競技連盟の執行委員となる／大分銀行「太陽の家支店」開業／大分中村病院敷地内に温泉湧出、温泉治療を開始 九月　国際アビリンピック（身体障害者技能競技大会）日本組織委員会の総務実行委員長に就く 十一月　西日本新聞社より身障者の自立更生と身障スポーツの振興に寄与した功績に対して「西日本文化賞」を受ける	「ノーマライゼーション」の理念、目標 「障害という問題のある個人とその環境との関係として捉えることが建設的な解決方法であることは明白になりつつある。社会は今なお身体的精神的能力を完全に備えた人々の要求を満たすことのみを概して行っている。物理的環境、教育、労働、保健、福祉事業、スポーツ文化生活等を、障害をもつ人々にとって利用しやすく整える義務が社会にはあるのである。これは単に障害者のみならず、社会全体の利益となるものである。ある社会がその構成員のいくらかの人々を締め出すような場合、それは弱くてもろい社会なのである。障害者は他の異なったニーズをもつ特別な集団と考えられるべきではなく、その通常の人間的なニーズを満たすのに特別に困難をもつ普通の市民と考えられるべきなのである」
一九八一	五十六	五十四	二月　「太陽の家」心電図解析センターを開設 三月　「太陽の家」にコミュニティセンターを開く（三階には多目的ホールをつくる）／大分県医師会総会にて「国際障害者年」について講演 四月　第三回世界リハビリテーション会議	

（ウィーン）常任委員会の委員長に推される／「太陽の家」に重度身体障害者更生援護施設「ゆたか寮」を開所／第一回国際身体障害者技能競技大会（アビリンピック）への参加を呼びかけるために中南米を歴訪
五月　身体障害者福祉功労者として厚生大臣より表彰される
六月　国際リハビリテーション協会レジャー・レクリエーション・スポーツ委員会の委員長となる／財団法人日本身体障害者スポーツ協会常務理事となる／国際障害者年記念、第十七回全国身体障害者スポーツ大会（滋賀県）実行委員会、国際招待委員会委員長となる
八月　国際パラプレジア医学会（イギリス）に出席／「太陽の家」にインドネシア、タイのリハビリテーション中堅指導者の研修を受け入れる／「太陽の家」の見学者一万人を超す／日米親善車椅子バスケットボール北九州大会参与となる
九月　ホンダ太陽株式会社取締役社長に就任／「太陽の家」の別館作業棟が完成し、オムロン太陽電機、ソニー・太陽、ホンダ太陽が入る／毎日新聞社より「毎日社会福祉顕彰」を受ける
十月　皇太子殿下のご下問に「杉乃井ホテル」でお答えする／三笠宮寛仁殿下「太陽の家」をご視察／第一回国際身体障害者技能競技大

十一月三十日～十二月六日「障害者インターナショナル（ＤＰＩ創設会議）」シンガポールで開催
一九八〇年第十四回リハビリテーション世界会議（ＲＩ）に参加した、世界各国の障害者によるもの。本部はカナダ・ウイニペック

西暦	昭和	年齢	事項	国内・外の動き
一九八二	五十七	五十五	会（アビリンピック）の総務委員長を務める／国際アビリンピックセミナーにて「役にたつ障害者雇用への道」について講演 十一月　第一回大分国際車いすマラソン大会（大会副会長）を開催／大分県知事より「更生援護功労者」として表彰される／「太陽の家」が「大分合同文化賞特別功労賞」を受ける／フィリピン政府のリハビリテーション職員研修を「太陽の家」に受け入れる／内閣総理大臣より「国際障害者年記念功労者」として表彰される 三月　日本リハビリテーション医学会の認定医となる 四月　日本パラプレジア医学会監事となる／日本整形外科学会九州地区資格認定委員会委員に推される 五月　大分県病院協会の理事に推される／大分医科大学講師となる 六月　フィジーにリフトバス一台を贈る／「オムロン太陽電機」十周年式典を行う／第十九回日本リハビリテーション医学会にて「身体障害者スポーツの歴史的発展とリハビリテーションの効果」「重度障害者用電動車椅子の開発」「身体障害者スポーツ」を発表 八月　国際労働機構（ＩＬＯ）セミナー（バンコク）に出席し、「太陽の家について」を	十二月八日　国連第三十六回決議「国際障害者年」決議。テーマ「完全参加と平等」「障害者がそれぞれの住んでいる社会において、社会生活と社会の発展における〃完全参加〃並びに彼らの社会のほかの市民の同じ生活条件及び社会的・経済的発展によって生み出された生活条件における平等な配分を意味する〃平等〃」 第三十七回国連総会「国連障害者の十年（一九八三年～一九九二年）」の宣言採択「障害者に関する世界行動計画」 ・予防、リハビリテーション、機会均等化 ・機会均等化↓物理的並びに文化的環境、住宅及び交通、社会的及び保健サービス、教育や労働の機会、スポーツやレクリエーションの施設を含めた文化的及び社会的生活といった社会の全体的なシステムを、すべての人が利用できるようにしていく過程を意味する。 世界脳性まひ者スポーツ大会

一九八三	五十八	五十六	講演 十月　第二回大分国際車いすマラソン大会（大会副会長）開催／第三回フェスピック大会（香港）の日本選手団団長をつとめる 十一月　フェスピック協会名誉会長に推される 十二月　第六回リハビリテーション交流セミナーにて「身体障害者の自立について」を講演 二月　林義郎厚生大臣が「太陽の家」を視察 三月　財団法人国際身体障害者技能交流協会の理事となる 四月　日本整形外科学会の認定医となる／大分中村病院が日本整形外科学会の研修施設となる 五月　国際パラプレジア医学会（イギリス）に出席／グットマン博士の墓参 七月　第三十六回全国レクリエーション大分大会別府市実行委員会の顧問に推される 八月　第一回国際障害者レジャー・レクリエーション・スポーツ大会（ＲＥＳＰＯ）実行委員会会長となる（同大会の副会長） 十一月　第三回大分国際車いすマラソン大会を開催（国際ストーク・マンデビル競技連盟公認、大会副会長）／「太陽の家」と三菱商事との共同出資による「三菱商事太陽株式会社」を設立 十二月　「三菱商事太陽株式会社」代表取締役社長に就任／ネパール国王より「スパラバル・グルカ・ダクシン・バフ勲章」を受ける	六月一日　ＩＬＯ（国際労働機関）第六十九回定期総会で「職業リハビリテーション及び雇用（障害者）に関する勧告（第１６８号）」を採択。障害者が適当な雇用に就き、それを継続し、かつ、それにおいて向上することができるよう、職業リハビリテーションに関する措置は、すべての種類の障害者が利用できるものとすべきとした。

西暦	昭和	年齢	事項	国内・外の動き
一九八四	五十九	五十七	一月　永年にわたり身体障害者福祉に貢献した功績により「朝日社会福祉賞」を受ける 二月　「三菱商事太陽」操業を開始 三月　銀婚式 四月　中国に車いすマラソン指導員を派遣／「愛知太陽の家」開所／第一回国際障害者レジャー・レクリエーション・スポーツ大会（ＲＥＳＰＯ）を開催／日本整形外科学会スポーツ委員会委員となる 五月　米国ミズーリー大学名誉同窓会員に推される／国際障害者リハビリテーション協会ライフパトロンとなる／中国の身障者スポーツ視察団が来訪／中国にスポーツタイプ車いす六十六台を寄贈 六月　国際パラプレジア医学会より一九八四年シルバー・メダルを受ける／日本臨床整形外科学会より多年にわたり日本臨床整形外科医会の発展と地域医療の向上に貢献したことにより表彰される 七月　大分県福祉技術開発研究委員会委員となる／大分県知事より永年にわたる身体障害者の自立と福祉の向上に尽力したことにより感謝状を受ける／二十三日死去。法諡・慈慶院彰徳日裕居士 正五位勲三等瑞宝章を授与される	ＲＩ　第十五回リハビリテーション世界会議（ポルトガル・リスボン）テーマ「障害者と社会の統合：情報・認識・理解」

参考資料

「中村裕伝」中村裕伝刊行委員会
一九八八年十月発行　非売品

「常に先駆け走り抜く―障害のある人と共に生きた丸山一郎―」渡辺忠幸
一般社団法人ゼンコロ
二〇一四年十一月発行

《主な参考、引用文献》

中村裕『太陽の仲間たちよ』（講談社、一九七五）
中村裕伝刊行委員会『中村裕伝』（太陽の家、一九八八）
中村裕『十年間をふりかえって』（太陽の家、一九七五）
中村裕『インタビュー　現代の冒険家』（リクルート「リクルートキャリアガイダンス」、一九八四年二・三月合併号）
天児民和　中村裕『リハビリテーション〜医学的更生指導と理学的療法〜』（南江堂、一九六〇）
中村裕『英国国立脊髄損傷センターにおける rehabilitation の実際について』（南江堂「整形外科」第十四巻七号、一九六三）
中村裕　佐々木忠重『身体障害者スポーツ』（南江堂、一九六四）
中村裕『国際身体障害者スポーツ大会を終わりて』（南江堂「整形外科」第十六巻五号、一九六五）
水上勉『拝啓　池田総理大臣様』（中央公論「中央公論」一九六三年六月号）
水上勉『くるま椅子の歌』（中央公論、一九七三）
井深大『精薄の子らに生きる光りを』（中央公論「婦人公論」一九六二年十二月号）
井深亮『父　井深大』（ごま書房、一九九八）
小林恒夫　白川泰二『「太陽の家」の記録　保護より闘いを』（日本放送出版協会、一九六九）
太陽の家『太陽の家　10年の歴史』（一九七五）
太陽の家『太陽の家　創立40周年記念誌』（二〇〇五）
日本身体障害者スポーツ協会『創立20年史』（一九八五）
中村太郎『パラリンピックへの招待』（岩波書店、二〇〇二）
中村太郎編集『車いすマラソン　大分から世界へのメッセージ』（医療文化社、二〇〇四）
スポーツ庁『大分国際車いすマラソン大会』（まんがスポーツで地域活性化 vol. 12、二〇一七）
新藤信子『脊髄損傷者の社会参加と理学療法』（医学書院「理学療法ジャーナル」第二十八巻十号、一九九四）
新藤信子『頚髄損傷者小田急デパートへ買い物に』（医学書院「理学療法ジャーナル」第二十八巻十号、一九九四）
新藤信子『英国ＰＴ登録の道がひらかれるまで』（医学書院「理学療法と作業療法」第二巻三号、一九六八）

新藤信子『インタビュー・新藤信子氏』（医学書院「理学療法と作業療法」第十八巻十一号、一九八四）
石坂直行『ヨーロッパ車いすひとり旅』（日本放送出版協会、一九七三）
石坂直行『ヨーロッパの身障者のセックスと社会生活』（全国障害者問題研究所出版部「みんなのねがい」、一九七二年七月号）
インゲル・ヌードクゥイスト編『からだの不自由な人の明るい性生活①〜④』（日本障害者リハビリテーション協会、一九七三）
国立別府保養所更生援護会『文芸』（一九六二）
藤原進一郎『身体障害者のためのスポーツ指導』（ほるぷ出版、一九八二）
大分合同新聞社社会部取材班『博士の遺言—共に生きるとは』（大分合同新聞社、一九九九）
渡邊允『若き日の両陛下と東京パラリンピック』（文藝春秋「文藝春秋」二〇一三年二月号）
渡辺忠幸『常に先駆け走り抜く—傷害のある人と共に生きた丸山一郎』（ゼンコロ、二〇一四）
赤井和夫訳『敗北を知らない人々』（ダイヤモンド社、一九六五）
粟津キヨ『光に向かって咲け—斎藤百合の生涯—』（岩波書店、一九八六）
『朝日年鑑 1975年版（世相50年史・名簿）』（朝日新聞社、一九七五）
野崎忠信『１９６４年東京オリンピック大会コレクションと資料』（非売品　二〇一六）
国際身体障害者スポーツ大会運営委員会『パラリンピック東京大会報告書』（一九六五）

＊以上のほか、新聞・雑誌などの「障がい者スポーツ」に関する記事、福祉関係団体のホームページを検索。参考、引用しました。

岡 邦行（おか くにゆき）
一九四九年、福島県南相馬市生まれ。ルポライター。法政大学社会学部卒業。出版社勤務を経てフリーに。一九九九年『野球に憑かれた男』（報知新聞社）で、第三回報知ドキュメント大賞を受賞。著書に『南相馬少年野球団』（ビジネス社）、『伊勢湾台風 水害前線の村』（ゆいぽおと）、『大島鎌吉の東京オリンピック』（東海教育研究所）などがある。

装丁 三矢千穂

中村裕 東京パラリンピックをつくった男

２０１９年８月29日 初版第１刷 発行

著 者 岡 邦行

発行者 ゆいぽおと
〒４６１-０００１
名古屋市東区泉一丁目15-23
電話 ０５２（９５５）８０４６
ファクシミリ ０５２（９５５）８０４７
http://www.yuiport.co.jp/

発行所 KTC中央出版
〒１１１-００５１
東京都台東区蔵前二丁目14-14

印刷・製本 モリモト印刷株式会社

内容に関するお問い合わせ、ご注文などは、すべて右記ゆいぽおとまでお願いします。

ISBN978-4-87758-480-1 C0095

ゆいぽおとでは、
ふつうの人が暮らしのなかで、
少し立ち止まって考えてみたくなることを大切にします。
テーマとなるのは、たとえば、いのち、自然、こども、歴史など。
長く読み継いでいってほしいこと、
いま残さなければ時代の谷間に消えていってしまうことを、
本というかたちをとおして読者に伝えていきます。